フィンテックの経済学

先端金融技術の理論と実践

嘉治佐保子
中妻照雄
福原正大
［編］

Fintech

慶應義塾大学出版会

はしがき

　ビッグデータの拡大とディープラーニングをはじめとする機械学習など、人工知能の急速な発展は、経済と社会のみでなくわれわれの生活そのものを、根本から、急速に変えようとしている。Society5.0 時代の到来だ。金融分野も例外ではなく、本書のテーマであるフィンテック革命が足元で進んでいる。そして残念なことに、日本のフィンテックの現状は、欧米はもとより、中国、そしてアジアの多くの国よりも劣後している。

　学生たちにこのことを知らせることを急務と考え、本書とその背後にある慶應義塾大学フィンテックセンター（FinTEK, Centre for Finance, Technology and Economics at Keio）は 2017 年 6 月に、経済学部付属の経済研究所内に設置されるかたちで誕生した。フィンテックの利用はリーマン危機後に年々急拡大してきたにもかかわらず、そして卒業生の 3 割から 4 割が金融業界に就職するにもかかわらず、慶應義塾大学経済学部では 2017 年まで、フィンテックそのものを扱う授業は存在しなかったのである。フィンテックについての知識を身につけないまま学生を世に送り出しては、大学教員としての職責を果たしていない、一刻も早くフィンテックに関する研究と教育を充実させなくてはならない、とわれわれは考えた。

　こうして 2017 年秋より、本格的に「フィンテックの理論と実践」という講座を開設した。この危機感をご理解くださった企業（後述）のご協力なしには、FinTEK 設立と「フィンテックの理論と実践」開講は実現しなかった。この場を借りて厚く御礼申し上げたい。幸い、2016 年秋から約 100 名で先行開講したこの授業の履修者は、2018 年春には 300 名を数え、2019 年春に至っては 500 名を超えるところまできた。そこで 2018 年春に開講した「フィンテックの理論と実践 a」の講義内容を一冊にまとめて残せるかたちで世に出したいというわれわれの希望に応え、編集の労をとってくださった慶應義塾大学出版会の増山修さんにも感謝を表したい。

このようにして誕生した本が一時のブームにあやかる話ではないことは明らかであろう。本書のもう一つの特徴は、なぜ金融の先端技術が今日かくも急速に変容を遂げてきているのかを、その背後に存在する経済学の原理をベースに解説する点である。それと同時に実社会でフィンテックに関わる方々に筆を執っていただき、その政策的、法的側面についても第一人者の見解を含めることができた。

　なお、本書にたびたび登場する「仮想通貨」は、公式には「暗号資産」と呼ぶことになったが、本書では各章著者に任せていることをお断りしたい。また、各章を読む順番は、読者の関心と知識にてらして読者自身が決めていただきたい。

　好むと好まざるとにかかわらず、フィンテックと何らかのかたちで接することなく今後の世界を生きることはできない。フィンテックを活用できるかどうかは、個人が仕事の面で成功し毎日の生活を便利で楽しいと感じることができるかどうかのみでなく、一国の経済的繁栄と安全保障も決めてしまう。それほどに大きな変化なのである。読者には、本書を読むことでフィンテックの基礎を理解し、その影響がいかに幅広く深いものであり得るかに思いを馳せ、慣習にとらわれない自由な発想を持ってフィンテックを味方につけていただきたい。

　2019年6月

編　者

2018年度 FinTEK 協力企業 (敬称略)

フィンテックの理論と実践 a (みずほ証券株式会社寄付講座)
みずほ証券株式会社
日本アイ・ビー・エム株式会社

フィンテックの理論と実践 b
KPMG ジャパン
株式会社新生銀行
みずほ証券株式会社
三井住友信託銀行株式会社
株式会社三井住友フィナンシャルグループ
三菱 UFJ 信託銀行株式会社

フィンテックとソーシャルインフラストラクチャ a (KPMG ジャパン寄付講座)
KPMG ジャパン

フィンテックとソーシャルインフラストラクチャ b (KPMG ジャパン寄付講座)
KPMG ジャパン

目　次

第1章　フィンテックの全体像
嘉治佐保子 ………… **1**

1　フィンテック発展の経緯 —— 1
2　本書の構成 —— 4
3　フィンテックのミクロ的影響 —— 6
4　フィンテックのマクロ的影響 —— 11
5　エピローグ　信なくば立たず —— 16

第2章　フィンテックのマクロ経済学的理解
吉野直行 ………… **21**

1　フィンテックの発展とデータ分析の必要性 —— 21
2　日本の財政赤字の拡大とその解決のための理論・実証分析 —— 25
3　高齢化のもとでは金融政策・財政政策の有効性が低下する —— 30
4　諸外国と比べた日本の資産運用 —— 34

第3章　暗号資産（仮想通貨）と中央銀行デジタル通貨
岩下直行 ………… **37**

1　暗号資産の高騰と暴落 —— 37
2　ビットコインの誕生とその前史 —— 38
3　キプロス危機による覚醒 —— 40
4　2017年の高騰と2018年の暴落 —— 42

5　ICOという打出の小槌 —— 44
　　6　交換業者へのサイバー攻撃 —— 51
　　7　キャッシュレス化と中央銀行デジタル通貨 —— 54
　　　（1）高まる中央銀行デジタル通貨の議論：ビットコインが与えた
　　　　　ショック　54
　　　（2）さまざまな中央銀行デジタル通貨構想：三つの系譜　55
　　　（3）先進主要国中央銀行によるデジタル通貨：実装にはまだ遠い
　　　　　「研究」　57
　　　（4）新興国、途上国における金融包摂と中央銀行デジタル通貨
　　　　　57
　　　（5）南米における中央銀行デジタル通貨の実装　59
　　8　キャッシュレス化と通貨の未来 —— 60
　　　（1）世界におけるキャッシュレス化の動き　60
　　　（2）日本におけるキャッシュレス化の動き　63

第4章　消費者行動と金融マーケティング
　　　　　　　　　　　　　千田知洋・竹村未和 ……… **67**

　　1　金融の役割と銀行 —— 67
　　2　フィンテックと銀行 —— 68
　　3　マーケティングとイノベーション —— 69
　　　（1）マーケティングとは　70
　　　（2）イノベーションとは　70
　　　（3）マーケティング×イノベーションとその事例　71
　　4　消費者行動とマーケティング
　　　　—— 消費者行動の変化とターゲティング手法 —— 73
　　5　データベース・マーケティング —— 75
　　　（1）顧客分析の手法の変化　76
　　　（2）データベース・マーケティング×イノベーションとその事例
　　　　　77

6　企業活動の起点——78

第5章　フィンテックの既存金融機関への影響
多治見和彦　……… **81**

1　フィンテックの概観——81
2　金融業界とテクノロジー——82
3　増大するデータ、進化するシステムとアルゴリズム
　　——84
4　テクノロジーの見通し——85
5　既存金融機関の状況——87
6　スタートアップ・フィンテック企業の金融サービスへの参入——89
7　既存金融機関は何をすべきか——90
8　異業種との連携手段としてのAPI——92
9　新規ビジネス創出のためのアプローチ——93
10　新規ビジネス創出のための組織——95

第6章　フィンテックにおける起業
福原正大　……… **99**

1　起業の経済的意義——99
　(1)　資本主義の機能不全　99
　(2)　イノベーションのジレンマ　100
　(3)　起業のすゝめ　100
2　世界と日本におけるフィンテック分野の起業——101
　(1)　起業後進国・日本　101
　(2)　起業を阻害するマインド　101
3　フィンテック起業入門——102
　(1)　起業に関する正しい知識を得る　102

(2) 起業におけるデザインシンキングの重要性　102
　　　(3) 起業のステップ　103
　　　(4) 事業プランの書き方とエレベーター・ピッチ　109
　　4 起業に向けての心構え —— 110

第7章　フィンテックの国際資本市場への影響
　　　　　　　　　　　　　スピリドン・メンザス　……… 113

　　1 なぜフィンテック企業は急成長しているのか —— 113
　　　(1) フィンテック企業が獲得している旺盛な出資　113
　　　(2) フィンテック分野が台頭した背景　115
　　　(3) 注目企業の地域別、セクター別分布　118
　　　(4) 日本でのフィンテック業態を考える　121
　　2 毎年増加している米国に比べてなぜ日本ではユニコーン企業が育たないのか —— 123
　　　(1) 国別、ステージ別ベンチャー投資の内訳　123
　　　(2) 米国におけるベンチャー企業 IPO 時のリターン　127
　　　(3) 米国で成熟しているレイトステージ市場　129
　　　(4) 日本でユニコーン企業が生まれにくい環境　131

第8章　暗号資産がもたらすアーキテクチャと法制
　　　　　　　　　　　　　増島雅和　……… 135

　　1 サイバー空間における規律 —— 136
　　2 暗号資産とは何か —— 138
　　　(1) 国際金融の文脈における理解　138
　　　(2) 日本における理解　139
　　3 金融サービスにおける分散台帳技術のインパクト —— 140
　　　(1) 分散台帳技術の意義　140
　　　(2) 分散台帳技術のインパクト　141

4　伝統的なアセットの「トークン化」——144
　　5　暗号資産の外延——147
　　6　暗号資産に対する規律——149
　　　(1)　問題の所在　149
　　　(2)　業法による規律　150
　　　(3)　私法による規律　152
　　7　統合的な制度設計の構築へ——154

第9章　フィンテック：金融の新時代
　　　　　　　　三輪純平・松井勇作　……… **157**

　　1　金融庁はフィンテックをどう捉えているのか
　　　　——「金融デジタライゼーション戦略」の策定——157
　　2　革新的な金融サービスが生まれる環境を機動的に整備していく動き——166
　　　(1)　フィンテックの台頭を新たな「機会」として捉える動き　166
　　　(2)　フィンテックの進展による「機会」がもたらす環境変化への機動的対応　169
　　　(3)　決済インフラを活かし、さらなる決済高度化に向けた機動的対応　171
　　　(4)　金融庁のサポートツールによる機動的な支援
　　　　　——FinTechサポートデスク・実証実験ハブ・海外協力・FinTech Innovation Hub　173
　　3　フィンテックの動きにも適合した規制体系構築に向けた機動的な検討（機能別・横断的法制）——175
　　4　分散化された金融システムにおける課題
　　　　——新たな国際連携の確立に向けて——177

第10章　ブロックチェーンの基礎
福原正大・嘉治佐保子 ……… **181**

1　ブロックチェーンとは何か── 181
　(1)　ブロックチェーンの誕生　181
　(2)　ブロックチェーンの実態　182
　(3)　ブロックチェーンの問題点　183
　(4)　ブロックチェーンの利点　185
2　ブロックチェーンを利用した送金の例── 187
3　ブロックチェーンの可能性── 190
　(1)　ビジネスにおける可能性　190
　(2)　金融サービス　191
　(3)　ブロックチェーン上の仮想通貨の通貨としての役割　192
　(4)　その他の応用例　193

第11章　機械学習の原理と応用
中妻照雄 ……… **197**

1　「考える機械」による問題解決── 197
2　データに基づく学習── 200
3　機械学習の原理── 204
4　今後の学習に向けて── 209

第12章　HFTの仕組みとその功罪
──情報効率性への挑戦
中妻照雄 ……… **213**

1　「投機」は悪か？── 213
2　株式市場で取引が成立する仕組み── 215
3　HFTの功罪── 221

  4 情報効率性の壁 —— 224

第13章 資産運用とロボアドバイザー
中妻照雄 …… **229**

  1 人生100年時代の資産運用 —— 229
  2 分散投資と長期投資 —— 231
  3 ポートフォリオ選択問題の定式化 —— 232
  4 資産運用のUI/UXツールとしてのロボアドバイザー
    —— 239

第14章 フィンテックがもたらす新たなリスク（1）
    —— サイバーセキュリティ
宮内雄太 …… **241**

  1 フィンテック時代の資産保護体制 —— 241
  2 フィンテックにかかわるサイバーセキュリティリスク
    —— 242
   （1） 不正アクセス 243
   （2） サービス提供の中断または停止 245
   （3） 賠償の発生やレピュテーションの低下 245
  3 サイバーセキュリティリスクへの対応 —— 246
   （1） リスクアセスメント（リスク特定・リスク分析・リスク評価）
    246
   （2） リスク対応 247
  4 今後避けては通れないセキュリティの強化 —— 252

第15章　フィンテックがもたらす新たなリスク（2）
―― 金融システムの不安定化

池尾和人　……… **255**

- 1　次の金融危機？ ―― 255
- 2　金融危機のメカニズム ―― 256
  - (1) トリガーと増幅メカニズム　256
  - (2) システミック・リスク　257
  - (3) 増幅メカニズム①　取付け　260
  - (4) 増幅メカニズム②　投売り　261
  - (5) 危機対策　263
- 3　次の金融危機の可能性 ―― 264
- 4　将来の展開 ―― 268

執筆者略歴　271
編者略歴　274

装　丁・渡辺　弘之

CHAPTER 1

第 1 章

フィンテックの全体像[1]

嘉治 佐保子

1　フィンテック発展の経緯

　フィンテック (fintech) という言葉は、フィナンシャル・テクノロジー (financial technology) の略語として 1980 年代に誕生した。広く受け入れられている説によると、当時 *Sunday Times Business Newsletter* のエディターであった Peter Knight が生みの親である。

　しかしこの言葉が人口に膾炙するきっかけを得るには、2007 年から 08 年にかけての金融危機を待つことになる。このとき、サブプライムローンと呼ばれた住宅ローンを複雑に組み込んだ金融商品が米国を中心とする金融機関のバランスシートを大きく毀損し、2008 年 9 月にはリーマン・ブラザーズが破綻に追い込まれた（リーマン・ショック）。

　米国財務省は 7000 億ドルにのぼる TARP (Troubled Asset Relief Program) を設立し、金融危機が世界全体を大規模な経済危機に陥れることを食い止めようとした。このときの公的資金注入によって、のちに米国政府と納税者はプラスの収益を得ることになるが、当時、危機の発端となった金

---

[1]　本書のもとになった授業「フィンテックの理論と実践 a」および慶應義塾大学経済学部フィンテックセンター FinTEK (Centre for Finance, Technology and Economics at Keio) をご支援くださる各企業の皆様、ご多忙の中授業で講義してくださり各章を執筆してくださった皆様に、厚く御礼申し上げる。

融機関への「血税」注入に対する一般国民の怒りは頂点に達した。そこで米国の西海岸を中心に、金融機関に頼らない経済を目指したフィンテックの活用が一気に広まったのである[2]。

今日では「フィンテック」という言葉が包摂するサービスは多様になり、コンピューターやスマートフォン上で最新の技術を用いて提供されるものであれば、金融に直接関係のないサービスも含まれることもある。本書でも、この広義の意味で「フィンテック」を用いる。

フィンテックは実に多種多様であるが、共通の特長は次の三点と言えよう。

フィンテックの第一の特長は、その**民主化効果**である。あるいは、人々が物理的に移動して一カ所に集まる必要はなくなり、個別の取引が電子的にクラウドの中で実現するという意味で細分化（アトミゼーション）ないし地域化（ローカリゼーション）効果ともいえる。上述のように、ことの発端は金融機関に対する資本注入に怒ったテクノロジー能力の高い人たちが、金融機関を使わない金融仲介や中央銀行を必要としない通貨を開発・活用したところにある。

本書でも説明するとおり、民間組織が設置するブロックチェーン上の仮想通貨（クリプトカレンシー）は中央銀行の管理外にある。また民間経済主体が「発行」した仮想通貨が取引や貸借の媒体として用いられるとき、その民間経済主体は金融監督当局の監督下にあるとは限らない。友人同士の貸し借りや支払いは、お互いのスマホにアプリが入っていれば銀行を介さずに、双方とも仮想通貨を持っていれば国家が発行する通貨を使わずに、その場で実現する。そして、健康や安全運転に気をつける人は、気をつけない人より安い保険料を払う可能性が生まれるのである。

---

[2] いうまでもなく米国の金融の中心地ウォール・ストリートは東海岸にあり、当初は新興フィンテック対従来型金融という対立構図が生まれた。やがて東海岸の金融機関も、買収をも活用しながら積極的にフィンテックを取り入れていくことになる。しかし少なくとも発端は、新興フィンテック企業と既存金融機関の対立が存在したことが、競争を促進し、イノベーションを加速する要因になった。これと対照的に日本と欧州では、東の金融勢対西のテクノロジー勢という明らかな対立構図がないことで、不利な面がある。また米国以外では、通信インフラや金融システムが成熟していない国ほど、フィンテックのような新しいビジネスは成長しやすい。東南アジアと中国のフィンテック事情については、それぞれ岩崎（2018）および藤田（2018）に詳しい。アフリカのフィンテック事情については、高﨑（2017）が簡潔にまとめられていて参考になる。

フィンテックの第二の特長は、第一の特長と一見矛盾するようであるが、その排他性である。フィンテックを支えるプログラムはコンピューター言語によって記述されており、パイソンのような比較的平易なプログラムもあるとはいえ、学んだことがなければ見ても何が書いてあるのかまったくわからない。もとよりプログラムを見る機会は一般利用者にはなく、「こういうサービスです」と言って売っている提供者ないし作成者を信じるしかないのだ[3]。

　フィンテックのサービスを提供するためにはそれなりの教育・訓練が必要であり、また大量の計算を瞬時に実行しデータを保存・解析できる大規模コンピューターや通信インフラが必要なことから、先行して規模を拡大した企業に有利である[4]。いわゆる GAFA（Google, Apple, Facebook, Amazon）が提供するサービスはいまや世界各地で生活必需品と化しており、SNSや通信機器・情報の提供、オンライン通販において他の追随を許していない。

　一方、中国の携帯電話決済市場は、巨大ハイテク企業 Tencent と Ant Financial がそれぞれ提供する WeChat Pay と AliPay がほぼ完全に支配し、その利用者数は Apple Pay の利用者数を凌駕するとされる。これらの巨大ハイテク企業は利用者の個人情報に加えて取引・行動に関する大量のビッグデータを日々蓄積しており、それが人工知能の開発においても優位性につながっている[5]。

---

[3] 2018年11月27日、日本政府は、物事を判断するAIの提供企業に説明責任を求めることを柱とする「人工知能（AI）に関する7つの原則」を発表した。なお経済学を学んだ者にとっては、AIのメカニズムは実は非常に直感的で理解しやすいことを強調しておきたい。経済学徒にとって「最適化」はもはや思考回路の一部である。そして最小二乗法は学部の一、二年生でも習う。経済学を学ぶ者は、自信を持ってAIの中身をのぞいてほしい。考え方として何も難しいことはなく、むしろ経済学の「専売特許」を別分野で使われているような印象さえ持つのである。プログラム自体は書けなくても、ますます人間に近くなるAIがどのような「考え方」をしているかを知っていれば、21世紀の経済社会で活躍するために優位になる。

[4] 経済学用語を用いれば「収穫逓増産業」であり、このような産業は独占ないし寡占状態に陥りやすい。シリコンバレーでは、巨大ハイテク企業が賃貸料を吊り上げ高額の報酬で才能ある者を雇い去ってしまうため、スタートアップがシリコンバレーを離れていくという現象も生じている。

[5] ただし、ビッグデータを大量に入手できればよいというわけではないことが明らかになってきている。たとえばアリババは入手したデータを使って消費者を格付けする「セサミ」を導入したが、2018年末現在、セサミを用いたローン判断は実現していない。日本でもLINEやNTTが融資審査サービスを導入することになったが「Big data と strong data は異なる」と説明する Thornhill（2018）を参照されたい。

フィンテックの第三の特長は第一と第二の特長から派生するもので、**既存概念の破壊**である。フィンテックは、政府と民間、海外と国内、消費者と生産者、需要側と供給側、現実と仮想、人間と機械といった、これまで誰もその普遍性と不変性を疑わなかった対立概念を根本的に変え、その境界線さえ消してしまう。

　これは明らかに非常に大きな変化であり、第四次産業革命と言われる所以(ゆえん)である。これまでの産業革命と比べて生産性が上昇しない理由は説明できていないが、既存概念を破壊する点ではより広く深い影響を及ぼし得る。人工知能の活用も含め、フィンテックによって経済社会に生じる変化は前代未聞の域に達し、人々の生活を便利にする可能性は無限のように見える。それと同時に、フィンテックの発展はサイバーテロや窃盗・詐欺をはじめとする犯罪を容易にし、人工知能を搭載した武器による戦争や殺人さえ可能にしてしまう。

　21世紀に生きる人々、とりわけこれから社会人となる若者にとって、なんらかのかたちで広義のフィンテックとかかわることなく生涯を終えることは、まずないだろう。現時点ですでに、AIと気づかずに利用している場合もあろう。これは、官民を問わず、どのような組織に就職しようと、みずから起業しようと、主婦ないし主夫になろうと、外界と接触を断ち山野に暮らさないかぎり該当する事実である。

　ところが慶應義塾大学では、2017年までフィンテックを中心的に扱う授業が開講されていなかった。毎年、卒業生のかなりの割合が金融部門に就職するにもかかわらず、である。このことに対する危機感をご理解くださった企業からの支援を受け、2017年6月に経済研究所内にフィンテックセンター FinTEK（Centre for Finance, Technology and Economics at Keio）を設立し、同時に、同年秋学期から複数の授業を開講したのである。

2　本書の構成

　本書は、毎年春学期に開講している「フィンテックの理論と実践a」における講義を中心に構成されている。構成は以下のとおりである。

第1章はフィンテックの全体像について述べる章であり、1節でその発展の経緯を簡単に述べた。次の3節ではフィンテックがさまざまなビジネスをどのように変えていっているか、いわばそのミクロ的側面を概観する。4節では、マクロ的視点から見たフィンテックについて、経済政策の有効性を含めて大まかに述べる。

　続く第2章では、吉野直行アジア開発銀行研究所所長（慶應義塾大学名誉教授）が、現代経済における金融システムの役割について説きながら、フィンテックをマクロ経済学的にどう理解すべきか明らかにする。第3章は岩下直行京都大学公共政策大学院教授（元・日銀フィンテックセンター所長）による、仮想通貨と中央銀行デジタル通貨の関係の考察である。第4章では視点を消費者に移し、フィンテックが消費者行動にどのような影響を与え、それが金融マーケティングをどう変えつつあるかについて、みずほ銀行個人マーケティング推進部の千田知洋部長と竹村未和調査役が説明する。

　つづく第5章では、フィンテックの既存金融機関への影響を、みずほフィナンシャルグループ・デジタルイノベーション部の多治見和彦次長が担当した。第6章では少し視点を変え、フィンテックの世界で起業するとはどういうことかを、本講義を共同担当する福原正大特任教授（Institute for a Global Society 創業者兼CEO）が論ずる。第7章は、HiJoJo Partners 株式会社のスピリドン・メンザス氏による、フィンテックの国際資本市場への影響の考察である。

　第8章は、森・濱田・松本法律事務所パートナーの増島雅和弁護士が、フィンテックの法的側面について明らかにする。第9章ではフィンテック規制のあり方と国際協調体制について、金融庁総務企画局信用制度参事官室の三輪純平フィンテック企画調整官と松井勇作金融情報化係長が説明する。

　第10章から第13章までは、フィンテックを支える技術革新の四つの側面を扱う。これら四つの側面とは（1）ブロックチェーンと仮想通貨、（2）AIと機械学習、（3）HFT（High Frequency Trading）、（4）ロボアドバイザーである。（1）については福原教授と嘉治が、（2）（3）（4）については授業の共同担当者の中妻照雄教授が執筆した。

　第14章と15章は、フィンテックがもたらす二つの新たなリスクに関する

章である。サイバー・セキュリティについてみずほフィナンシャルグループ・データマネジメント部サイバーセキュリティチーム宮内雄太調査役が、金融システムの不安定化については池尾和人立正大学教授（慶應義塾大学名誉教授）が担当した。

3　フィンテックのミクロ的影響

フィンテックが活用される主要分野を大別すると、以下の四分類になる。

資金決済　　　　　　　　（例：電子決済、友人同士の送金・割り勘、IoT）
インフラストラクチャー　（例：ブロックチェーン、仮想通貨、SNS）
顧客サービス　　　　　　（例：ロボアドバイザー、HFT、インシュテック）
プラットフォーム　　　　（例：クラウドファンディング、シェアリングエコノミー、オープンバンキング）

以下、各分野において提供されるサービスのすべては網羅できないが、例として挙げたサービスについて簡単に説明する。そのうちいくつかは、本書の各章でより詳しく論じている。

歴史が相対的に長いのはSNS（Social Networking Service）である。Googleは1998年、Facebookは2004年、Twitterは2006年に誕生した。ただし金融取引との関連では、Android Pay（のちのGoogle Pay）とFacebook Payが2015年になって導入されており、Twitterは決済手段を提供していない[6]。

「金融」テクノロジーとして最も早く登場したのは、電子決済、ブロックチェーン上の仮想通貨、ロボアドバイザー、HFT（High Frequency Trading）である。

電子決済についてはリーマン危機後の導入時、仮想通貨を用いることで中

6）　2018年現在。なおSNSではないが、Appleは1976年、Amazonは1994年に設立、Apple Payの導入が2014年、Amazon Payの導入が2007年である。

央銀行からも独立な経済が実現すると謳われた。しかし、ふたを開けてみると仮想通貨は主に価値貯蔵手段として投資ないし投機の対象となり、現時点では財・サービスの売買の媒体としての利用はわずかである。

他方、仮想通貨の信憑性を支えるブロックチェーンは、ビットコインのブロックチェーンとは異なって「情報を共有できる主体だけの間でつくるブロックチェーン」も開発された。多岐にわたる用途や影響も指摘されている[7]。このためブロックチェーンと仮想通貨は、いまや別々のインフラストラクチャーとして数えるべきである。ブロックチェーンは「独裁か民主主義か」という人類始まって以来続く問いを通貨で問うていると言えよう。一つの国家に一つの通貨発行主体があるモデルだけでなく、逆の極端のモデルもあり得ることがわかるのはよいことである。その分析から、政治的決定プロセスについてなんらかの示唆があるかもしれない。

電子決済は、財・サービスの供給者（企業）と需要者（消費者）の間の決済のみでなく、消費者同士の支払いも可能にする。さらにはIoT（Internet of Things）というかたちで冷蔵庫や自家用車が発注・決済してくれる世界もますます近づいている。

大学教員として頭が痛いインフラストラクチャーとしては、ウェブ上で文章を代筆するサービスが登場した。他方、「コピー＆ペースト」で論文を作成したことを人工知能が暴く機能も開発されており、これは教員にとって大いに助かる。ただし、どこかの論文作成者が「コピー＆ペースト」を用いず自分で書き上げた論文を学生が購入し提出した場合には、学生本人が書いたものでないことは判明しにくい。ネット上で論文執筆の売買契約が行われたことを瞬時に嗅ぎつけるロボットは開発可能かもしれないが、そのロボットの活躍とわれわれのプライバシー保護の両立はきわめて困難であろう。そうなると、インターネット上で買った論文を自分のものと偽って得た単位で卒業することの、因果応報に待つほかはない。

顧客サービスのうち、ロボアドバイザーとHFT（High Frequency Trading）もその登場は比較的早かった。HFTは2006年頃から利用が拡大し、

7） 本書第10章でも扱うが、翁・柳川・岩下編著（2017）に詳しい。

2009年には米国の株式取引の6割以上を占めるに至っている。

　HFTとはその名のとおり、非常に速いスピードで行われる取引であり、人間でなくコンピューター（プログラム）が実行する。競争相手よりも何百分の一秒か先に取引を実行することで、わずかに残っているマージンを手に入れる。一つひとつは獲得するマージンが小さい取引でも大量に実行することで、利益を上げるのである。これもフィンテックがもたらす細分化の一例である。取引に参加する人たちがフロアに一堂に会して声を張り上げて取引相手を探すのではなく、個々のコンピューターが黙々と迅速にクラウドの市場で取引を実現していく。

　HFTもはじめはフロアの取引と同時並行的に行われていたが、いまではニューヨーク株式市場の取引はニュージャージー州のマーワ（Mahwah）にあるデータセンターで実現しており、テレビなどに映る有名なフロアは主に上場する企業の宣伝材料にすぎない[8]。しかし当然、マージンが減少するとHFTのうまみも減少する。減少の要因が市場のヴォラティリティー（変動幅）低下であれば短期的だが、導入企業が増えたことによる競争激化であれば、より長期的な問題になる。そしてコンピューターやプログラムの性能を上げるコストがかさむため、HFTの最盛期は去ったといわれている。

　ただしこれは、コンピューターがトレーダーに代わる趨勢が覆ることを意味するものではない。たとえばゴールドマン・サックス証券では500人雇われていた株式トレーダーが3人になった一方で、9000人のエンジニアを雇用している[9]。

　顧客サービスとして今後拡大が見込まれるのは、インシュテックとロボアドバイザーである。インシュテックは、インシュランスとテクノロジーを合わせた言葉で、テクノロジーを用いて保険を提供するハイテク企業を表す。その75％がリテール（個人）を対象とする損害保険であり、全世界のインシュテックの46％が米国、40％が欧州・中東・アフリカ地域に存在する。アジア太平洋地域はまだ14％にすぎず、今後拡大が見込まれる[10]。リスク回避

---

8) Meyer, Bullock and Rennison (2018).
9) Basak and Palmeri (2018).
10) Catlin, Lorenz, Münstermann, Olesen, and Ricciardi (2017).

的な人がそうでない人と同じ掛け金を支払うのを理不尽と考えるのは自然であり、日本でも需要が増える余地は大きい。

他方、ロボアドバイザーは文字どおりロボット（人工知能）が資産運用のアドバイスをするもので、2008年に導入された。現在ロボアドの運用残高は、米国において2016年末時点で約830億ドルと推定され[11]、欧州では運用残高の数字が公表されていないとされる一方で、18年に155億ドルという数字がある[12]。日本でロボアドが登場したのは2016年であり、18年2月末でロボアドの資産運用残高は「国内大手4社」で「計1220億円」にすぎないが、「1年間で4倍以上」に増えている[13]。

最後にプラットフォームだが、日本政府は2018年6月に発表した「未来投資戦略2018―「Society 5.0」「データ駆動型社会」への変革」の「大胆な規制・制度改革」の一つとして「プラットフォーマー型ビジネスの台頭に対応したルール整備」を含めた。具体的には

> プラットフォームの寡占化が進む中で、新たなプラットフォーム型ビジネスが次々と創出され、活発な競争が行われる環境を整備するため、特定のプラットフォームからいつでもユーザーが移籍できるデータポータビリティやオープンに接続されることが可能なAPI開放等を含め、中小企業やベンチャーを含めた公正かつ自由で透明な競争環境の整備、イノベーション促進のための規制緩和（参入要件の緩和等）、デジタルプラットフォーマーの社会的責任、利用者への公正性の確保など、本年中に基本原則を定め、これに沿った具体的措置を早急に進める。

とある[14]。引用文中にあるAPIとは、Application Programming Interface

---

11) 東山（2018）参照。
12) https://www.statista.com/outlook/337/102/robo-advisors/europe. 2019年1月2日に閲覧。なお、欧州連合におけるロボアドバイザーを含む資産運用の詳細な分析は、European Union（2018）にある。
13) 2018年3月24日付日本経済新聞デジタル版、2018年12月31日に閲覧。
https://www.nikkei.com/article/DGXMZO28548230U8A320C1EA1000/
14) 総理官邸（2018）16ページ。「デジタルプラットフォーマー」とは上述のGAFAをはじめとする、プラットフォームを提供するハイテク企業を指している。

図1-1　銀行におけるオープンAPI導入・検討状況にかかわる調査結果（2017年12月）

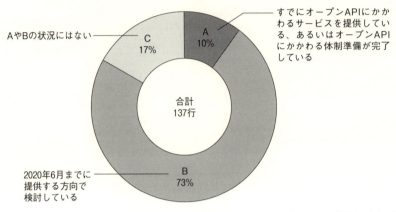

注：邦銀は、回答137行中114行（83％）が提供・体制整備済み、あるいは2020年6月までに提供する方向で検討中。
出所：全国銀行協会（2017）「決済高度化に向けた全銀協の取組状況について」よりNIRAが作成、http://www.nira.or.jp/outgoing/highlight/entry/n181218_912.htmlに掲載されているものを転載。

の略であり、この「開放」（いわゆる「オープンAPI」）は2017年に成立した「銀行法等の一部を改正する法律」によって一部では実現している[15]。

　これに続いて経済産業省は2018年11月、「デジタル・プラットフォーマーを巡る取引環境整備に関する検討会」が取りまとめた中間論点整理（案）を公表するとともに、事業者ヒアリングやパブリック・コメントを通じて広く意見を求めることを発表した[16]。

　その他のプラットフォームとして、インターネットを通じて資金を募るクラウドファンディングは日本でも定着してきた。シェアリングエコノミーも同様で、シェアリングエコノミー協会も設立されている[17]。若者を中心に利用者の多いシェアハウスや、1台か2台はシェアされる車用の駐車スペース

---

[15]　銀行のオープンAPIについては、全国銀行協会のホームページの説明（参考文献にリンク記載）がわかりやすい。銀行の「オープンAPI」は「オープンバンキング」へ道を開くが、これについては翁（2018）を参照されたい。

[16]　経済産業省（2018）参照。なお経済産業省は2017年5月にも「FinTechビジョン」を公表している。経済産業省（2017）参照。また人工知能に関しては、2016年に「人工知能技術戦略会議」が創設されている。内閣府のホームページ（参考文献にリンク記載）参照。

[17]　https://sharing-economy.jp/ja/. 2018年12月31日に閲覧。

となっている駐車場も珍しくなくなった。ただし配車サービスと AirB&B については、ほかのフィンテックサービスと同じように米国および社会インフラが発展途上の国のほうが利用が拡大しており、日本においてはその普及について賛否両論もある。

以上、フィンテック各分野のサービスについて簡単に説明したが、いずれもフィンテックの三つの特長を色濃く反映していることが理解できたであろう。本章最後の節では、フィンテックのマクロ的影響を考察するが、ここでも三つの特長が際立つことになる。

4 フィンテックのマクロ的影響

本節ではフィンテックのマクロ的影響を、安倍政権下の経済運営指針である「三本の矢」の観点から今後の研究課題も含めて簡単に考察したのち、経済社会の安定性全般や安全保障への示唆にも言及したい。

まず「第一の矢」である金融政策への影響であるが、日本のように決済における現金の利用率が高いこと（電子決済の利用率が低いこと）とゼロ金利政策の有効性には関係がある。2017 年 11 月 13 日、日本銀行の黒田総裁はスイスのチューリヒ大学で行った講演のなかで、「金利を下げすぎると金融仲介機能に悪影響を与え、かえって金融緩和効果が減衰する」という、Brunnermeier and Koby（2018）の「リバーサル・レートの理論」に言及した[18]。

これによると、預金金利はゼロより低くできない（現金の金利はゼロなので預金でなく現金を保有してしまう）から、預金金利と貸出金利の利鞘縮小が銀行の貸し出しを困難にし、低金利政策の景気拡大効果を減殺するのである。ケインズが「流動性の罠」と呼び、近年 ZLB（zero lower bound）とも呼ばれる問題である。

---

[18] 日本銀行（2017）。なお黒田総裁は「日本の場合、日本の金融機関は充実した資本基盤を備えているほか、信用コストも大幅に低下しており、現時点で、金融仲介機能は阻害されていません。ただし、低金利環境が金融機関の経営体力に及ぼす影響は累積的なものであるため、引き続き、こうしたリスクにも注意していきたいと思います」と述べている。

Assenmacher and Krogstrup (2018) は、電子マネーの利用拡大によって現金（紙幣と硬貨）の利率が負になることでこの状態を緩和できる可能性について考察している。これに対し戸村（2017）によると、「マイナス金利の拡大のために過大な保有手数料を銀行準備に課した場合、市中銀行は国債を担保とする私的大口決済システムに移行する可能性」がある[19]。

より一般的に金融政策との関連では、クリプトカレンシー（仮想通貨）が広く取引に使われるようになって民間もマネーサプライを供給する場合、その増加率は一定に保たれるのか状況に応じて変更されるのか（rules vs. discretion）あるいはビットコインのように上限が決まっているのか、通貨価値の安定をどう維持するかといった、古くて新しい問題が当然出てくる。

また金融政策そのものではないが、誰がどういう法的根拠で最後の貸し手になるのかという問題がある。金融機関ではない民間企業が支払いの「インターフェイス」と「決済手段」を発行する今、金融監督・金融規制は entity-based でなく function-based となる必要に迫られている[20]。

「第二の矢」の財政政策への影響としては、2019年の増税にあたって電子マネー利用者にポイントを還元するという政策が導入されたことが念頭に浮かぶ。クラウドファンディングサイトは、すでに控除の対象となる寄付やふるさと納税の手続きを簡易にしている。租税回避や脱税がフィンテックによって困難になるのか否かも、興味深い研究対象である。

「第三の矢」である規制緩和への影響として重要なのは、規制（Regulation）と技術（Technology）を組み合わせた「レグテック」である。NIRA（2018）によるとレグテックは、テクノロジーを活用して行政コストを下げるのみで

---

[19] 戸村（2017）は「通常時の中央銀行の営業費用は、国庫短期証券と現金の利ざやでまかなわれる。現金がなくなると、中央銀行が予算面で政府に従属することになり、金融政策の独立性が毀損されるおそれ」があるとも述べている。Costa and De Grauwe（2001）も同じことを指摘した。

[20] 以下で安全保障との関連でも述べるように、民間が発行する決済手段が国境を越えて利用される場合について分析するには、支払時の「インターフェイス」と「決済手段」を分けて考える必要がある。また、Entity-based でなく function-based の規制が必要であることを世界に先駆けて指摘した金融監督当局は、日本の金融庁であった。これらの点について詳しくは Kaji（2018）および Kaji（2019）を参照されたい。Carstens（2018）は、通貨の供給サイドを「発行者」「形態」「アクセスしやすさ」と「移転メカニズム」の四つに分けた「マネーフラワー」を使って説明している。

なく、規制に対する対応コストをも下げる可能性や、民間が逆に規制のあり方を提案する可能性も含意しており、ここでも「官と民」のあり方の固定観念が揺さぶられていることがわかる。

経済の安定性全般との関連では、雇用への影響としてよく知られたsingularity（特異性）がある。拡張的政策をとっても、AIだけが雇われるなら、人間の雇用は一向に増えない。

ただし、ここで気をつけるべきなのは、singularityの意味である。有名なAlpha Goのように、囲碁のプレーヤーとしてAIはすでに人間を超えている。しかし、己の体調や精神状態等を知るメタ認知を含めたすべての能力について人間に勝る人工知能はいまだに存在せず、その意味でのsingularityは現存テクノロジーでは視野に入っていない。ビッグデータが存在し、プログラムとして描写しやすい仕事は、AIにとって代われる可能性が高い。このことの分配あるいは格差に対する含意は、きわめて深刻であり得る。

経済政策全般の有効性の観点からは、国家が発行する通貨に並行して民間通貨が存在するとき[21]、これまで経済学が扱ってきた「通貨同士の交換比率が固定か変動かの選択に、経済政策の有効性はどう影響されるか」「最適通貨圏か否か」「パラレルカレンシーのもとでどれが基軸通貨になるか（Competing currencies、悪貨は良貨を駆逐する）」などがすべて当てはまってくる。最適通貨圏といっても、通貨（決済手段）でなくアプリ（インターフェイス）が国境を越えて共通になる場合のマクロ経済への影響はまだ分析されていない。

フィンテックで民間が通貨を発行することの興味深い含意の一つは、通貨の「取引仲介機能」と「価値貯蔵機能」の分離である。ユーロ危機勃発後の欧州では、この二つの機能の分離が真剣に議論された。資産運用の失敗に起因するバランスシート毀損によって金融仲介が止まることを避けるためである。これは実現しなかったが、電子通貨の用途を取引仲介に限り1日以上の

---

[21] Dabrowski and Janikowski（2018）は、通貨の民間発行の歴史を振り返り、ハイパーインフレ、金融危機、政治的混乱や戦争のような非常事態以外、民間発行の通貨が国の発行する通貨にとって代わることはないとしている。ただし本書第3章を執筆した岩下直行教授によれば、仮想通貨は「支払いますという約束であって、通貨ではない」。

保有を禁止することは、金融危機が経済に及ぼす影響の深刻さに鑑みれば、あり得るのかもしれない。1980年の外為法改正以前の米ドルのように、取引に使うことを証明しないと入手できない通貨である。すべての取引に利用するなら手続きが煩雑すぎて現実的とは思われないが、その手続きも人工知能とフィンテックで簡素化できるかもしれない。

あるいは、生活必需品の購入にだけ使う通貨を、しかもローカルに発行すればよいのかもしれない。少額の取引だけに使うローカル「通貨」なら、課金残高に2万円の上限があるパスモ・スイカがすでに存在している。将来「かつては、大規模でシステミックに重要な金融機関が取引仲介通貨を使う金融仲介を行っていたのは信じがたい」という時代も来るのかもしれない。

ただし、このような取引仲介のみに用いる通貨でも、財やほかの価値貯蔵手段との相対価格におけるキャピタルゲイン／ロスの可能性は排除できない。ひとたび危機が生じたときには、取引に用いられる通貨と他の用途に用いられる通貨の交換レートが乱高下するであろう。経済が打撃を受けたときには、ショックアブソーバーとしてなんらかの変数（しばしば価格）が変動せざるを得ないのである。

マクロ経済の安定化に成功したとしても、安全保障上の脅威によって生活や生命が脅かされるなら元も子もない。フィンテックはこの面でも根本的な変化をもたらす。すでに言及したとおり、人工知能は武器として容易に使うことができる。たとえば、極小のドローンに猛毒を積んで飛ばし、人込みの上で放射させれば、大掛かりな武器を使わずとも複数、場合によっては大人数の人々を殺害することができる。自動運転の車をはじめとする乗り物の「脳」をハックすることによっても、大量殺戮は可能だ。

こうなると、世界を支配するのはハードパワーを持つ国ではなく、AIの開発に優れたハイテク企業（または国）になる。ペンタゴンと緊密な既存軍需産業とはまったく独立に、一大軍需産業が整うようなものである。しかもミサイルとちがって巨大な格納庫や発射台は要らない。東海岸金融界のあり方に反対するフィンテック業界が育ったように、現政権の政策に反対するハイテク業界が育っても不思議ではない。現政権を攻撃すればクーデターないし内戦だが、自国の政権でなく外国を攻撃することもあり得る。イスラミッ

クステート（IS）という国家でない集団との戦争が現実であることを、われわれはすでに知っている。未来の戦争は国同士でなくテクノロジーを持つもの同士、あるいはテクノロジーを持つものと国の戦争が常になるのかもしれない。

安全保障上の脅威は、これだけではない。SNS 上のトロールを使った感情操作により、一国の最高責任者の選挙に外から影響できることは、すでに証明されている。たとえば国民が本来望まなかった軍事政権が、誕生してしまうかもしれない。

また、武器をつくらずとも、取引の仲介となる「通貨」を支配し健康を支配すれば、経済社会に壊滅的な打撃を与えることができる。取引の仲介となる「通貨」が電子的に供給されるとき、アプリまたは仮想通貨の供給を「オフ」にすることで、取引ひいては経済をストップさせることができる[22]。このことから、取引の仲介となる仮想通貨やアプリを提供する民間主体に対しては、主要インフラ産業に対するのと同じように、外国資本が所有することへの規制が必要と考えられる。

また、自国の会社がこれらを供給していたとしても、外国の会社による買収に対する規制が必要だ。こうして、経済学者が推奨する資本の自由な移動に例外が増える。じつは自由貿易にも、考慮すべき点が追加される。2018 年、米国防省は中国産のセキュリティカメラの利用を禁止した。隠されたメカニズムが内蔵されていて、安全保障上重要な場所での映像が中国にわたることを危惧してのことである。

健康との関連では、たとえば癌の発見に人工知能の利用が拡大しているが、このプログラムを書く人に悪意があれば「特定の人種には癌であってもそのことを告げない」というプログラムを秘かに用意することも不可能ではない。

---

[22] Kaji (2019) で説明するように、取引の仲介には「インターフェイス」と「決済手段」の二面がある。現金（紙幣や硬貨）は、この両面を持っている。電子決済のアプリはインターフェイスであり、取引に使われる仮想通貨は決済手段である。これらの双方について代替物が多いほど、そのうちの一つがストップされたときの影響は小さい。たとえば携帯のアプリで支払えなければクレジットカードで支払う、といった具合である。安全保障上の脅威が最も高くなるのは、一国全体の経済取引の大部分を一つのインターフェイスと一つの決済手段が司っており、しかもその双方を外国の一社が提供する場合である。

食品の安全についても、同様のことが言えよう。AI の倫理を心配する前に、AI のプログラムを書く人々の倫理に一切問題がないことをどう担保するか考える必要がある。

　最後に singularity（特異性）との関連で述べた、分配や格差について触れておきたい。広義のフィンテックが格差を拡大して資本主義の行き詰まりを悪化させるのか、格差縮小に貢献して突破口を与えるのかは、非常に重要な問いである。フィンテックが既存の概念を破壊する限りにおいて、今まで日の目を見なかったアイデアや経済的に成功とみなされなかった経済活動が、一転して高収入や地位・名声の源になるかもしれない。あるいは、人工知能で代替されない職につくための教育と訓練のコストを負担できない人々が、疎外され不満をかかえることが経済社会の不安定化をもたらすかもしれない。

　いずれにしても、フィンテックについて学ぶことが生涯を通じて有意義であり、またフィンテックについて生涯を通じて学ぶことが有意義であることは、疑いの余地がないのである。

5　エピローグ　信なくば立たず[23]

　ときは戦国時代。幼い竹千代と雪斎の間で、次のようなやり取りがあったという。孔子の弟子が政治とは何かと問うたとき、孔子は国家には兵と食と信とがなければならないと答えた。弟子はさらに三つのうちどれか一つを捨てなければならないときはどうするか尋ねたのだが、雪斎は竹千代にどれを捨てるかと聞く。竹千代は兵と答える。孔子と同じ答えである。では食と信の二つのうちどれかを捨てるなら、と問われると、尾張で子供三人捕らわれの身になったとき、わずかな食料を分けた時の記憶から、竹千代は信を捨てると言う。そこで雪斎は説く。子供三人がちゃんと食物を分け合うことができたのは信あってこそ。信がなければ食があっても獣の世界になる、と。

　この「信なくば立たず」のエピソードは有名で、座右の銘とされることも

---

23)　本節は TM 研究会会報リレーコラム「わたしはこう見る AI × IoT 社会 2030」に掲載いただいた拙文を TM 研究会の御厚意により再掲したものである。

多い。しかし筆者のように日々「目に見えないもの」を追い求めることを生業とする身には、「信」はもっと広い意味に思われてならない。兵・食・信のうち、目に見えないのは信だけである。

　2018年。加速度的に能力を高めていく人工知能に、人間が職を奪われる事態が、実際に生じ始めている。奪われる職には共通点がある。ビッグデータが存在し、AIプログラムとして明確に記述することができる作業の職種である。たとえば、戦略を立て実際に敵を倒す兵士の仕事や、飲食産業の仕入れ・調理・接客・会計・レシピ開発など。

　では、AIは「目に見えないもの」のことを考えることができるのか。答えは現段階では否であり、おそらく2030年にも否である。与えられていない課題をみずから見つけ出すことが、AIにはできないのである。自分はなぜ、ここにいるのか。生きる目的は何か。「世の中をよくする」ために今、自分にできる事は何か。社会に貢献したいなら、どうすれば貢献できるのか。「目に見えないもの」を必要とする仕事は、AIに取られることはないのである。むしろAIは、人間の、人間たる所以の再考を促すのかもしれない。

　そしてもし将来、「目に見えないもの」について自分で考えるAIが登場したのなら、人はこのAIとともに「目に見えないもの」の尊さを理解し、どうやってそれを人類（とAI）の幸福のために活用するかを、AIとともに考えるだろう。いや、考えなくてはならない。

　かくてわれわれは、数年後には利潤最大化・費用最小化の世界で活躍することを求められる学生たちに、「目に見えないもの」の大切さを、日々、暗に明に説き続けるのである。

【参考文献】

岩崎薫里（2018）「東南アジアで台頭するフィンテックと金融課題解決への期待」日本総研環太平洋ビジネス情報 RIM Vol.18、No.68、2018年12月31日に閲覧。
　　https://www.jri.co.jp/MediaLibrary/file/report/rim/pdf/10320.pdf
翁百合、柳川範之、岩下直行　編著（2017）『ブロックチェーンの未来―金融・産業・社会はどう変わるのか―』日本経済新聞出版社。
―――（2018）「オープンバンキング時代の銀行業」NIRAオピニオンペーパー、

2018 年 12 月 31 日に閲覧。
　　http://www.nira.or.jp/pdf/opinion35.pdf
経済産業省（2017）「FinTech ビジョン」、2018 年 12 月 31 日に閲覧。
　　http://www.meti.go.jp/press/2017/05/20170508001/20170508001.html
─── （2018）「デジタル・プラットフォーマーを巡る取引環境整備に関する検討会」中間論点整理（案）」2018 年 12 月 31 日に閲覧。
　　http://www.meti.go.jp/press/2018/11/20181105005/20181105005.html
全国銀行協会（掲載日不明）「オープン API って何？」2018 年 12 月 31 日に閲覧。
　　https://www.zenginkyo.or.jp/article/tag-g/9797/
総理官邸（2018）「未来投資戦略 2018─『Society 5.0』『データ駆動型社会』への変革」2018 年 12 月 31 日に閲覧。
　　https://www.kantei.go.jp/jp/singi/keizaisaisei/pdf/miraitousi2018_zentai.pdf
高﨑早和香（2017）「アフリカ　フィンテックが未来を変える」JETRO エリアレポート、2018 年 12 月 31 日に閲覧。
　　https://www.jetro.go.jp/ext_images/_Reports/01/b65e34cd54825211/20160116.pdf
戸村肇　（2017）「決済の経済学から見た電子決済と金融システム」財務総合政策研究所「外部有識者による研究所内講演会」2017 年 11 月 14 日、2019 年 1 月 4 日閲覧。
　　https://www.mof.go.jp/pri/research/seminar/fy2017/lm20171114.pdf
内閣府（掲載日不明）「人工知能技術戦略会議」2019 年 1 月 3 日閲覧。
　　https://www8.cao.go.jp/cstp/tyousakai/jinkochino/index.html
日本銀行（2017）「量的・質的金融緩和」と経済理論 スイス・チューリッヒ大学における講演の邦訳」2019 年 1 月 3 日に閲覧。
　　https://www.boj.or.jp/announcements/press/koen_2017/ko171114a.htm/
NIRA 総合研究開発機構（2018）「始動、レグテック」2018 年 12 月 30 日に閲覧。
　　http://www.nira.or.jp/pdf/vision35.pdf
東山真隆（2018）「米国ロボ・アドバイザー利用者にみる日本での普及のヒント」野村総合研究所、2018 年 12 月 31 日に閲覧。
　　http://fis.nri.co.jp/ja-JP/publication/kinyu_itf/backnumber/2018/01/201801_6.html
藤田哲雄（2018）「転換期を迎えた中国のフィンテック」日本総研環太平洋ビジネス情報 RIM　Vol.18、No.69、68、2018 年 12 月 31 日に閲覧。
　　https://www.jri.co.jp/MediaLibrary/file/report/rim/pdf/10458.pdf

Assenmacher, Katrin and Signe Krogstrup (2018) "Monetary Policy with Negative Interest Rates: Decoupling Cash from Electronic Money," *IMF Working Paper* WP/18/191 accessed on 3rd January 2018.
　　https://www.imf.org/en/Publications/WP/Issues/2018/08/27/Monetary-Policy-with-Negative-Interest-Rates-Decoupling-Cash-from-Electronic-

Money-46076
Basak, Sonali and Christopher Palmeri (2018) "A Goldman Trading Desk That Once Had 500 People Is Down to Three," accessed on 2nd January 2019.
https://www.bloomberg.com/news/articles/2018-04-30/goldman-trading-desk-that-once-had-500-people-is-down-to-three
Brunnermeier, Marcus K. and Yann Koby (2018) "The Reversal Interest Rate," accessed on 3rd January 2019.
https://scholar.princeton.edu/markus/publications/reversal-interest-rate-effective-lower-bound-monetary-policy
Carstens, Agustín (2018) "Money in the digital age: what role for central banks?" accessed on 3rd January 2018.
https://www.bis.org/speeches/sp180206.pdf
Catlin, Tanguy, Johannes-Tobias Lorenz, Björn Münstermann, Braad Olesen and Valentino Ricciardi (2017) "Insurtech--the Threat That Inspires," McKinsey & Company, Mar. 2017, accessed on 30th December 2018.
https://www.mckinsey.com/industries/financial-services/our-insights/insurtech-the-threat-that-inspires
Costa, Claudia Storti and Paul De Grauwe (2001) "Monetary Policy in a Cashless Society," accessed on 5th January 2018.
https://www.researchgate.net/publication/4752639_Monetary_Policy_in_a_Cashless_Society
Dabrowski, Marek and Lukasz Janikowski (2018) "Can virtual currencies challenge the dominant position of sovereign currencies?" accessed on 3rd January 2018.
http://bruegel.org/2018/12/can-virtual-currencies-challenge-the-dominant-position-of-sovereign-currencies/
European Union (2018) "Distribution systems of retail investment products across the European Union," accessed on 31st December 2018.
https://ec.europa.eu/info/sites/info/files/180425-retail-investment-products-distribution-systems_en.pdf
Kaji, Sahoko (2018) "Electronic settlements and financial regulation," Paper presented at the 2nd CAG-KGRI Workshop, Tokyo.
——— (2019) "Electronic settlements and financial regulation," forthcoming in Kikuchi, T. and M. Sakuragawa eds. *Financial Cooperation* in *East Asia*, RSIS Monograph, S. Rajaratnam School of International Studies.
Meyer, Gregory, Nicole Bullock and Joe Rennison (2018) "How high-frequency trading hit a speed bump," *Financial Times*, 1st January 2018, accessed on 30th December 2018.
https://www.ft.com/content/d81f96ea-d43c-11e7-a303-9060cb1e5f44
Thornhill, John (2018) "Lessons from history on the dangers of data," *Financial

Times, 31st December 2018, accessed on 31st December 2018. https://www.ft.com/stream/33a9ea49-00d8-4bff-9b83-8ca7ebc1e614

第2章

フィンテックの マクロ経済学的理解

吉野 直行

1 フィンテックの発展とデータ分析の必要性

　経済学や金融を学ぶ人が、フィンテックの世界で活躍したいと思うのであれば、まず、最低限の統計学や計量経済学の基礎を理解していなければならない。そしてマクロ経済の現状や、経済政策の有効性等についても、情報を把握し正しく理解しておく必要がある。さらに、国内の資金の動きばかりでなく、国際金融分野の為替レートはどうして毎日変動しているのか、その背後にある貿易の動きと資本移動についてなども理解していないと、海外での資産運用もできないことになる。

　以下ではまず、フィンテックがどのように企業の評価方法を変えているかについて述べる。そして次節以降では、日本のマクロ経済の現状や政策の有効性について説明し、最後に、資産運用の機会を海外に求める必要がある理由を明らかにする。

　昔の医師は、聴診器でわれわれの体内の音を聴き分け、その患者はどこが悪いのかを見つけることができることに長けていることが、優れた医師の証明だった。しかし、現代の医療では、内視鏡の管を体の中に入れて、その内視鏡で撮った画像を見ながら、体の中の状態を見て、悪い箇所を見つけるというところまで進展している。

　金融の世界でもまったく同じ現象が起こっている。銀行の貸出においては、

昔はよく「目利き」力をつけることが大切であると言われ、たとえば借り手の中小企業の社長に会って、経営方針や事業内容を調べ、その企業の将来性を判断して、貸出をするかどうかを決めていた。さらに、資金を貸し出した後も、その事業がうまく進んでいるかどうかを、工場の生産状況を見たり、お客さんの動きを観察して、事業の評価をしてきた。まさに、銀行業でも、聴診器を体に当てて、それで企業を審査していたわけだ。「目利き」の判断によって、貸出をするかどうか、金利をどの程度にするか、融資の期間を何年程度にするか、担保をどの程度確保するか、などを決めてきたのである。

　ところがフィンテック時代になり、大量のデータが利用できるようになると、集められたデータを見ながら、筆者ですら、企業の評価をある程度はできるようになってきている。筆者は、金融のプロではないが、金融を専攻する学者である。データ分析から、企業の状況を知ることができるようになっている。

　もう一つは、理工系の方々も多く金融機関に就職している。理工学部の出身者は、数量モデルを駆使しながら、新しい金融商品や運用を考えている。しかし、なかなか経済の動きまで理解している人は多くはないようだ。経済学部の出身者は、数学がわかる者が少なくないので、理工系の人たちが行っている分析も理解でき、金融機関の利用者が希望する金融商品の特徴を、数理的な考え方に抽象化して、理工系の専門家に伝えることも可能になっている。経済学部の出身者には工学部出身者と文科系を結ぶ能力があるだろうし、その力を発揮していくことが、日本の金融を強くしていくだろう。

　事実、たとえば筆者はいま東大の理工学部の方々と研究をしている。インドの新幹線を日本が受注したことを、読者はご存知のことと思う。新幹線や道路などのインフラ投資（Infrastructure Investment）の経済効果を研究しているが、東大の工学部の先生方も筆者とは別の手法で計測をしている。経済の変数については、経済学者のほうが優位性があるので、筆者が「経済のこういう変数を分析に含めるとよいと思う」と言うと、「あ、そのような見方があるのか」と議論が進むことになり、新しい共同研究も生まれてくる。

　読者の方々も、将来、金融業を含めたさまざまな業種に就職されるときには、ぜひ理工系の出身者と文系出身者を結ぶ、その懸け橋になってほしいと

思う。そのためには、理工系の人たちと互いの話が通じるようになるから、ぜひ一生懸命に計量経済や統計手法を勉強してほしい。

ビッグデータによって、中小企業の格付けも可能となることを、例を挙げて説明しよう。従来は、中小企業の審査は、まさに「目利き」の銀行員が、経験をもとに、この中小企業の経営はどのようになっているのであろうか、この企業の将来性は本当に大丈夫だろうかなどの観点から、借手企業を評価してきた。

ところが、企業のデータがたくさん集まり、フィナンシャルテクノロジーが発達すると、借り手の企業の分析ができるようになってくる。日本ではCRD（Credit Risk Database）という、企業のデータを集めてその分析をする会社もあり、何百万というデータを集め、分析して、それぞれの企業の倒産確率を求めている。銀行にとっては、借手企業がどの程度安全であるのか、それとも倒産の可能性が高いのかによって、貸出をするかどうかを判断しなければならない。金融機関が将来破綻する可能性の高い企業に貸出をすれば、金融機関の業績の悪化につながってしまうからだ。集められたデータを、Probit、Logit、Cluster分析などの多変量解析手法を使って分析している。

次に必要なことは、データを用いて分析した結果を「読めないといけない」ということだろう。あるいは、理工系出身者に分析してもらい、その結果が出た時に、自分でも分析手法を知らなければ、分析結果から企業の評価ができないことになってしまう。ここでも、経済学部の出身者には、文科系と理科系を結ぶ能力が問われている。

かつての金融業界では、文科系出身の上司たちが、理工系の人たちが分析を発表しても、数理分析がわからず、「彼らのやっていることはまったく理解できなかった」と言っていた時代もあった。さらに、昔の地方銀行のトップには「銀行業務は統計学ではない」とデータ分析を批判する人もいた。

少し具体的に、ビッグデータから、企業の分析ができる例を示しておこう。

これは日本のデータではないが、表2-1に総資産（Assets）、流動性を表す現金（Cash）、売上高（Sales）、収益性（Profitability）などを表す11の変数が示されている。

この変数を用いて因子分析（Factor Analysis）を行った結果、表2-2の

表 2-1 企業データから集めた 11 変数

No.	Symbol	Definition	Category
1	Equity_TL	Equity (book value)/total liabilities	Leverage
2	TL_Tassets	Total liabilities/total assets	
3	Cash_Tassets	Cash/total assets	
4	WoC_Tassets	Working capital/total assets	Liquidity
5	Cash_Sales	Cash/net sales	
6	EBIT_Sales	EBIT/sales	
7	Rinc_Tassets	Retained earnings/total assets	Profitability
8	Ninc_Sales	Net income/sales	
9	EBIT_IE	EBIT/interest expenses	Coverage
10	AP_Sales	Account payable/sales	Activity
11	AR_TL	Account receivable/total liabilities	

EBIT = earnings before interest and taxes.（支払金前税引前利益）

表 2-2 11 変数を用いた因子分析

Variables (financial ratios)	Component			
	Z1	Z2	Z3	Z4
Equity_TL	0.009	0.068	0.113	**0.705**
TL_Tassets	−0.032	**−0.878**	0.069	−0.034
Cash_Tassets	−0.034	−0.061	**0.811**	0.098
WoC_Tassets	−0.05	**0.762**	0.044	0.179
Cash_Sales	**−0.937**	0.021	0.083	0.009
EBIT_Sales	**0.962**	0.008	0.024	−0.004
Rinc_Tassets	0.014	**0.877**	0.015	−0.178
Ninc_Sales	**0.971**	−0.012	0.015	0.014
EBIT_IE	0.035	0.045	**0.766**	−0.098
AP_Sales	**−0.731**	−0.017	−0.037	−0.016
AR_TL	0.009	−0.041	−0.104	**0.725**

結果が導出された。固有値が1以上の変数が統計的に有意な変数であるため、ここではZ1〜Z4の4つの因子が統計的に有意な変数となっている。

　Z1（第一因子）を見ると、太字で示された各因子を構成する重要な変数は「売上（Sales）」である。Z2（第二因子）は「総資産（Tassets=Total Assets）」が重要な構成要素、Z3（第三因子）は「Cash（現金＝流動性）」が重要な構成要素、Z4（第四因子）は、総負債（TL=total liabilities）が主要な構成要素変数となっている。

　図 2-1 は、例として、表 2-2 にある第二因子と第三因子を用いて企業を分

図 2-1 企業のグループ分け（第二因子と第三因子を用いた場合）

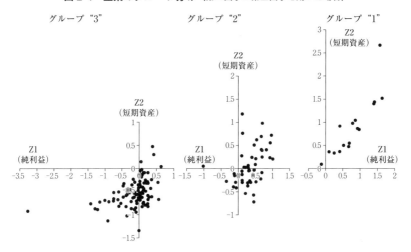

類したものであり、クラスター分析を用いた結果から導出されている[1]。ビッグデータを用いた企業の評価は、たとえばこのようなかたちで行われるのである。

2 日本の財政赤字の拡大とその解決のための理論・実証分析

　財政赤字が拡大しても国が破綻しないためには、利子率と経済成長率を比べることが大切であるというドーマー条件[2]が、よく議論に出る。ドーマー条件は、政府の予算制約式（図2-2の①式）から導出されたもので、財政赤字によってもたらされる国債の（政府による）供給の条件だけから導出されている。

　アメリカの国債は、ドルが基軸通貨であること、アメリカに対する世界か

---

1) 詳しくは Yoshino and Taghizadeh-Hesary（2014）を参照。
2) 一国の財政赤字がどのような条件が成立していれば維持可能かを示した定理。プライマリーバランス（基礎的な財政収支）が均衡しているもとでは、名目金利よりも名目 GDP 成長率が高ければ財政は破綻しないと説明される。

図 2-2　国債市場の安定化を示すドーマー条件（利子率と経済成長率を比較）

$$G_t + r_t B_{t-1} = \Delta B_t + T_t \qquad ①$$

①式は、政府支出（G_t）と国債の利払い（$r_t B_{t-1}$）が国債の新規発行（ΔB_t）と税収（T_t）によって賄われていることを示している。
①式をGDP（Y_t）で割り書き換えるとドーマー条件が導かれる。

$$b_t - b_{t-1} = \frac{(r_t - \eta_t)}{1 + \eta_t} b_{t-1} + g_t - t_t \qquad ②$$

但し $b_t = B_t/Y_t$, $\eta_t = \Delta Y_t/Y_t$, $g_t = G_t/Y_t$, $t_t = T_t/Y_t$.

らの信任があることで、世界からの需要が担保されている。言い換えると、アメリカ国債は、需要がどの程度アメリカ国内にあるかという需要条件を気にせずに、ある程度は国債を発行することができるということだ。このため、ドーマー教授は、国債の供給条件を表す政府の予算制約式から、国債市場が安定化する条件を求めている。

多くの学者やエコノミストは、ドーマー条件を、国債市場が将来、発散して国債の発行が膨大になり、返済できない状態に陥るかどうか、国の破綻の可能性を測る条件として用いている。図 2-2 では、②式の右辺の（$r-\eta$）（＝利子率−経済成長率）を比較し、利子率が経済成長率を上回ると財政が破綻するという条件が導出されることを示している。しかし、アメリカ以外の国では、国債の需要があるかどうかが、国債市場の安定化に重要な役割を果たしている。

図 2-3（a）（b）は、日本とギリシャの国債市場を、供給と需要の動きから比較している[3]。縦軸が利子率、横軸は国債の供給と需要である。垂直の線は、国債の供給を示している。

国債は財政赤字になれば、利子率の高低にかかわらず供給されなければならないため、垂直線として表される。国債需要は、縦軸が国債利子率をとっているため、右上がりの線になる。というのは、国債を購入する経済主体に

3）　吉野・山上（2017）133 ページ。

図 2-3 日本とギリシャを比較した国債の供給と国債需要

(a) 日本における国債市場の需要と供給の動態

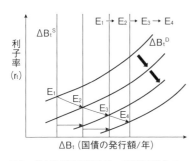

(b) ギリシャにおける国債市場の需要と供給の動態

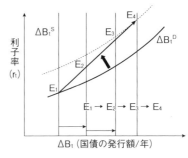

日本の場合は利子率が下がって需要が増えている。
日本がすべきは供給を左にシフトしていく努力だといえる。

ギリシャの場合は外国人の国債保有率が60〜70％と日本に比して非常に多い。
図はリスクプレミアムを要求され、金利が上がっていく状態を示している。

出所：吉野・山上（2017）。

とっては、利子率が高いほうが、たくさん購入したいと思うからだ。(a) が日本の国債市場、(b) がギリシャの国債市場を示している。

日本の場合には、国債供給も増えているが、それ以上に需要が増えているため、利子率は低下している。しばらく前までは銀行、保険会社、年金基金などが国債をたくさん購入していたが、最近では日本銀行が国債を大量に購入し、需要がさらに右に動き、国債利子率がマイナスとなった。

日本では、国債の90％近くが国内の投資家によって保有されている。よって、日本では、国債需要が十分にあり、利子率が低い状態が保たれ、国債市場が安定している。

一方、図2-3（b）のように、ギリシャでは、国債の三分の二程度が外国人によって保有されていた。このため、ギリシャ国債が返済できなくなるのではないかという不安から危機が生じたとき、海外からの投資家はギリシャ国債を売却してしまい、その結果、図に示すように、ギリシャ国債の需要が減少し、需要曲線が左にシフトし、ギリシャ国債の利子率は急上昇し、財政破綻に陥った。図2-4は、ギリシャと日本の国債利子率の推移を示しており、ギリシャの金利の高騰と日本の金利の安定化が比較できる。

図 2-4　ギリシャの利子率の高騰と日本の利子率の安定

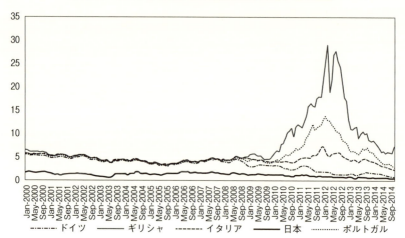

　財政では「ボーンの条件」という重要な条件がある。この条件のもとでは、プライマリーバランス（政府の歳入と歳出の差で、利子の支払いを除いた値）の動きを見ることが重要であると主張される。言い換えれば、ボーン条件は、プライマリーバランスが発散しない条件を導出している。このボーン条件も、国債の供給式（＝政府の予算制約式（[図2-5の①式]））から導出されており、国債需要を考慮していない。

　これに対し、国債の需要と供給を考慮したモデルでは、「政府の（利払い費を含む）歳出」と「政府の歳入」を同時方程式で考えなければ、財政の安

図 2-5　財政安定化条件を政府の歳出と歳入を同時方程式で考える

$$G_t - G_{t-1} = \alpha_1 (B_t - B_t^*) + \alpha_2 (\Delta B_t - \Delta B_t^*) + \alpha_3 (Y_t - Y_t^f) \quad ①$$

但し $\alpha_1 = \dfrac{w_1}{w_3}\left(\dfrac{B_{t-1}}{b_1 - B_{t-1}} + 1\right),\ \alpha_2 = \dfrac{w_5}{w_3}\left(\dfrac{B_{t-1}}{b_1 - B_{t-1}} + 1\right),\ \alpha_3 = \dfrac{w_2}{w_3}\left(\dfrac{(d_1 + i_1) + d_1 i_1}{\Delta}\right)$

課税条件は以下のように定義できる。

$$T_t - T_{t-1} = \beta_1 (B_t - B_t^*) + \beta_2 (\Delta B_t - \Delta B_t^*) + \beta_3 (Y_t - Y_t^f) \quad ②$$

但し $\beta_1 = -\dfrac{w_1}{w_4}\left(\dfrac{B_{t-1}}{b_1 - B_{t-1}} + 1\right),\ \beta_2 = -\dfrac{w_5}{w_4}\left(\dfrac{B_{t-1}}{b_1 - B_{t-1}} + 1\right),\ \beta_3 = \dfrac{w_2}{w_4}\dfrac{(d_1 + i_1) C_1 + d_1 i_1}{\Delta}$

図 2-6　歳出と歳入の変化と債務残高の GDP 比率

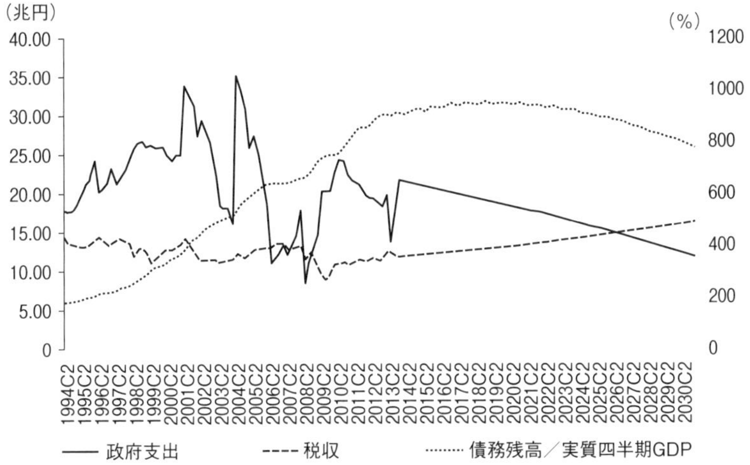

注：下の破線が税収の増加、真ん中の実線が歳出の減少、上の点線が債務残高の GDP 比率で縮小していくことを示している。Yoshino-Mizoguchi-Taghizadeh 条件にもとづいて作成。

定化は保たれないという以下の図 2-5 の結論が得られる。

　図 2-5 では、(G_t-G_{t-1}) 式と (T_t-T_{t-1}) 式を同時方程式として考えることにより、財政を安定化させることができることを示している。財政政策の実行において考慮しなければならない変数は、(ⅰ) 国債残高の GDP 比率、(ⅱ) 毎年の財政赤字の GDP 比率、(ⅲ) 景気を表す GDP-ギャップであり、これらを見ながら、歳出と歳入を同時に考える必要があるということだ。言い換えると、(a) 社会保障が充実した政策を行うためには税を上げるという政策、(b) 税を引き上げないためには社会保障などの歳出を抑えるという政策、このいずれかのように、歳出と歳入のセットで考える必要があるということを示している。

　このようにすれば、図 2-6 のように、財政の安定化は達成されるというシミュレーションが得られる[4]。ボーン条件も、図 2-5 の税収から歳出を引いた式として表現され、プライマリーバランスを縮小するように、国債残高／

4）　Yoshino *et al.* (2019).

図 2-7　日本の高齢化の現状とその将来予想

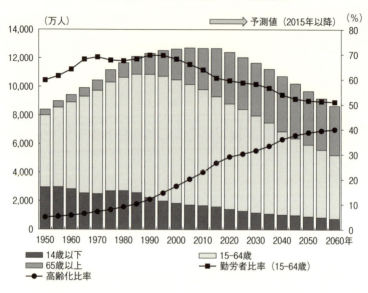

GDP 比率、毎年の国債発行／GDP 比率、GDP ギャップを見ながら財政運営を行う必要があることになる。

3　高齢化のもとでは金融政策・財政政策の有効性が低下する

　普通のマクロ経済の教科書では、みんな働いており、退職者は考慮しないモデルで、財政政策や金融政策が説明されている。そのような条件下であれば、財政政策や金融政策を行うことにより、景気を回復できると説明できる。
　ところが日本の場合には、通常の教科書では分析されていない、働いていない高齢者（退職者）がどんどん増えてしまっているのが現状である。ここでは、マクロ経済モデルの中に、退職者（高齢者）が増えている状況（図2-7）を含めると、財政政策や金融政策の効果が低下することを示したい。現在 IMF のエコノミストである宮本弘樹氏と筆者が共同で行っている研究内容を明らかにしよう。DSGE モデル（Dynamic Stochastic General

図2-8 高齢化による金融政策の消費刺激効果の低下

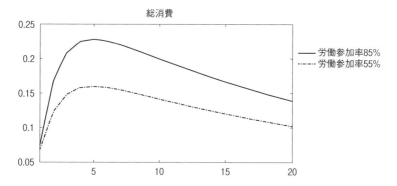

Equilibrium Model) の中に、勤労している世代と退職世代を導入し、退職している人々が徐々に増加するというモデルをつくり、高齢化が進んだ場合に、財政政策や金融政策の効果が、どのように変化するかを調べた[5]。

金融政策では、マネーサプライを増やし、利子率を低くして、景気の刺激策を図る。利子率の低下は、企業が低い金利で借入ができるようになり、企業の投資を刺激する。投資の増加は、所得の増加となり、消費を増やし、景気が回復するというのが、通常の教科書の説明である。企業で働いている人は、所得の増加の恩恵を受けて消費を増やすが、退職している人は、金融政策が発動されても、社会保障と年金に依存して生活しているため、所得は増加せず消費意欲も湧きにくい。高齢化比率が高まることは、金融政策の影響が及ばない人が増えることを意味する。

図2-8は、労働参加率が55％の場合と85％の場合を比較している。金融政策の効果は、労働参加率が低くなればなるほど効果が低下し、消費刺激効果が低下する。

次に、ケインズの財政政策（公共事業）の効果を見たのが、図2-9である。ケインズ流の財政政策は、失業者を公共事業により雇用することで、所得が得られるようになり、消費が増え、総需要が拡大し、景気が刺激される波及経路を考えている。ケインズの時代は、失業者がたくさんおり、職がないと

---

5) Yoshino and Miyamoto (2017).

図 2-9　高齢化による公共事業の経済効果の低下

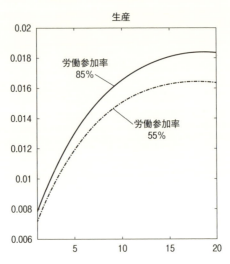

いう状況だったからである。

　しかし、高齢化社会とは、退職して社会保障や年金で生活している人が増加し続けている社会である。退職者は、職を探しているのではなく、働いていない。このような状況で公共事業を増やすことは、人手不足をもたらし、かえって企業が必要な人手を確保できない状況をつくり出してしまう。図2-9に示されるように、高齢化率が上昇すると、公共事業の生産力効果が低下することが示される。

　それでは、高齢化のもとでは、どのような政策が必要かを、DSGEモデル分析から導出すると、以下のような構造改革が必要であるという結論になる。退職年齢を高くし、賃金は年功序列ではなく生産性に応じた賃金とすることにより、図2-10に示されるように、消費は増加し、GDPも高くなる。若い人も高齢者も仕事を続け、高齢者が働き続けることにより、社会保障支出が減少するため、税を高める必要がなくなり、若者の可処分所得も増加し、消費が拡大する。高齢者も、自分の生産性に応じた収入を得ながら働き続ければ、高齢者の消費も増加し、経済全体の総需要が拡大する。事実、日本ではアンケート調査の結果から、働けるのであれば長く働きたいという調査結果

図2-10 定年を延長し生産性に応じた給与で長く働き続ける場合

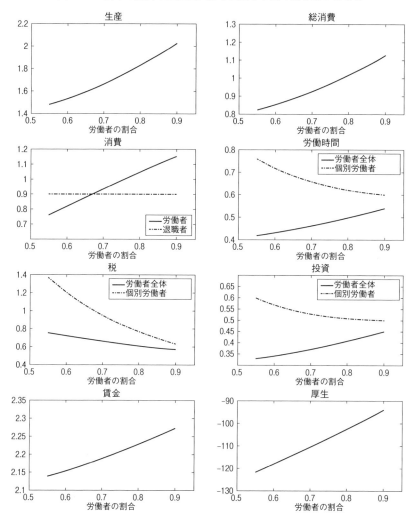

が出ている。

　各企業では、高齢者の給与は生産性に応じたものに設定し、使える高齢者の経験や知識を若手と一緒に活用していくことが必要である。

　日本経済の低迷の要因は、マクロ経済政策である財政政策や金融政策が足

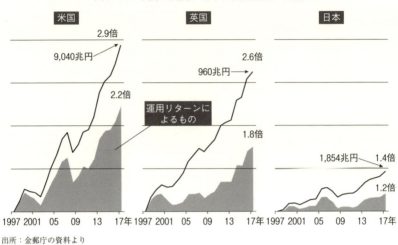

図 2-11　米国、英国、日本の資産運用の比較

出所：金融庁の資料より

りないのではなく、高齢化という構造問題が景気の足を引っ張っているというのが、われわれの DSGE モデルからの結論である。

4　諸外国と比べた日本の資産運用

最後に、米国、英国、日本の資産運用の比較を説明したい。図 2-11 からわかるように、1997 年からの 20 年間で、米国の金融資産は 2.9 倍に増加し、英国では 2.6 倍の増加となっている。資産の運用によってもたらされた利益が、米国や英国ではいかに高いかを物語っている。

これに対し、日本では、金融資産は 20 年間で 1.4 倍にしか高くなっていない。高齢化の社会では、蓄えられてきた資産を高い利回りで運用できなければ、生活水準の維持も難しくなってくる。日本国内だけの投資ではなく、米国、欧州、アジアなど、地域を分散させた投資も必要だろう。日本国内の成長率が低ければ、運用利回りも高まらない。しかし、アジアでは、成長の著しい国々がたくさんある。為替変動の要因をしっかり勉強し、海外での運用も行える力を養ってほしい。

【参考文献】

吉野直行‐山上秀文（2017）『金融経済―実際と理論―第 3 版』慶應義塾大学出版会。

Yoshino, Naoyuki and Hiroki Miyamoto (2017) "Declined effectiveness of fiscal and monetary policies faced with aging population in Japan," *Japan and the World Economy*, Vol.42.

Yoshino-Mizoguchi-Taghizadeh-Hesary (2019) "Optimal fiscal policy rule for achieving fiscal sustainability: the Japanese case," *Global Business and Economic Review*, Vol.21, No.2.

Yoshino and Taghizadeh-Hesary (2014) "Analytical Framework on Credit Risks For Financing Small and Medium-Sized Enterprises in Asia," *Asia-Pacific Development Journal*, Vol.21, No.2 (United Nations, UNESCAP).

第3章

暗号資産（仮想通貨）と中央銀行デジタル通貨

岩下 直行

1 暗号資産の高騰と暴落

　2017年に大暴騰して世間から注目を集めたビットコインは、2018年には暴落し、ハイリスクな投機商品という認識が広まった。他方で、ビットコインから派生したブロックチェーン技術は、次世代の最先端技術として注目され、さまざまなパイロット・プロジェクトが進められている。とはいえ、現在までのところ、ブロックチェーン技術の大規模な実装が社会に受容されたのは、ビットコインを中心とする暗号資産（仮想通貨）がほぼ唯一の例である。

　ブロックチェーン技術は、公開鍵暗号によるデジタル署名とハッシュ関数によるチェイニングという、以前から存在する技術によって構築されたものである。そうした技術が、暗号資産への投機という目的とはいえ、日本だけで360万人もの利用者を獲得し、ピーク時には数十兆円もの経済価値を持つものとして取引されたという意味では、かつて例を見ない規模で行われた情報セキュリティ技術の社会への展開であったといえるだろう。

　しかし、ビットコインの発展は、バラ色の成功物語ばかりではない。初期の投資家は、きわめて安価に入手したビットコインの価値が上昇することで、経済的な利益を手に入れた。しかし、そうした相場上昇は、ビットコインが金融規制の枠を越えて国際的な匿名の取引が可能であることからもたらされ

たものであった。その発展は、国際的な資金洗浄やテロ資金の調達に利用され、世界的な金融秩序に混乱をもたらした。

また、相場が上昇した2017年以降の投資家にとっては、相次ぐ交換業者へのサイバー攻撃で資産が奪われ、相場が下落して損失を被ることとなった。情報セキュリティ技術の観点からは、暗号資産というアプリケーションは、そのセキュリティの要諦であるデジタル署名用の秘密鍵を安全に管理することがいかに難しいかを改めて認識させることとなった。

信頼できる第三者が存在しなくても、取引の安全性を高める手段として実装されたPoW (Proof of Work) は、ビットコインの成功の原点であった。ところが、ビットコインの相場の高騰に伴って、PoWを実行すること、つまりビットコインのマイニングを行うことで、高い利益が期待できるようになった。その結果、世界的な資源配分の歪みを生じさせるほどの過剰な設備投資が誘発され、それが地球環境問題を深刻化させるといった副作用が生じた。

ビットコインの発明者であり、初期の開発者であるサトシ・ナカモトは、ビットコインを、インターネット上で見知らぬ同士が匿名のまま金銭的な価値のやり取りができる電子現金として設計した。しかし、ビットコインは、サトシが夢見たであろう世界から逸脱し、当初の構想を実現できていない。その逸脱はどのようにして生じたのか、そしてそれが元に戻ることはあるのだろうか。

2 ビットコインの誕生とその前史

サトシ・ナカモトという人物が実在するという証拠はない。そもそも特定の個人の名前なのかどうかすらわからないし、その正体は謎に包まれている。しかし、その謎は脇に置いておこう。彼の残した論文[1]を見る限り、その著者が現在のようなビットコインを思い描いていたとは考えにくい。

ビットコイン論文の題名は「新しい電子現金システムの提案」であった。

---

1) Nakamoto (2008).

第3章　暗号資産(仮想通貨)と中央銀行デジタル通貨　　39

　インターネットのようなオープンなネットワーク上のデジタルデータを利用して、まるで現金のように送金や支払手段に利用でき、かつその取引の匿名性を確保することでプライバシーを守る、という電子現金の構想については、1980年代からさまざまな提案があった[2][3]。その研究は暗号技術の応用として現在まで引き継がれている。そうした研究を源流として、世界各国で多様な電子決済手段が提案され、利用されるようになり、わが国では交通系・流通系電子マネーが広く普及するに至った。

　しかし、そうした実用的な電子マネーは、多くは発行体の負債として当局に規制され、取引の匿名性もなかった。それは、サトシにとっては理想からほど遠いものであったのだろう。彼は、信頼できる第三者の仲介がなく、匿名での取引が可能であるという前提条件の電子的な支払手段として、ビットコインを提案した。

　とはいえ、技術的にはビットコインは、既知の2つのプロジェクトを組み合わせたものにすぎない。ひとつはSurety.comの電子公証サービス[4][5][6]、もうひとつはhashcash[7]というプロジェクトだ。前者からは、ハッシュ関数のリンクを利用したデータの改竄(かいざん)困難化の手法をそのまま流用し、後者からはPoWの考え方を取り入れることで生まれたのがビットコインである。ビットコインは、第三者が仲介しなくとも、インターネット上で匿名での送金が可能であることをもって、電子現金を名乗ったのである。

　ここではその原理を細かく解説はしないが、重要なのは、ビットコインを支える発行会社のような組織は存在しないということだ。基本的に、ビットコインのシステムを支えているのは、その趣旨に賛同し、あるいはそこから利益を得ようしている個人が供出する計算機資源であった。そこには明示された契約も、法人化の仕組みもなく、コード(コンピュータのプログラム)だけが存在する。そのコードもまた、自主的に集まった技術者が、相互にレ

---

2) Chaum (1982).
3) Okamoto and Ohta (1989).
4) Haber and Stornetta (1991).
5) Bayer, Haber and Stornetta (1993).
6) Haber and Stornetta (1997).
7) Back (2002).

ビューしつつ、自由に書き換えることができる。

そのコードが、重要な経済的な帰結（たとえば、暗号資産の価格変動や、業者間の主導権争いの決着）を生じさせる。このような、「コードが支配する世界」が到来することは、インターネットが出現した当初から予想はされていた。しかし、それが予想されたよりも早く、数十兆円規模の暗号資産というかたちで実現することになったことは、人々を驚かせるのに十分であった。

3　キプロス危機による覚醒

ビットコインは、ドルや円といった法定通貨との交換価格を固定せず、独自の通貨単位 BTC を利用した。発行主体が法定通貨と同じ価格で買い物などができることを保証した電子マネーですら、利用者に信用され、受け入れられるには時間がかかった。まして、独自の通貨価値を持つ暗号資産は、買い物にも価値の貯蔵にも使いにくいので、人々から受け入れられることはなかったのだ——ビットコインの出現までは。

マニアの間で交換や採掘が繰り返される中で、ビットコインの法定通貨との交換価格は徐々に上昇していく。当初はほぼ無価値であったが、2012 年には 10 ドル／BTC 程度の「相場」が成立するようになっていた。

ビットコインがマニアのお遊びから、実用性のある投資対象として初めて認識されたきっかけは、2013 年 3 月 28 日のキプロス危機であった（図3-1）。地中海の小さな島国、キプロスで金融危機が発生し、一時的に銀行が営業を停止した際に、キプロスから資金を海外に移動させる手段としてビットコインが注目され、実際に送金に利用された。その結果、その直前には20 ドル前後であった相場が、200 ドル近くにまで急騰した。危機が収まると相場は下落したが、この事件を境に国際的な資金移動に利用可能という機能が注目され、ビットコインの相場は徐々に上昇していく。

次の波は 2013 年末にやってきた。中国国内の電子商取引サイトでビットコインによる支払いが可能になったことを契機に、中国国内での投機熱に火がついたのだ。相場は過熱し、一気に 1200 ドルにまで値上がりした。

図 3-1　ビットコインの価格と利用者数の推移（2013-16 年）

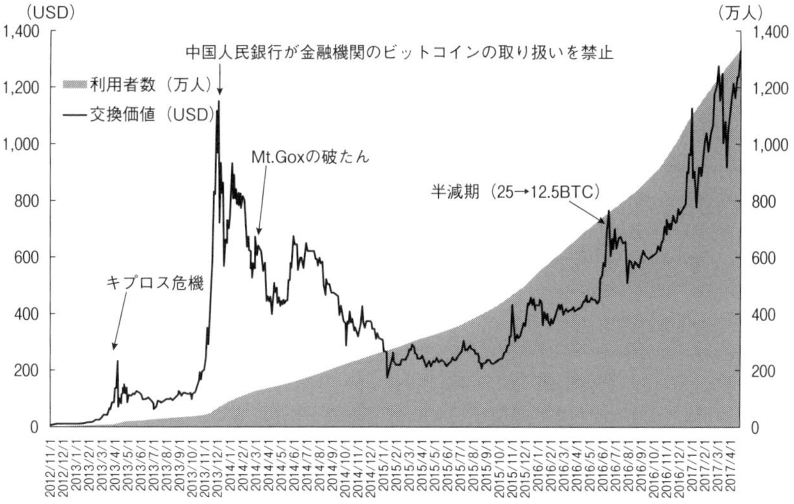

出所：blockchain.info

　こうした相場の過熱を警戒した中国人民銀行は、2013 年末に、中国国内の銀行に対し、ビットコインの購入資金を払い出すことを禁止した。これを主因に相場は一気に半値の 600 ドルに暴落する。さらに、当時日本に存在した世界最大手の交換所、Mt.Gox 社の破綻が重なって相場は下げ基調となり、2015 年頃には再び 200 ドル近くに下落する。

　この状態がしばらく続いた後、2016 年になって相場は回復を見せ始める。その背景には、国際的にブロックチェーン技術の可能性が注目されたことや、個人が投機目的で購入する事例が増えたことなどが挙げられるが、何が正解かはよくわからない。

　たとえ国家や企業の信用による裏づけがなくても、誰かが高値で買い取ってくれそうなものには値段が付き、それは人々の期待に応じて変動する。とりわけ、この時期は世界的な金融緩和の時期であり、主要国の中央銀行は政策金利のターゲットをゼロ近傍としていた。行き過ぎた金融緩和が、暗号資産の異常な相場形成に一定の効果を与えたことは否定できないだろう。

図 3-2　ビットコインの価格の推移（2017 年以降）

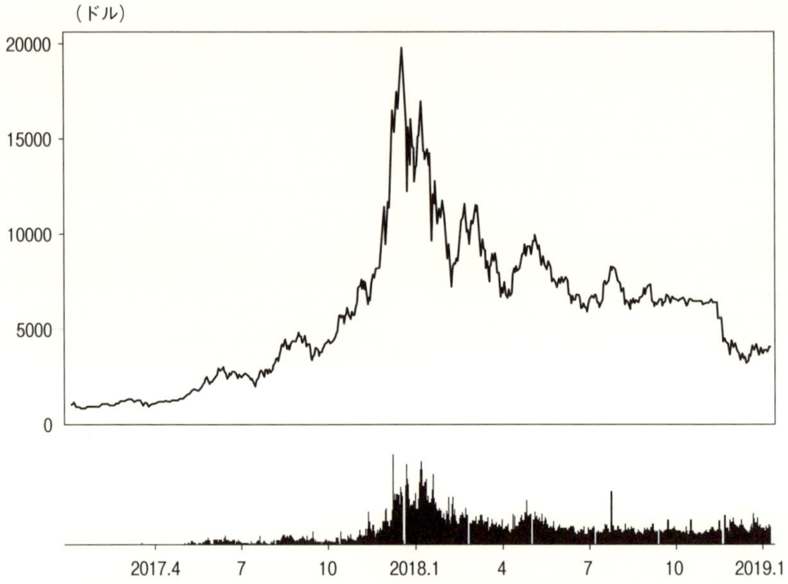

出所：coinmarketcap.com

4　2017 年の高騰と 2018 年の暴落

　2017 年に入ると、ビットコインの相場は急速な高騰をみせる。2017 年 1 月は 1000 ドル程度で推移していたが、2017 年 12 月の最高値は 2 万ドルと、20 倍近い値上がりとなった（図 3-2）。相場が大台を超えるつど、マスコミが大きく報道し、相場への注目は否応もなく高まっていった。
　この高騰は、金融のプロフェッショナルの予想を超えた現象であった。ファンダメンタルを重視するエコノミストは、資産の裏づけもなく、国家や企業の信用にも基づかない暗号資産の本源的価値はゼロであり、価格はゼロ円に収束すると公言してきた。市場実勢を重視するプロのトレーダーも、暗号資産は理論価格を算出できず、また取引業者の事故や破綻への備えがないことを嫌気して、投資を行わなかった。実際、主要国の金融機関や機関投資家のほとんどは、暗号資産に投資していない。暗号資産投資はもっぱらアマチュ

図 3-3　全仮想通貨の時価総額の推移（2017 年以降）

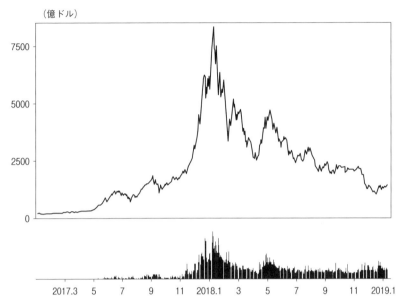

出所：coinmarketcap.com

アである個人投資家の手によって実施され、彼らだけが 2017 年の大相場の利益を独占することになった。

　2017 年におけるビットコイン以外の暗号資産の値上がりはより激しく、年間を通した暗号資産全体の流通総額の上昇は、実に 50 倍近くに達し、日本円にして 2 兆円（177 億ドル）から 90 兆円（8300 億ドル）へと拡大している（図 3-3）。日本における現金通貨の発行残高が 100 兆円、個人保有の東証 1 部上場株式の時価総額もその程度だから、それに匹敵する規模にまで拡大していたことになる。この急騰に、主要先進国の中央銀行や財務省の高官からは、相次いで警鐘が鳴らされていた。

　明けて 2018 年 1 月、暗号資産の市況は調整局面に入った。ビットコインの価格は、1 月 18 日に 1 万ドルを割るまで下落し、そこから乱高下を繰り返した。しかし、これは短期間の相場上昇に伴う自然な調整であり、引き続き強気の相場観を維持する市場関係者は多かった。

こうした状況に冷水を浴びせたのは、日本発の暗号資産盗難事件であった。国内最大手のコインチェックが顧客から預かっていた時価580億円相当の暗号資産NEMの全額が盗まれてしまったのである。コインチェックは、セキュリティ対策が不十分であったことを認め顧客に損失を補償したが、長期間の営業停止を余儀なくされ、二度にわたる金融庁からの業務改善命令を受けることとなった。その事件が大きく報じられると、ビットコインは再び下落し、4月以降は、1万ドルを回復することはなかった。

ビットコイン価格は、6月に6000ドルまで低下した後、11月中旬まで6000〜8000ドルの範囲で比較的安定していた。しかし、11月下旬から12月上旬にかけて再び急落し、3800ドルで越年した。実に、1年前に記録した最高値の1/5にまで下落したのだ。

5　ICOという打出の小槌

2017年には、ビットコインの相場は20倍になった。他方、全暗号資産の流通総額は50倍になった。この結果、暗号資産市場全体に占めるビットコインのシェアは、85％から40％弱へと半減している（図3-4）。その変化は、2017年5月頃を起点に、きわめて短期間に生じている。過去には、ビットコインのシェアが80％を下回ることはほとんどなかった。このため、2017年の暗号資産に起こったことを理解するためには、ビットコインだけではなくて、他の暗号資産（アルトコイン）も含めて考える必要がある。

2017年の大相場の原動力は、ICO（Initial Coin Offering）であったと考えられる。ICOとは、「企業等が電子的にトークン（証票）を発行して、公衆から資金調達を行う行為の総称[8]」である。そのメカニズムについては、多少説明を要するだろう。

2017年に世界中で行われたICOは、年間で4000億円と、前年の40倍に拡大した。2018年に実施されたICOは、2兆円に達している。

ICOの大半は、暗号資産イーサリアムを基盤に利用し、ERC-20トークン

---

[8] 金融庁「ICO（Initial Coin Offering）について〜利用者及び事業者に対する注意喚起〜」HP 2017年10月27日付。

第3章　暗号資産（仮想通貨）と中央銀行デジタル通貨　45

図3-4　暗号資産の通貨種類別流通総額の構成比の推移（過去5年間）

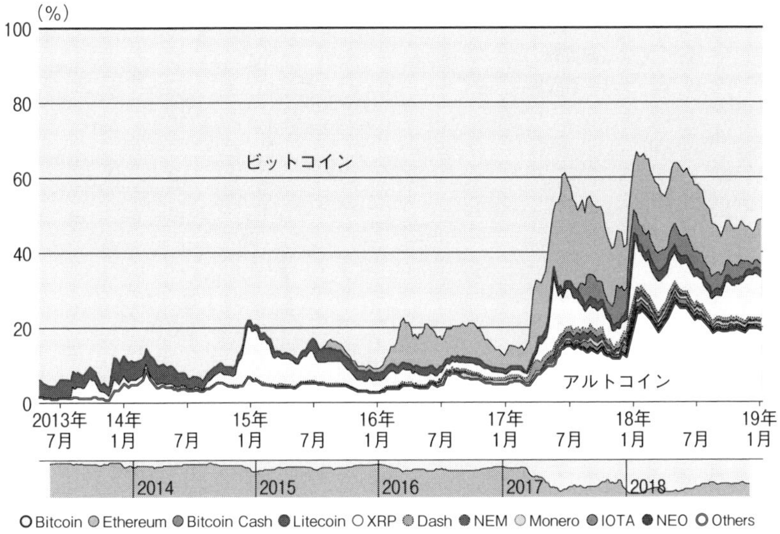

出所：coinmarketcap.com

　と呼ばれる暗号資産的なデジタル資産が発行される。この購入にはイーサリアムが必要になるので、ICOが増えると、イーサリアムの需要が増え、相場が上昇する。また、ICOトークンは払込金を償還するようなものではないのだが、イーサリアム建てで発行されるから、イーサリアムの相場が上昇すると、トークンのドル建て価格は上昇する。その結果、トークンの流通市場での価格が高騰し、それがさらなるICOの活性化をもたらす。このような正のフィードバックが働いて、2017年5月を起点にICO発行額とイーサリアムの相場が急騰することとになったと考えられる（図3-5）。

　2017年の暗号資産高騰のエンジンとなったICOの実態と、その規制をめぐる議論について整理してみよう。

　ICOは「暗号資産を利用したIPOのようなもの」と説明されることもあるが、実は、ICOを計画するのは企業とは限らない。仲間内で始めたちょっとした新規事業の検討で、アピールしそうな事業計画を思いついた個人や、インターネットで募集した寄せ集めのグループのこともあるという。最初に

図 3-5　ICO による資金調達額とイーサリアム価格の推移

出所：www.coinschedule.com, www.coingecko.com

　彼らが作成するのは、ホワイトペーパーと呼ばれる計画書だ。
　平均的には数十ページのこの文書は、「有価証券の募集・売出における目論見書のようなもの」と説明されることもあるが、実態はもっといいかげんなものだ。目論見書は投資家の投資判断の基準となる情報を提供するために発行され、一定の記載項目が定められ、虚偽記載があれば損害賠償責任を負う。これに対し、ホワイトペーパーは法的な裏づけもなく、記載内容も統一されていない。ICO 実施後に書き換えられることも少なくない。
　ICO で発行されるトークンもまた、有価証券とは異なる。株式のように配当を受ける権利や経営参加権を持つものでもなく、社債のように期日が来れば償還されるものでもない。ICO 発行体が手がける事業がうまくいった場合に、その事業で利用することのできる割引券のようなものが付いてくるだけである。これをユーティリティ・トークンと称する。この結果、ICO 発行体はほぼノーオブリゲーションで発行代り金を手にすることができる。
　常識的に考えれば、資金調達を行おうとする際には、何らかの配当や償還

第 3 章　暗号資産（仮想通貨）と中央銀行デジタル通貨

を約した証券を発行したほうがうまくいきそうである。しかし、ICO トークンが仮に配当や償還を約したものであったならば、それは各国の証券法上の有価証券と判断されるリスクがある。有価証券を一般大衆に発行するのであれば、証券法上の開示規制や各種行為規制の対象となる。ICO 発行体は、こうした規制を回避したいのである。そこで、ユーティリティ・トークンとすることによって、いわば「無価証券」の形態をとり、規制を逃れるのだ。

　不思議なのは、そんな無価値なトークンを買う人がいることだが、この ICO トークンは大人気で、発行企業のウェブサイトに投資家が殺到してなかなかつながらなかったという。投資家はなぜこのトークンを買ったのであろうか。それは、流通市場で売却して売却益を稼ぎたかったからだ。実際、2017 年の 1-3 月と 4-6 月に発行された ICO トークンを買い、年末まで保有した投資家は、平均でそれぞれ投資額の 18.3 倍と 3.5 倍の利益を得たという。

　さすがに、年後半には倍率は落ちたものの、「ICO を発行市場で買って流通市場で売れば儲かる」という噂は瞬く間に暗号資産投資家の間に広まり、ICO の大ブームをもたらし、それが暗号資産の高騰をもたらしたのである。

　こうしたブームに乗って資金調達を行った発行体が、優れた製品・サービスの開発を行い、経済成長に寄与するのであれば、ICO にも意味はあるだろう。しかし、借入や株式発行ではなく、ユーティリティ・トークンによるノーオブリゲーションの資金調達を行った場合、その資金が有効に利用されるとは限らない。

　ボストン大学の研究者である Hugo Benedetti と Leonard Kostovetsky が 2018 年 5 月に公表した論文「Digital Tulips? Returns to Investors in Initial Coin Offerings」では、ICO によって資金調達したプロジェクトが利用する公式ツイッターによるつぶやきの件数を数え、つぶやきがなくなった時点でプロジェクトが消滅したと判断する、という手法を用いて、ICO 実施後の発行体の動きを分析した。

　ICO においてトークン購入者との対話によるコミュニティ管理は重要なビジネスであり、その手段としてツイッターが用いられることは多いので、こうしたアプローチは説得力を持つ。論文では、4003 件もの実行または計画された ICO について、その公式ツイッターを調べ、分析を行った。この

表 3-1　ICO 発行体の 120 日後の消滅率

ICO 発行体の区分	発行体数	120 日後の生存数	120 日後の消滅数	120 日後の消滅率（％）
資金調達なし、トークン上場なし	694	118	576	83
資金調達あり、トークン上場なし	420	200	220	52
資金調達あり、トークン上場あり	440	369	71	16
全区分合計	1,554	687	867	55.8

出所：Benedetti and Kostovetsky（2018）より。一部筆者推計。

中で、表3-1のような知見が得られた（論文にはこの表はなく、文章で書かれている内容から筆者がデータを再構成した）。

　資金調達に失敗したプロジェクトにおいては、120日後に83％が消滅してしまうというのは理解できる。これに対し、資金調達に成功し、トークン上場もされたプロジェクトの場合、120日後の消滅率は16％にとどまる。とはいえ、たとえばIPOで株式を上場した企業はベンチャーであってもめったに消滅（倒産、廃業）することはないのだから、4か月で16％の消滅率は十分に高いと評価するべきであろう。

　そもそも、ベンチャー企業家は、ベンチャーキャピタルなどからの借入金を返済し、事業を成功させて富を得たいという夢があるからこそ必死で事業に取り組むのだ。ホワイトペーパーを書いただけで大金が手に入ってしまったら、苦労して事業を完遂する気にならなくても不思議ではない。ICOへの投資家は、流通市場でトークンを高く転売できればよいのであって、事業が最終的に成功するかどうかにあまり関心はない。その結果、ホワイトペーパーの内容は曖昧かつ粗雑になりがちであり、中には文書として完成していないものも含まれていたが、それでもICOトークンの販売に影響はなかった。さすがに2017年末以降、トークンが売れずに不調に終わるICOも出てきているが、「ノーオブリゲーションで資金を手にしたい」と願う発行体は引きも切らない状態が続いている。

　ICOの仕組みは、いわば壮大なババ抜きゲームである。発行体と発行市場の投資家の双方が大儲けするものの、流通市場で高値掴みした投資家は、最終的に無価値なトークンを抱えることになる。発行体の事業が仮に成功し

第3章　暗号資産(仮想通貨)と中央銀行デジタル通貨　49

たとしても、その果実がトークン所有者に還元されるわけではないから、マーケットの過熱が収まれば、トークンが無価値になることはほぼ確実だ。その意味で、きわめて非倫理的な仕組みなのである。

このようにさまざまな問題をはらむ ICO に対して、各国の規制当局が規制に乗り出している。

米国では、SEC が ICO の一部は米国証券法上の有価証券の公開売出に該当するとの見解を表明した。明らかに詐欺と思われる ICO の募集を行った者を告発するといった対応も進めている。また、米国証券法上の「私募」の規定を適用し、適格投資家に限定した募集を行うことを認めたものもある。ただし、その場合、本来は認められないはずの一般公衆への転売が行われているとの情報もあり、規制が適切に機能しているかは今後の確認を要するだろう。このように、米国は ICO 全体を証券法制で規制する方向にある。

一方、中国は、2017 年 9 月に ICO を禁止した。中国の金融規制機関が連名で出した声明文によれば、「ICO が経済と金融の秩序を破壊した」と厳しく指摘している。中国には当時、65 もの ICO プラットフォームがあり、毎週 10 件もの ICO の募集があったという。相場が過熱し、ビットコインとは何であるかすら知らない高齢者たちが老後資金を投入し始めるに至って、当局が規制に乗り出したのではないかという現場の声も報じられている。中国のこの規制では、規制公表前に ICO を実施して資金を得た企業に対しても、購入者への資金返還が要請されたという。

そして、日本も 2017 年 10 月に金融庁が注意喚起を公表した（図3-6）。行政当局が公表する文書としては珍しく、「突然無価値になってしまう」とか「詐欺の可能性」といった強い表現が使われている。日本では、2017 年から暗号資産の交換業者の登録制度が開始されており、ICO の発行を行うこと自体が暗号資産の交換業に該当すると解釈されてきた。このため、交換業者 1 社が実施した ICO 以外は、国内では ICO が実施された事例はない。ICO を計画していながら実施できなかった企業からは不満の声が聞かれるものの、結果としてみれば、大規模な投資家の損失を生まなかったという意味で、相場が急騰して投資家が過剰な値上がり期待を持っていた時期に ICO が実質的に規制されていたことは、社会的には好ましい結果につながったと

図 3-6　日本の金融庁も ICO に対する注意喚起を公表

```
           ＩＣＯ (Initial Coin Offering) について
           ～利用者及び事業者に対する注意喚起～

                                              29.10.27 金融庁

  1. ＩＣＯとは
    ○　一般に、ＩＣＯとは、企業等が電子的にトークン（証票）を発行して、公衆から資金
       調達を行う行為の総称です。トークンセールと呼ばれることもあります。

  2. 利用者の方へ（ＩＣＯのリスクについて）
    ○　ＩＣＯで発行されるトークンを購入することには、次のような高いリスクがあります。

    ✓  価格下落の可能性
       トークンは、価格が急落したり、突然無価値になってしまう可能性があります。

    ✓  詐欺の可能性
       一般に、ＩＣＯでは、ホワイトペーパー（注）が作成されます。しかし、ホワイ
       トペーパーに掲げたプロジェクトが実施されなかったり、約束されていた商品や
       サービスが実際には提供されないリスクがあります。また、ＩＣＯに便乗した詐
       欺の事例も報道されています。
     （注）ＩＣＯにより調達した資金の使い道（実施するプロジェクトの内容等）やトークンの
          販売方法などをまとめた文書をいいます。

    ○　トークンを購入するに当たっては、このようなリスクがあることや、プロジェクト
       の内容などをしっかり理解した上で、自己責任で取引を行う必要があります。
```

いうことができよう。

　ビットコインは「未来のお金」であり、決済に使えるのでは、という期待から、高値が続いていた（実際には、将来にも決済に使われることは難しいのだが）。イーサリアムは、ICO の基盤として急激に値上がりした。この二種類の暗号資産が値上がりすると、それ以外の通貨も、第二、第三のビットコイン、イーサリアムとして、値上がりが期待されることになる。

　それまでほぼ無価値であった多くの暗号資産が一斉に値上がりを始めたのが、同じく 2017 年 5 月であった。そうした動きは、ある程度名の知られた暗号資産が一とおり買われて値上がりすると、知名度が低く価格も付いていないような暗号資産に値上がりが伝播していく。株式相場が上昇基調にあるときの、「低位株の循環物色」のような現象が発生したものと考えられる。

　そして、2017 年の暗号資産の大相場の最後を飾ったのは、CME と CBOE におけるビットコイン先物の上場であった。先物が上場されれば、暗号資産も正式な金融商品と認められ、金融機関や機関投資家の莫大な投資資金が市場に流入するかもしれない、そんな期待が、ビットコインの価格をわずか 3

週間で1万ドルから2万ドルに押し上げることになったのだ。

6　交換業者へのサイバー攻撃

　2018年入り後、暗号資産の市況は調整局面に入った。相場下落の一つの原因となったのは、暗号資産法の登録が未了のみなし業者であったコインチェック社が、時価580億円相当の暗号資産NEMを不正に流出させる事件を起こしたことだ。何者かが同社の管理する電子署名用の秘密鍵を不正に利用し、同社が保有していたNEMをすべて他のアカウントに移動させる手続きをしてしまった。顧客から預かった資産が盗まれてしまったのである。

　この事件はなぜ起こったのだろうか。顧客の大事な資産である暗号資産を預かる立場として、コインチェック社の体制は不十分であった。コインチェック社は、26万人の顧客から預かったNEMを一つの大きな財布に入れていた。その財布は、常時インターネットと接続され、そこから資産の出し入れが可能な状態にあった。その財布から暗号資産を移転させる手続きは、たった一つの暗号鍵によって守られていたにすぎない。この暗号鍵の管理がずさんであったのだろう、鍵が不正に利用されて、NEMが送金されてしまったのである（表3-2）。

　表3-2において、灰色で示した「NC3…」というアドレスは、コインチェック社の名義のアドレスである。このアドレスに、顧客から預かったNEM 580億円分が保管されていた。他方、黒で示した「NC4…」というアドレスは、犯人が用意したものである。1月26日の午前0時2分に最初の10 XEMが送金され、その後、20分足らずの間に、52億3000万 XEMが送金された。犯人は、このアドレスからさらに別の複数のアドレスに送金している。加えて、午前3時、4時、8時にも、NC3からNC4への不正な送金を行っている。

　もちろん、最も糾弾されるべきなのは、この不正送金を実行した犯人だ。正体不明のこの犯人は、みずからが管理することになった580億円分のNEMを、少しずつインターネット上で他の通貨と交換し、資金洗浄を進め、まんまと逃げおおせてしまった。

　今回の問題は、ひとりコインチェック社の問題ではない。暗号資産交換業

表 3-2　コインチェック事件における NEM の動き

日時	金額（XEM）	送金元	送金先
2018/1/26 8:26	800,000	NC3BI3DNMR2	NC4C6PSUW5
2018/1/26 4:33	1,000,000	NC3BI3DNMR2	NC4C6PSUW5
2018/1/26 3:35	1,500,000	NC3BI3DNMR2	NC4C6PSUW5
2018/1/26 3:29	92,250,000	NC4C6PSUW5	NA6JSWNF24Y
2018/1/26 3:28	100,000,000	NC4C6PSUW5	NDDZVF32WB
2018/1/26 3:18	100,000,000	NC4C6PSUW5	NB4OJJCLTZW
2018/1/26 3:14	100,000,000	NC4C6PSUW5	NDZZJBH6IZP
2018/1/26 3:02	750,000	NC4C6PSUW5	NBKLOYXFIVF
2018/1/26 3:00	50,000,000	NC4C6PSUW5	NDODXOWFIZ
2018/1/26 2:58	50,000,000	NC4C6PSUW5	NA7SZ75KF6Z
2018/1/26 2:57	30,000,000	NC4C6PSUW5	NCTWFIOOVIT
2018/1/26 0:21	3,000,000	NC3BI3DNMR2	NC4C6PSUW5
2018/1/26 0:10	20,000,000	NC3BI3DNMR2	NC4C6PSUW5
2018/1/26 0:09	100,000,000	NC3BI3DNMR2	NC4C6PSUW5
2018/1/26 0:08	100,000,000	NC3BI3DNMR2	NC4C6PSUW5
2018/1/26 0:07	100,000,000	NC3BI3DNMR2	NC4C6PSUW5
2018/1/26 0:06	100,000,000	NC3BI3DNMR2	NC4C6PSUW5
2018/1/26 0:04	100,000,000	NC3BI3DNMR2	NC4C6PSUW5
2018/1/26 0:02	10	NC3BI3DNMR2	NC4C6PSUW5

出所：NEM のブロックチェーン情報より筆者作成。

者においては、過去にも攻撃されて暗号資産を盗まれた事例が数多く知られている。現在営業している交換業者の中にも、同じような問題を抱え、顧客からの預り資産をリスクにさらしている先がいるかもしれない。現在の暗号資産業界は、統一的なセキュリティ基準も存在せず、経営体制やガバナンス、セキュリティ対策の充足状況に関する情報開示も行われていない。

　わが国は、他国に先駆けて暗号資産交換業者を規制する法律を施行し、業者の登録制度を運用してきた。しかし、それは資金洗浄やテロ資金調達を防止することが主眼であった。現在の暗号資産法は、交換業者が多額の顧客資産を預かる存在であることを意識した、十分な利用者保護の仕組みを備えていない。法律制定時には想定されていなかった状況が生じている以上、それに対応した法改正を検討する必要があるだろう。業界も、信託や保険といっ

た仕組みを活用して、自主的に被害を限定する取組みを進めるべきである。また、セキュリティ対策の基準を制定し、ディスクロージャーを徹底することにより、利用者の不安の払拭に努める必要がある。今回のような事件が再び起きないように、常に対策を最新のものとする工夫も必要である。

今回の事件で誰もが不思議に思うのは、不正送金された NEM が犯人のアドレスに送金されていることは確認できるのに、それを取り戻すことができないという点である。これがもし、銀行預金であったなら、盗まれた大金がどこかの預金口座にあることがわかった時点で、当局によって差し押さえられ、最終的には盗まれた人に返還されると期待できたであろう。

ビットコインが注目され始めた当初から、その背景に特殊な思想があることが注目されてきた。それは、信頼できる中央機関を決して置かないというポリシーで、「トラストレス」と呼ばれる考え方のことだ。ビットコインは、こうした特徴を持つからこそ、法律や政治体制のちがいによる国境の壁をやすやすと越えて、国際的な利用が可能になったと考えられる。

これに対し、信頼できる中央機関を置く従来の仕組みを「トラスト」の世界と呼ぶ。われわれは、政府、中央銀行、裁判所といった信頼できる中央機関の存在を前提に構成された世界に住んでいるから、トラストレスの世界は、きわめて特殊な、危なっかしいものに見える。とはいえ、ビットコインの存在は認知され、トラストとトラストレスの両者が併存する状況が続いてきた。

たとえば、ビットコインのノードとして直接接続している geek な（卓越した知識を有する）利用者は、トラストレスの世界で生きている。しかし、みずからがノードに接続することのできない素人の利用者は、取引所にビットコインを預け、取引所に依存してビットコイン取引を行っている。この場合、そうした利用者にとって、取引所こそが「信頼できる第三者」であり、そこにトラストの構造が存在する（図 3-7）。

今回流出した NEM は、トラストレスの世界で盗まれ、資金洗浄された。信頼できる中央機関はなく、国家権力を含め、何者も情報を恣意的に書き換えることはできないという建前だ。今回の NEM の問題をみれば、それが両刃の剣であることがわかる。

暗号資産という異質な存在を、国家が適切に制御すること、つまり、その

図 3-7 「トラストレスの中のトラスト」構造の問題

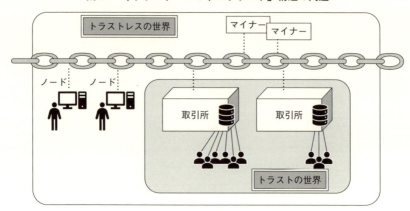

利点を活かし、欠点を補うことができるだろうか。この新たな課題に向き合うためには、国際的な規制対応も含め、関係者が知恵を絞っていくことが必要となるだろう。

7　キャッシュレス化と中央銀行デジタル通貨

（1）　高まる中央銀行デジタル通貨の議論：ビットコインが与えたショック

　2012年頃まで、中央銀行関係者の間では、現在紙で発行している銀行券（紙幣）をデジタル化するという「中央銀行デジタル通貨の発行」について、真剣に議論されてはいなかった。既存の決済手段、すなわち銀行券、中央銀行の提供する決済システム、民間の銀行による決済システム、国際的な決済システムであるSWIFT（Society for Worldwide Interbank Financial Telecommunication）など、既存の制度に対する信頼が強固だったからだろう。ある意味、その話題はタブーに近かった。いずれは電子マネーが利用され、キャッシュレスの世界になるだろうことは誰もがある程度は気づいていたが、とはいえそれはまだ遠い先のことと考えられていた。

第 3 章　暗号資産（仮想通貨）と中央銀行デジタル通貨

しかし、2013年頃から、中央銀行関係者の中から、「中央銀行デジタル通貨の発行」について言及する事例が増え始めた。それは、ビットコインが世界的な注目を集めたことと関係している。

ビットコインはたしかに各国で話題を集め、相場も高騰してきていたが、金融の専門家から見れば、決済手段としての実用性は低く、まだまだ実験段階のものにすぎないことは明らかだった。そんなビットコインが、金融業界、特に中央銀行に大きなショックを与えたのは、ビットコインがインターネットを介して世界中で利用されたことに原因がある。

それまで、資金や証券に関する金融取引は、各国の金融当局によって規制されてきた。各国当局は、それぞれの国内法制によって事業者に免許を与え、それぞれの国内市場へのアクセスを許してきた。金融の国際化が進むにつれて、先進国間においては、国際的な資金や証券の取引が拡大したものの、金融取引が国境を越えるためには、電子的な情報のやり取りが大半を占めるにもかかわらず、国境に高い壁が築かれていたのである。

ところが、前述のように、2013年3月のキプロス危機において、ビットコインはこの壁をやすやすと越えてみせた。インターネットに接続している利用者であれば、誰でもビットコインを購入し、売却することが原理的に可能である。実際、国際送金の手数料が高いのに対し、ビットコインを使って送金すれば安価に送金できることが喧伝された。

ビットコインの拡大は、金融の未来についてさまざまな想像をかきたてた。もし既存の銀行券や銀行間の決済ネットワークが高コストで使いにくいのであれば、それらはインターネットで交換される暗号資産にとって代わられるのではないか。真っ先に実証実験を行い、実績を積み重ねた担い手が、次世代のデファクト・スタンダード（事実上の標準）を握ることになるのではないか。そうした将来を見越して、従来は国境に守られて競争することのなかった中央銀行が、競争を始めたのだ。その結果、「中央銀行デジタル通貨の発行」の議論がタブーから解き放たれたのだ。

（2）　さまざまな中央銀行デジタル通貨構想：三つの系譜

もっとも「中央銀行デジタル通貨」のイメージは個人、組織によって異な

る。その名称に限ってみても、比較的一般的に利用されるCBDC（Central Bank Digital Currency）のほかに、国際決済銀行（BIS）がよく用いるCBCC（Central Bank Cryptocurrency）、欧州中央銀行（ECB）が使用するDBM（Digital Base Money）、そして新興国の中央銀行の議論で用いられるDFC（Digital Fiat Currency）などがある。

使用する技術や実現形態もまちまちだ。第一に中央銀行が「Suica」のような電子マネーを発行するという考え方がある。これに銀行券の機能を代替させることは不可能ではないが、Suicaのような中央管理型システムを常に稼動させ、全国規模の決済機能を維持するには技術的に大きな困難が予想される。

第二にビットコインのブロックチェーン技術を用いて中央銀行がデジタル通貨を発行する構想がある。MUFJコインやSMBCコインのような「プライベート・チェーン型」技術に基づき、利用者を限定する一方で、コイン1単位の価値を1円に固定させて中央銀行が価値を保証する構想だ。

第三に民間のマイニング（採掘）業者に競争的マイニングをさせ、一般に広く用いられる「パブリック・チェーン型」のブロックチェーンを実装してしまうという、なかなか大胆な構想もある。マイニングはデジタル通貨を運営する上で効率的、安定的だという見方だ。こうした複数の形態を組み合わせた考え方も数多く提起されている。

こうした議論をすべて紹介することはできないが、その議論の流れを整理する上で、それらを次の三つの系譜に分けて整理することが可能であろう。

一つめはビットコインの台頭に触発され、先進国の中央銀行が研究を進めているデジタル通貨で、BISの決済・市場インフラ委員会（CPMI）を中心に議論されており、CBDCあるいはCBCCなどと呼ばれている。実装例はまだない。

二つめはアフリカ諸国や新興国が中心になって推進しているDFC（Digital Fiat Currency）である。「金融包摂」の観点から進められたアフリカなど発展途上国での民間ベースの実装（M-PESA等）に中央銀行が関与することから始まった系譜である。ITU-Tでアフリカ諸国を中心に議論されてきたが、中国、ロシア、インドなどが加入してきている。

三つめは南米で、インフレ対策のためのドル化を進めてきた南米諸国の中央銀行が、新しくデジタル通貨を発行する系譜である。ウルグアイの「eペソ」、ベネズエラの「ペトロ」など、いきなり実装されることが特徴だ。

中央銀行デジタル通貨をめぐっては、世界各国の中央銀行において、多様な議論と立場の表明、実証実験から実際の発行まで、いろいろな取組みが行われている。

（3） 先進主要国中央銀行によるデジタル通貨：実装にはまだ遠い「研究」

主要先進国における中銀デジタル通貨の検討状況については、日本銀行によるサーベイ「中央銀行発行デジタル通貨について―海外における議論と実証実験―」（日銀レビュー 2016-J-19）が参考になる。

このサーベイの中で、主要国における中央銀行デジタル通貨の検討状況は、以下のように整理されている（表3-3）。ただし、現時点では、どの国も実際に中銀デジタル通貨を発行するには至っていない。それは、先進国ではそれなりに充実した資金決済サービスが存在していること、中央銀行を中核とする各国の金融システムは経済の基盤であり、これに無用のショックを与えたくないこと、などが原因であろう。先進国のデジタル通貨論議は、まだ理論研究の段階にあるといえる。

（4） 新興国、途上国における金融包摂と中央銀行デジタル通貨

2010年の時点で、世界人口の約半分は、銀行口座を保有していなかった。しかし現在では、その比率は急速に低下し、新興国、途上国を中心に、ITを活用した金融包摂（financial inclusion）が急速に進展している。ケニア発のM-PESAがその代表例である（次節で詳述）。

また、中国におけるキャッシュレス化の動きにも著しいものがある。こうした変化を受けて、新興国を中心に、新しい決済手段をデジタル法定通貨と位置づけるといった検討が開始されている。こうしたキャッシュレス化の実態については、節を改めて論じることとしよう。

注目を要するのは、こうした新しい決済手段を「デジタル法定通貨」と呼

表3-3 主要国における中央銀行デジタル通貨の検討状況

①オランダ（オランダ銀行）
オランダ銀行は2016年3月、年次報告書の中で、ブロックチェーン・DLTを基に「DNBcoin」の試作品を開発する旨、公表している。その基本的な考え方について、同年6月の幹部講演では、ビットコインのソフトウェアを中央銀行が自ら試してみることにより、ブロックチェーンの機能についてより深く理解できるとしている。そのうえで、DNBcoinはあくまでオランダ銀行内部での試験に主眼をおいて開発されたものであり、広く一般に流通させる予定はないとしている。
②カナダ（カナダ銀行）
カナダ銀行は、2016年6月17日のウィルキンス副総裁の講演等において、商業銀行や民間企業と連携し、DLTの実験を行う旨、公表している。実験の概要については、各種フォーラム等でカナダ銀行のスタッフより説明がなされている。例えば本年10月に開催されたシカゴ連銀主催「シカゴ・ペイメンツ・シンポジウム2016」では、銀行間取引を再現した擬似環境のもとで、この実験に参加する民間金融機関がカナダ銀行の特別勘定に資金を担保として差し入れ、その見合いとしてカナダ銀行がDLTに基づく中央銀行債務（預金証券）を発行すると紹介されている。なお、カナダ銀行では、本実験の目的について、実験的な大口決済システム環境の中でDLTをテストすることを通じて、この技術のメカニズムや限界、可能性を理解することにある、としている。
③英国（イングランド銀行等）
英国では、2016年2月、ロンドン大学の研究者がイングランド銀行スタッフとの議論を経て、中央銀行発行デジタル通貨である「RSCoin」を提案する論文を公表している。このスキームでは、中央銀行と利用者の間に介在する複数の「ミンテッツ（mintettes）」と呼ばれる主体がRSCoinを発行・管理する上で一定の役割を果たすことが想定されている。すなわち、中央銀行はRSCoinの発行主体となる一方で、取引内容の精査、承認および関連する情報の中央銀行への送信といった処理は、複数のミンテッツに委託されることが想定されている。そのうえで、ミンテッツが適切に機能することを担保するため、中央銀行は取引検証を通じて生成されるブロックチェーンの「ブロック」の整合性を継続的に確認し、仮に不適切な処理を検知した場合には、そのような処理を行ったミンテッツを排除する仕組みとなっている。 また、イングランド銀行のカーニー総裁は、2016年6月の講演の中で、中央銀行のコア業務にDLTを活用することを検討する考えを明らかにしており、また、中央銀行デジタル通貨を巡る論点についても調査分析を行っているとしている。さらに、2016年9月、RTGSシステムの再構築に関する市中協議書の中で、DLTはまだ技術として成熟しておらずRTGSシステムに必要な極めて高水準の安定性を満たすにはいたらないものの、決済のあり方を変える潜在能力を秘めており、引き続き、学界、海外の中央銀行およびフィンテック企業とも連携して調査を行っていくとしている。
④ロシア（ロシア銀行）
ロシア銀行は2016年10月、市場参加者と連携し、「Masterchain」というDLTを用いた金融情報伝達ツールの試作品を開発したと公表している。ロシア銀行のスコロボガトヴァ副総裁は、同試作品について、今後、ロシア銀行が立ち上げる「FinTechコンソーシアム」において検討を継続し、将来的には次世代金融インフラに活用することも検討すると発言している。
⑤中国（中国人民銀行）
中国人民銀行は現時点で、ブロックチェーン・DLTに関する実証実験を行っていると発表している訳ではない。その一方で、中国人民銀行は、中期的に自らデジタル通貨を発行する構想がある旨、対外的に明らかにしている。すなわち、中国人民銀行は2016年1月20日にデジタル通貨に関する検討会を開催し、専門家との間でデジタル通貨に関する意見交換を行っている。そのうえで、この検討会は、中国人民銀行のスタディグループが、国内外のデジタル通貨に関する研究成果等を取り込むとともに、中央銀行としてデジタル通貨に対する戦略目標をより一層明確にし、一日も早い中央銀行発行デジタル通貨の発表に向けて努力するよう求めている。 また、同行の范副行長は、2016年9月1日のブルームバーグ社への寄稿の中で、中国人民銀行が検討しているデジタル通貨の発行形態に関して、まずは、民間銀行に対して発行し、民間銀行が一般の顧客に対しその預入や払出に関するサービスを提供する、いわば「間接型」のアプローチの採用に傾いている旨述べている。本アプローチが望ましい理由について、范副行長は、現在の銀行券流通の枠組みを活用するため、中央銀行発行デジタル通貨が紙の銀行券を徐々に代替していくことを容易にする考えられることや、中央銀行発行デジタル通貨の管理に民間銀行も参加することは、リスク分散やイノベーション促進、実体経済への寄与や人々のニーズへの対応にも資するといった理由を挙げている。

出所：日銀レビュー2016-J-19。

ぼうとする動きだ。ITU-T（International Telecommunication Union-Telecommunication Standardization Sector）は、国際電気通信連合の部門の一つで、通信分野の国際標準の策定を担当している。2017年に、その下部組織として、Focus Group on Digital Currency including Digital Fiat

Currency（FG DFC）が設立された。議長団には、アフリカ諸国に加え、中国、ロシア、インドが参加している。2017年10月、その初回会合が北京で開催された。同時に開催されたワークショップでは、中国人民銀行のデジタル通貨機構の責任者が、「人民銀行はデジタル通貨の発行に必要な技術実験を完了している」と説明したことが注目される。

（5） 南米における中央銀行デジタル通貨の実装

先進主要国における慎重な検討に比べ、いち早く、中央銀行がデジタル通貨を発行した地域がある。それは、南米である。エクアドル、ウルグアイ、ベネズエラといった国々では、国が発行するデジタル通貨は、検討課題ではなく現実である。これは、こうした国々が長期間インフレに悩んできたことと関係している。自国の通貨システムが十分に機能せず、ドル化政策などを実施してきた経験から、既存の通貨システムへの影響をあまり意識することなく、実験的なデジタル通貨発行に踏み切ることができるのだと考えられる。

その中でも特に注目されているのがベネズエラである。2018年1月、ベネズエラのマドゥロ大統領は、同国の生産する石油に裏づけられた中央銀行デジタル通貨「ペトロ（Petro）」の最初の1億ペトロ分の発行を命じた。同大統領によれば、1ペトロは1バーレルのベネズエラ産石油の価値を持つとされている。マドゥロ大統領は今回、ペトロを支援するため、油田やダイヤモンド鉱床、金鉱などを割り当てると説明した。

ペトロはビットコインと同様のブロックチェーン技術を用いて発行、流通するとされた。その実態は、ERC-20トークンである。つまり、「国家によるICO」なのだ。この通貨発行によって、ベネズエラは50億ドルを調達したと伝えられている。

ベネズエラは、長年続いた反米主義のチャベス大統領の没後、マドゥロ大統領が就任したが、米国による経済制裁を受け、経済は疲弊し、天文学的なインフレ率を記録していることで知られている。野党が多数の議会では、大統領令は違憲と判断されたが、マドゥロ大統領は発行を強行した。ベネズエラのような国が、通常の国際金融市場で資金調達を図ったとしても、1ドルも調達できないと考えられる。にもかかわらず、数多くの課題を解決する「魔

法の杖」として、中央銀行デジタル通貨という構想が実現してしまったことを危惧する報道は多い。

8　キャッシュレス化と通貨の未来

（1）　世界におけるキャッシュレス化の動き

　決済の形態についてわれわれが想い浮かべるのは、歴史的経験に基づく段階的な発展プロセスである。たとえば、金貨から紙幣へ、紙幣から銀行のシステムによる電子決済へ。さらに銀行システムは、より高度化し365日24時間決済へ。また、銀行の営業店窓口からATMの時代を経て、スマホ決済の時代へ。実際、先進諸国は、そうした段階を経てきた。

　ところが、現実の世界各国の決済の変遷は、必ずしもそうなってはいない。先進国の経験では、電話は、地上回線から始まり、次に携帯電話が登場する。その小型化が進行し、並行してインターネット機能が搭載され、今日のスマホになってきている。ところが、新興国、発展途上国においては、地上回線の電話器など見たことも経験したこともない人たち、初めて見た電話がスマホだという人たちが増加してきている。

　銀行の支店が営業するためには、そこに電気、水道、電話等が整備されている必要がある。しかし、そうしたインフラのない地域は、地球上にたくさんある。ところが今、そういう地域でこそ「決済の電子化」が広がっているのだ。

　たとえば、アフリカで盛んに使われている決済の一つはエムペサ（M-PESA）である。エムペサは、2007年4月にケニアの学生が開発したソフトウェアをもとに、その後、サファリコム社が、携帯電話のSMS機能を利用した新しい決済／送金サービスとして提供を開始した。このサービスは、他の送金サービスに比べて安く、少額を頻繁に送金できる料金設定になっている。

　この決済の仕組みの発祥地であるケニアには、むろん銀行の本支店も銀行券もあるのだが、銀行券がふつうに使えるのは首都ナイロビとその近郊に限

第3章　暗号資産(仮想通貨)と中央銀行デジタル通貨

表 3-4　ケニア国内送金に使用するチャネルの利用率
（2006年・2009年・2013年の比較）

(％)

年	2006	2009	2013
家族・友人	57.2	35.7	32.7
バス・マタトゥ(小型乗合バス)	26.7	4.0	5.4
送金サービス	5.3	0.4	1.9
小切手	3.8	1.2	1.3
銀行口座へ直接	9.6	3.2	4.3
郵便局	24.2	3.4	1.3
モバイルマネー	0.0	60.0	91.5

出所：FinAccess National Survey2013（2つ以上選択可能なため、合計は100にならない）。

られる。サバンナ地域などには銀行の支店がないので、人々は銀行券の束を手元に置いておくしかない。ただ、札束で持っていると、強盗に襲われる危険がある。お金を貯めておきたい場合は、瓶の中に入れ土の中に埋めたりしているが、洪水に襲われると流されてしまう。送金は遠距離バスの運転手に頼む。しかし遠距離バスの運転手が必ずしも善人ばかりとは限らない。2006年くらいまではそういう状態だった（表3-4）。

2007年頃、そんな世界にエムペサが登場した。エムペサの代理店はケニア中に広がって、代理店に掲げられた番号を携帯電話に入力すれば送金できる。送金に利用する手段としては最も広く利用されるようになった（アンケート調査対象の9割以上の人々が利用）。ケニアの法定通貨はケニア・シリングであり、エムペサによる決済は、基本的には法定通貨建てである。

エムペサは、ケニア中央銀行も関与し、いわば国家プロジェクトとして進められているようで、同じようなスタイルでタンザニア、南アフリカ、インドなど、いろいろな地域や国に普及しつつある。

一方、中国のQRコード決済の代表例は、アリペイとウィーチャットペイである。たとえば、北京にある世界遺産、故宮博物院には入場券を売るブースがない。代わりに大きな看板があり、入館者は看板に大きく印刷されたQRコードをスマホで読み撮って入場料を支払うため、行列もなく待ち時間は大幅に短縮されている。入場券をもぎる人はいなくなり、券売ブース、現金管理をはじめとする運営費は大幅に削減されたはずだ。

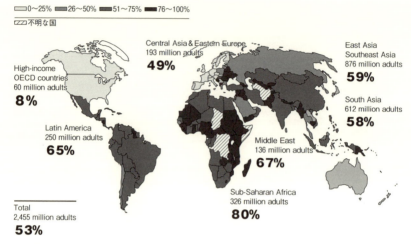

図 3-8　2010年時点のアンバンク比率

出所：世界銀行

　これらアフリカや中国でのキャッシュレス化を後押ししているのは、銀行を利用できない"アンバンク"の人たちが持つ不便さである。2010年時点で、アンバンクの人たちは世界人口の約半分に及んでおり、銀行とのアクセスができず、お金を貯めたり、送金したりできずにいたのである（図3-8）。

　携帯電話やスマホを手にした人々は、競ってエムペサやアリペイ、ウィーチャットペイを利用し、それらが急速に普及した。普及すると、お店側でもQRコード等に対応していかないと物が売れない。みんなが対応するようになると、人々は小銭や財布を持たなくなる。無人コンビニが登場し、人が現金を持っていることを期待できない社会になっていく。中国で募金や物乞いを行うには、募金箱やザルにQRコードを書いておくしかないという。

　先進国においてもキャッシュレス化が進んでいる例はある。たとえば、スウェーデンをはじめとする北欧諸国でもキャッシュレス化は進んでいる。北欧諸国では1990年代から国を挙げて電子決済の推進に熱心であった。彼らによれば「わが国は人口が少ない。国家的に見て、人材のリソースを上手に使っていく必要がある。だから、電子決済も戦略的に進めていく必要がある」という。

実際、スウェーデンに行くと、ほとんどのお店で現金は使われていない、あるいは使えない。それを知らない観光客だけが勝手にクローナ紙幣を持ち込んでくる。お店側はお釣りの用意もなく困惑してしまう。

キャッシュレス化は、社会的な効率化にダイレクトにつながっている。現金を使わなくなれば、現金の管理、搬送、警備がいらなくなる。電子決済になれば、お店のスタッフによる盗難事件もなく、現金やクーポン、さまざまなカード処理に要するレジ研修も簡単に済ませることができる。

（2） 日本におけるキャッシュレス化の動き

これに対して日本では、GDPの20％に当たるきわめて大量の現金が流通している（図3-9）。日本は、比較的治安が良く、ATMのネットワークが張りめぐらされていて、誰でも現金で高額の決済ができる環境が整備されている。それだけに、みんな、現金を使ってしまう。

たとえば、日銀京都支店は全国でも希なほどピン札（正式には「官封」と呼ぶ）の需要が多い。各種ご祝儀、踊りや小唄のお稽古事の月謝に新券が使われるが、この風習や文化は現在でも京都の町に残っている。こうした歴史を持つ古いシステムや文化を、そう簡単に捨てることはできないだろう。

われわれは、まったくのゼロからのキャッシュレス化に挑むわけにはいかない。決済について、長い段階を経て発展してきた歴史的経験を持っている。だからこそ、銀行券や銀行に対する信頼感も存在する。逆に、歴史的経験を背景とした銀行券や銀行に対する信頼が、キャッシュレス化の妨げになっている部分もあり、社会全体の効率化を妨げているともいえる。

「未来投資会議」（日本経済再生本部）で決められたキャッシュレス化に関する目標値は、支払いのキャッシュレス比率を現在の20％から10年後40％に引き上げるという、いかにも中途半端な目標である。社会的な効率化を目指すのであれば、現金がまったく使われなくなる世界の実現を目指すべきだろう。

それが実現すれば、日本全体で達成される社会的な効率化は計り知れない。今後、日本の人口は減っていく。スーパーやコンビニで行っているお金を勘定し管理する、警備する、運送するなど、そういうことのために割く人材の

図 3-9　主要国における対 GDP 通貨流通残高比率の推移（2010 → 2015 年）

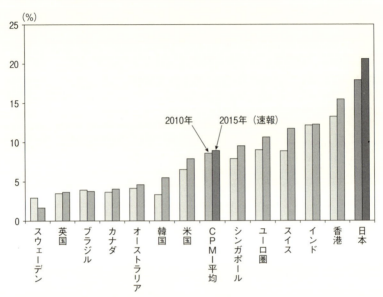

出所：国際決済銀行　決済・市場インフラ委員会

余裕はなくなるはずだからだ。

　しかも、日本は、いますぐにキャッシュレス化を進めようと思えば可能な、歴史的経験の中で築かれてきた仕組みも持っている。現在の日本では、クレジットカードをはじめ、プリペイド型の交通カード、即時決済できるデビットカードも発行され利用されている。

　ところが、クレジットカードは「借金だから」「ついつい使い過ぎてしまうから」という理由で利用しない人々がいる。日本がこれまで段階を経て進化させてきた環境を自然だと思う人たちがそれぞれの世代層でいて、彼らに対応していくことが日本人の"おもてなし"の精神につながると考えている人たちも多い。

　たとえば、磁気ストライプの銀行カード／クレジットカードは、現在でも利用されている。ただ、磁気ストライプであるが故の大規模な偽造カード事件も発生し、社会的なリスクも大きい。しかし「一度発行したからにはずっと使えるように努力していくのがお客さまニーズに応える銀行サービスであ

り、それが銀行への信頼につながる」と考えている銀行も多い。

　クレジットカードビジネスは、売上の3％〜4％以上の手数料がかかっている。Visa、Masterのような国際ブランドのネットワーク、アクワイアラーといわれる加盟店側の情報処理、イシュワーといわれる利用者側の情報処理、これらが的確なタイミングで起動され、顧客管理されている。しかし、その手数料を負担できない業種も多い。

　これに対して、アリペイやウィーチャットペイは、基本的に支払側、受取側の負担はゼロに近い。"インターネットベースの処理"だからである。むろん、LINE-payやメルカリマネー等はあるが、日本にはインターネットベースの決済が行き渡っているわけではない。

　社会のデジタル化が進行していくにつれ、最終的には、現金ではなく、カードやスマホによる決済が拡大していくことになるだろう。これは政府や中央銀行の思惑といった問題ではなく、日本社会全体の根本となる経済の枠組みに関する課題として検討していかなければならないことなのだと思う。

【参考文献】

Back, A. (2002) "Hashcash-a denial of service counter-measure."
　　http://www.hashcash.org/papers/hashcash.pdf.
Bayer, D., S. Haber and W.S. Stornetta (1993) "Improving the efficiency and reliability of digital time-stamping."
Benedetti, H. and L. Kostovetsky (2018) "Digital Tulips? Returns to Investors in Initial Coin Offerings."
Chaum, D. (1982) "Blind Signatures for Untraceable Payments," Advances in Cryptology Proceedings of Crypto. 82.
Haber, S., W.S. Stornetta (1991) "How to time-stamp a digital document," *Journal of Cryptology*, vol 3, no2, pp. 99-111.
Haber, S. and W.S. Stornetta (1997) "Secure names for bit-strings," In Proceedings of the 4th ACM Conference.
Nakamoto, S. (2008) "Bitcoin: A Peer-to-Peer Electronic Cash System."
　　https://bitcoin.org/bitcoin.pdf
Okamoto, T. and K. Ohta (1989) "Divertible Zero-Knowledge Interactive Proofs and Commutative Random Self-Reducibility," Advances in Cryptology-EUROCRYPT'89, LNCS 434, pp. 134-149, Springer-Verlag.

CHAPTER 4

第4章 消費者行動と金融マーケティング

千田 知洋・竹村 未和

　マーケティング活動とは、消費者の行動を理解し、消費者に商品やサービスを使っていただく仕組みを創っていく活動を指す。サービス提供企業は昨今のテクノロジーの進化を通じ、大量かつ多様な消費者の行動情報を入手できるようになった。今のマーケティング活動においては、その情報を活用して消費者の理解をより深め、消費者のニーズに沿ったサービスやコミュニケーションを提供することが不可欠である。

　本章では、銀行やそのマーケティング活動が、金融サービスをとりまくテクノロジーの進化との関わりによってどう変化するのか・変化すべきかを、みずほ銀行における取組み事例を交えて述べる。

1　金融の役割と銀行

　はじめに、金融における銀行の役割について簡単に解説する。

　金融とはその文字のとおり、お金が余っている人から足りない人にお「金」を「融」通することを指す。世の中には「借りたい」や「貸したい」ニーズが数々存在し、これらが円滑に結びつくよう、仲介するのが金融機関の役割である。

　金融には、図4-1のとおり二種類の手法があり、貸し手（個人など）からみた代表例としては、「直接金融」は「株式」、「間接金融」は「銀行預金」が挙げられる。「間接金融」を取り扱う金融機関の代表が「銀行」である。

図 4-1 「金融」の手法

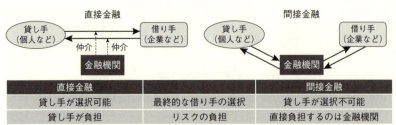

出所：みずほ総合研究所

　銀行は、「預金」「貸付」「為替」の三大固有業務を中心としてさまざまな金融サービスを提供している。
・預金業務：個人や企業などからお金の預け入れを受け入れる業務
　　　　　　銀行にとっては、資金の調達手段
・貸付業務：個人や企業などに資金を貸し付ける業務
　　　　　　銀行にとっては、資金の運用手段
・為替業務：資金の移動・決済の仲介を行う業務
　銀行はそれらのサービスを通して、「人」「企業」「国・自治体」等にお金という血液を送る心臓のような役割を担っている。

2　フィンテックと銀行

　金融とテクノロジーを融合したフィンテックの拡大により、「便利な」「速い」「有利な」金融サービスを提供するフィンテックベンチャー企業が多数登場している。今後金融のあり方は、それによって大きく変わる可能性が見えてきている。今までは銀行しか担うことができなかった「預金」「貸付」「為替」の三大固有業務が、これらの企業のサービスにより奪われ、銀行が駆逐される、すなわち銀行にとってフィンテックベンチャーは脅威であるといった論調もよく目にする。
　銀行業においては、2000年頃から同じ銀行業の中に店舗を持たないネット専業銀行が加わった。ネット専業銀行は店舗を持たない身軽さから、クイッ

クにサービスの高度化を実現し、今ではネット専業銀行をメインバンクとする消費者も出てきている。このように、銀行をとりまく内外環境はフィンテックの拡大が始まる前から変化の一途をたどっている。銀行は、既存の企業活動の中で、既存の消費者に向けて、既存のサービスのみを提案・提供し続けていては、いずれ駆逐されていく可能性を否定できない。

フィンテックが拡大していく今後、既存の銀行がその存在価値を維持し続けるためには、目の前の脅威であるフィンテックベンチャー企業とどうかかわるのがベストだろうか。業態などにより考え方はいろいろあるが、みずほ銀行では、フィンテックベンチャー企業やフィンテックの技術自体を味方につけることで、銀行の各サービスに「イノベーション」を起こす手段を得られると考え、「共存」するという方法で、「変化への適応」をしている。

企業の活動方針そのものだけでなく、それを支えるマーケティング活動においても同様のことが言える。マーケティング活動とは「消費者の行動を理解し、消費者に商品やサービスを使っていただく仕組みを創っていく活動を指す」と本章の冒頭で述べた。その仕組みは一度創って壊れるまで使うものではなく、持続的に使えるようにアップグレードし続ける必要がある。マーケティング活動においても、フィンテックの拡大による「変化への適応」をすることで、より消費者に近づき、消費者の理解を深め、消費者により使いたいと思わせられる仕組みを創ることができる。

3　マーケティングとイノベーション

顧客ニーズを起点とした「マーケティング」と、新しい価値や満足を生み出す「イノベーション」、この二つの機能を通して顧客と市場を創造していくことが、事業においては重要となる。現代経営学の発明者であるピーター・F・ドラッカーも、次のように述べている[1]。

企業の目的は顧客の創造である。したがって、企業は二つの、ただ二つだ

1）　ドラッカー（2001）。

けの企業家的な機能をもつ。それがマーケティングとイノベーションである。マーケティングとイノベーションだけが成果をもたらす。

前節では、フィンテックはイノベーションを起こす手段であり、マーケティング活動はフィンテックの拡大による変化への適応をすることで、その仕組みをアップグレードする術を得られると述べた。本節では、事業（企業の活動）におけるマーケティングとイノベーションの役割の解説に続き、みずほ銀行におけるマーケティングとフィンテックの活用によるイノベーションの事例を紹介する。

（1） マーケティングとは

まず、「マーケティング」について、「消費者の心理と行動」と「企業の活動」の二つの視点から解説をする。

消費者が何かを購入する際は、潜在的なニーズが顕在化し、検索や選定という行動を経て購入に至る。その消費者のニーズを起点として、消費者を理解し、ニーズに対して満足を与える価値（商品やサービス）を提供するのがマーケティングである。本書ではそれを仕組み化して活動することを、マーケティング活動と定義している。

たとえば図4-2のように消費者に「気分転換したい」「何か飲みたい」という潜在的なニーズが生まれたとする。その際、企業がその状態を検知・理解し、コーヒーを提案することでニーズを高め、コーヒーを選ぶ状態に誘導する。また、購入に至る際によりニーズに寄り添う具体的な価値を提供することで、満足度を付加する。

（2） イノベーションとは

「イノベーション」についても、「消費者の心理と行動」と「企業の活動」の二つの視点から解説する。

マーケティングが消費者のニーズを起点としていたのに対し、イノベーションは消費者の潜在ニーズ自体を喚起させ、消費者が気づいていない新しい価値＝ニーズそのものを生み出す。

第4章 消費者行動と金融マーケティング　71

図 4-2　マーケティングの視点

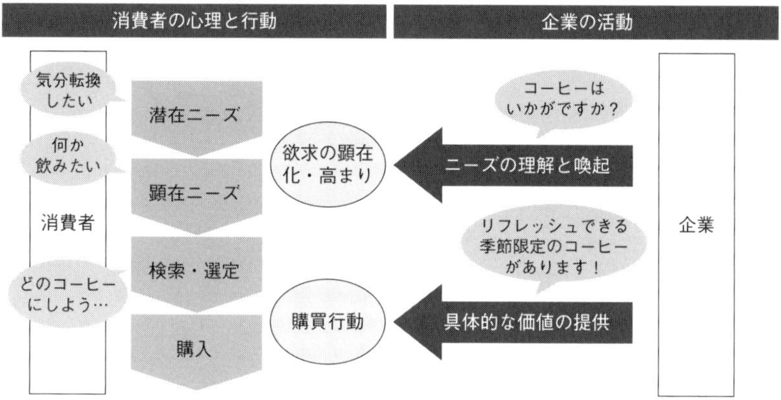

消費者の心理と行動	企業の活動

（消費者）
- 気分転換したい
- 何か飲みたい
- どのコーヒーにしよう…

潜在ニーズ → 顕在ニーズ → 検索・選定 → 購入

欲求の顕在化・高まり ← ニーズの理解と喚起 ←「コーヒーはいかがですか？」（企業）

購買行動 ← 具体的な価値の提供 ←「リフレッシュできる季節限定のコーヒーがあります！」（企業）

　たとえば、筆者はコーヒーがあまり好きではないが、スターバックスには行きたくなる。なぜかというと、リラックスできる空間でゆっくり何か飲みたい、と思うからだ。スターバックスは、コーヒーを売っているだけでなく、職場でも家庭でもない息抜きとなる「第三の場所」を提供するというコンセプト（＝新しい価値）を創出しているのである（図4-3）。この価値の創出こそが、イノベーションなのである。

（3）　マーケティング×イノベーションとその事例

　消費者のニーズを起点とし、満足する価値の提供をするのがマーケティングであり、消費者の潜在ニーズ自体を喚起するのがイノベーションであると述べた。マーケティングは消費者のニーズ発生から購入までの行動を後押しするが、ニーズ自体を喚起させることは難易度が高い。一方、イノベーションはニーズ自体を喚起できるが、マーケティングの後押しなしに購入のプロセスまで多くの消費者を誘導することはできない。補完関係にあるこの二つを組み合わせることでこそ、新しい市場（消費者、企業活動）が創造されることになる（図4-4）。

　みずほ銀行におけるマーケティング×フィンテックを用いたイノベーションの事例を紹介する。

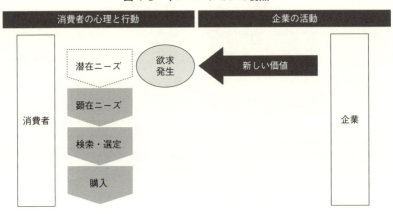

図4-3　イノベーションの視点

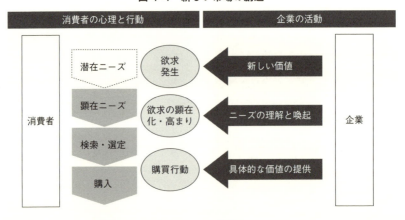

図4-4　新しい市場の創造

〈事例〉　ソフトバンク　×　〈みずほ〉（図4-5）

　みずほ銀行とソフトバンクは、フィンテック企業である株式会社J. Scoreを設立した。J. Scoreが提供するサービスは、ビッグデータと人工知能（AI）を活用した、ネット完結の個人向け融資サービス「AIスコア・レンディング」である。「AIスコア・レンディング」サービスは、利用者の同意を前提に、ライフスタイルなどの情報と、みずほ銀行・ソフトバンク・Yahoo! JAPANとの情報連携によりAIスコアを算出し、それに基づいた適切な金利・極度

第4章 消費者行動と金融マーケティング　73

図 4-5　J. Score の提供するサービス

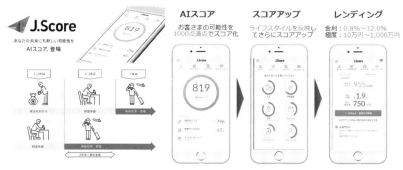

出所：J. Score　WEB サイト

額を、ネット完結での手続きによりスピーディに提供している。

　従来の融資は総資産や年収等が重視されて信用力が評価されたが、「AI スコア・レンディング」は将来性や性格・ライフスタイルの成長を信用力の評価に加味できるのが特徴である。具体的には、日々の行動、たとえば「運動」「学習」「睡眠」「お金」についての習慣を記録し、良い行動を習慣化し継続すると AI スコアに反映されるユニークなサービス設計になっている。

　これにより、みずほ銀行とソフトバンクは「将来の可能性を広げる、新しいお金との付き合い方」という新しい価値をお客さま（消費者）に提供している。

　また、2018 年 10 月には「AI スコア」のランクに応じて自己実現やライフスタイルに活用できるアライアンス企業の　リワード（特典）が受けられるサービス「AI スコア・リワード」を開始した。

　みずほ銀行ではこのほかにも資産運用ロボットアドバイザリーサービス「SMART FOLIO」や、iPhone や Apple Watch、Android 端末で使えるスマホ決済アプリ「みずほ Wallet アプリ」等の多くのサービスを展開している。

4　消費者行動とマーケティング——消費者行動の変化とターゲティング手法

　本節では、フィンテックと少し離れ、消費者行動とマーケティングの関係

図4-6 マーケティング活動の変化

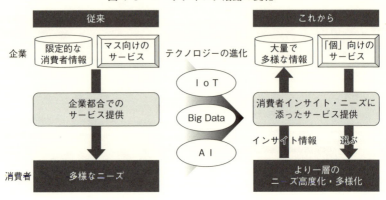

性について「消費者データ」の視点で解説する。

　図4-6にあるように、従来のマーケティング活動は企業固有の限定的な情報から一律のサービスをつくり、一律の活動をするのが主流であった。だが消費者のニーズは多様にあるため、それを受け入れられない消費者も多い。最近はIoT等のテクノロジーの進化により、大量かつ多様な消費者の行動情報（Big Data）の取得が可能になった。「従来」と「これから」で、一番大きく変わるのは情報の発信の起点で、消費者のほうから企業側にデータを発信するようになっている点である。

　また、その情報を処理する人工知能（AI）も実用化されつつあり、企業は大量の情報から多様な消費者のインサイト・ニーズを解析し、「個」人単位のニーズに沿ったサービスを提供することも可能である。消費者は、みんな同じ提案を受動的に受け入れる時代から、自分の情報を発信して自分に合ったサービスを能動的に選ぶような時代になってきている。

　前述の「従来」と「これから」について、具体的にマーケティング対象となる顧客を定めるターゲティング手法の言葉で表現したものが図4-7である。従来の一律のターゲティング手法のことを、マスマーケティングやセグメントマーケティングと呼ぶ。これらの手法はすべての消費者のニーズには対応できず、効率的なアプローチとは言えない。

　一方、これからは、大量かつ多様な消費者の行動情報を利用し、「個」別

第4章 消費者行動と金融マーケティング　75

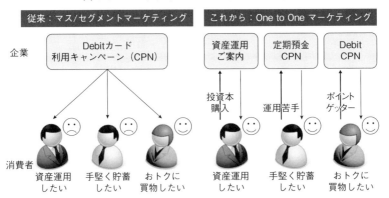

図4-7　マーケティングのターゲティング手法

のニーズを把握することで、マーケティング（One to One マーケティング）による、効率的なアプローチが可能になる。One to One マーケティングは、いかに多種多様で大量の消費者情報を入手した上、そのニーズをクリアに推測した上でアプローチできるかが肝になり、データベース・マーケティングという手法が用いられる。

5　データベース・マーケティング

　データベース・マーケティングとは、データベースに蓄積された顧客の属性や取引履歴などの多種多様で大量の消費者情報をもとに、そのデータから得られる消費者のニーズやその傾向に基づいた施策を実行することを指す。
　その活動の基本的な流れは、データが資産化されたデータベースを土台として、顧客の分析と施策の設計・実行・その効果を可視化して改善するPDCA（Plan・Do・Check・Action）サイクルを回し続けることである（表4-1）。
　このデータベース・マーケティング活動のPDCAサイクルを回し続けるための最も重要なポイントは、Planに挙げた①の顧客分析と②の施策の設計の二つをよい比重で交わらせて活動させることである。この二つは前者の担い手は分析者、後者の担い手は企画者というかたちで担い手が分かれてい

表 4-1　データベース・マーケティング活動の PDCA

土台	：顧客データの資産化
	データを集め、分析に利用しやすいかたちにする
Plan	：①顧客分析
	施策化を前提として、顧客をさまざまな軸で分析・ニーズを把握・予測
	②施策の設計
	データを踏まえ、企業活動の目的に合った施策を設計し、実現性を持たせる
Do	：施策実行
	各種コミュニケーション・プラットフォームへの実装と実行
Check	：施策効果可視化
	施策の効果検証と運用／停止ルールに基づく評価
Action	：施策の改善
	改善策の設計と実行

ることが多く、大組織においては部署自体が分かれているケースもある。そこでよく起こり得る例としては、分析者がデータベース・マーケティング＝分析と捉えてしまい、施策を前提としない視野の狭い分析を行ってしまうことや、企画者がなんらデータに基づかない感覚的な施策を設計してしまうケースである。これでは Plan の段階で停止してしまい、その後の Do 以降のアクションにはつながらず、何もしていないのと同義である。

　もちろん、Do まで実現したところで、力尽きてしまっても意味がない。効果をデータで可視化・評価し、必要に応じて次なる打ち手を実行することで、やっと PDCA サイクルが回った状態になるのである。

（1）　顧客分析の手法の変化

　データベース・マーケティングにおける主要な顧客分析業務は、サービスの利用や購入を促進するために、そのサービスを誰に・いつ・どこ（チャネル）で提案するのかを決める＝ターゲティングをするためのロジック構築である。そのロジックが導く内容をもとに、施策の効果を見積もり、施策の実現性の確認や目標値の設定をすることになる。

　従来のロジック構築方法は、回帰分析やクラスタリング等の統計手法を利用し、担当者の経験を織り交ぜてロジックをつくる方法が一般的であった。ただし「個」別のニーズを把握・予測するには、人の経験ベースでは限界が見え、最近はこの部分に人工知能（AI）を適用し、人の経験に頼らず完全

にデータから構築する方法を採用するケースが出てきている。

　このケースでAIに期待されていることは、人の経験が織り交ざったロジックよりもターゲットリストの正解（利用・購入に至るターゲットの含有）率を向上させることと、人の経験という制限がある中では見つけられなかった新たなターゲットを発見することである。また、自動かつ大量にロジックを構築できる機能を持つサービスも出てきているので、分析者の業務効率化も期待できる。それが実現すれば、分析者のリソースを施策設計寄りの業務にシフトさせ、より顧客分析と施策の設計の業務を交わりやすくすることができる。つまり、「個」別のニーズに基づくマーケティングへのシフトと、そのPDCAの円滑な運営が実現するのである。

（2）　データベース・マーケティング×イノベーションとその事例

　では、このデータベース・マーケティングと組み合わせることができるイノベーションとは何かについて触れたい。図4-8の「ターゲティング手法とコミュニケーション期間」は、縦軸にターゲティング手法を置き、横軸に消費者の心理と行動のプロセスを表現したものである。「行動・イベント発生」から「ビヘイビア」の部分が、One to Oneマーケティングに該当する。

　「行動・イベント発生」ベースは、ある程度ニーズが顕在化した際にアプローチをするもので、たとえば投資運用の相談会への来訪をきっかけに、サービスの提案をすることなどが該当する。次に「行動・イベント発生の予測」だが、「行動・イベント発生」したターゲットデータから似たような層を探るというものだ。予測をするという点では高度化されているが、ニーズの発生は捉えておらず、イノベーションには遠い。

　ニーズの発生は、銀行で保有する性別年齢等の属性や既存の取引情報や、商品選定直前の行動データだけでは捉えるのが難しい。自行サービス以外の情報、たとえばクレジットカードの利用情報や、他社サイト上での行動情報等も用いることで実現に近づく。みずほ銀行では、利用者の同意に基づいたこれらのデータを活用し、ニーズを捉える取組みを行っている。またこの手法を利用すると、普段アプローチしていなかった層へのアプローチが実現す

図 4-8　データベース・マーケティングと組み合わせるイノベーション

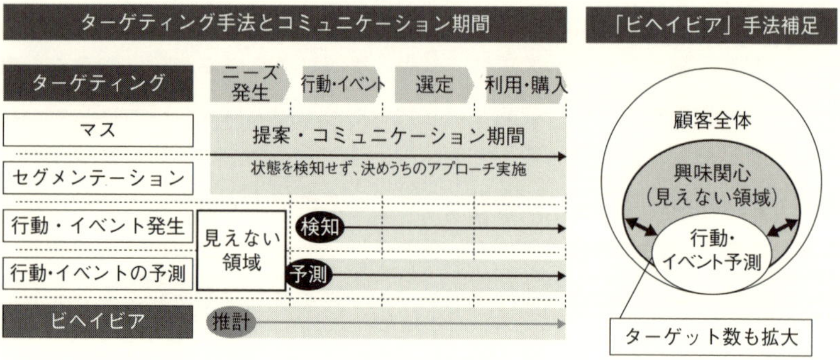

注：「ビヘイビアベース・マーケティング」みずほ銀行定義：行動態様・思考（ビヘイビア）を利用し、ターゲット数拡大と施策効果向上を狙う手法のこと。

るため、施策のターゲット数が拡大し、施策の効果の増大が狙えることになる。

みずほ銀行がこれを実現するための取組みの一つとして実施している、フィンテック企業との協業事例を紹介する。

〈事例〉　マネーフォワード ×　〈みずほ〉（図 4-9）

マネーフォワード ME は、株式会社マネーフォワードが提供する資産・家計管理機能を提供する PFM（Personal Financial Management）ツールである。このツールを利用すると、保有する金融機関やマイル・ポイント等オンラインサービス上の資産を、自身で 1 社ごとにログインして確認することなく、一括管理することが可能になる。

イノベーションとは、潜在ニーズ自体を喚起するものだと述べた。データでニーズを捉えただけでは取組みはニーズ自体を喚起させるほどのパワーはないが、施策（この場合ではイノベーションを起こせる何かとの協業等）に工夫を凝らすことで、面白いイノベーションを起こし得る取組みである。

6　企業活動の起点

本章冒頭に述べたとおり、昨今のテクノロジーの進化を通じて手に入れら

第 4 章　消費者行動と金融マーケティング　79

図 4-9　金融機関とフィンテック企業との協業例

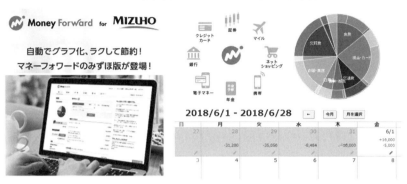

出所：みずほ銀行 WEB サイト

れるようになった大量かつ多様な消費者情報を活用し、消費者のニーズに添ったサービスやコミュニケーションを提供することが不可欠である。また、企業活動においては新しい市場を創造することも重要で、その消費者のニーズを起点とするマーケティングに加えて、ニーズ自体を発生させる取組みであるイノベーションの視点も必要である。

　みずほ銀行では、フィンテックの拡大に共存という選択で変化への適応をすることでイノベーションを起こす手段を得たが、銀行がイノベーションを起こす手段はフィンテックだけにとどまらない。常に消費者（お客さま）が何を求めているかを考え、それに対して効果的な手段を選択することが重要である。

【参考文献】

楠木 建（2010）『ストーリーとしての競争戦略』東洋経済新報社。
ドラッカー、P.F.（2001）『マネジメント［エッセンシャル版］』ダイヤモンド社。

CHAPTER 5

第5章 フィンテックの既存金融機関への影響

多治見 和彦

1 フィンテックの概観

　フィンテック（Fintech）というのはファイナンス（Finance）とテクノロジー（Technology）を組み合わせた造語[1]である。近年の金融サービスを変えつつあるさまざまな技術全般がフィンテックであると言ってよいだろう。ここでの技術を幅広く捉えるとすれば、ICT（Information Communication Technology）であると言える。金融サービス自体は100年以上前から存在している古いものであるが、ICT技術の最近の大幅な進展で大きくかたちを変え、便利でなおかつ低コストであるサービスを続々と生み出してきている。

　その金融サービスの進展の主役はスタートアップ（Startup）と呼ばれる集団・企業が担っている。さまざまなスタートアップが、新しい技術により金融サービスの提供の仕方を変えることはあちらこちらで起きており、そのすべてを網羅することはできない。

　PFM（Personal Financial Management、個人財務管理）サービスはその代表的なものであろう。銀行・保険・投資など個人は多様な金融サービスを利用しているのだが、その利用状況を同時に閲覧することを、PFM事業者

---

1) 以前はFinTechと記載されていたが、最近では市民権を得てFintechと記載されることが多くなった。

はサービスとして提供している。ここで新しい技術としては、個人ユーザーのパスワードなどを安全に預かる技術や、銀行・保険等のウェブサイトから情報を正しく入手するウェブスクレイピング[2]の技術である。今となってはこれらの技術は新しいものではないが、サービスが勃興した当時は手探りであったこともあり、今も多く残っている。

金融サービスを改革し続けているスタートアップはフィンテック企業とも呼ばれることがあるが、今や非常に大きな規模になった企業も多い[3]。金融サービスの様相も大きく変わった。今や金融業界にとどまらず、また、企業の規模によらず、幅広い範囲での競争となっている。

2　金融業界とテクノロジー

金融業界はテクノロジーとは切っても切れない関係にある。遡れば1960年前後から勘定系システムが導入されたが、以降、オンライン化などの業務効率化や、顧客属性管理などの営業支援面強化、インターネットバンキングへの対応など、金融サービスの発展の背景にテクノロジーは常にあった。

銀行サービスはお金を扱うものであるため、情報が改竄されてはならないし、状況の変化に早く対応できることが望まれる。取り扱う情報は日々更新されるものであり、確実に取り扱うために多大な投資と時間をかけ、金融機関はシステム更新を行ってきている。これらシステムは基本的にはバックエンドのシステムである。すなわち、顧客にとっては直接触れることがないシステムであるのが特徴であろう。

この状況を大きく変えつつあるのがフィンテックであると言える。前述したPFM事業者がよい例である。フィンテック企業はフロントエンドのサービスを提供している。

金融業界のテクノロジーを支えている企業も大きく様変わりしてきてい

---

[2] 最近は銀行等が提供する参照系のAPI（Application Programming Interface）に取って代わられつつある。この点については後述する。
[3] 時価総額1000億円を超えるスタートアップはユニコーンと呼ばれるが、いわゆる中堅中小企業の規模ではない。

る。従来の金融のバックエンドを支えてきたのは大手のシステムインテグレーター（System Integrator[4]）であった[5]が、フロントエンドを進展させているフィンテック企業は小規模なスタートアップであることが多い。

有名なフィンテック企業だけではなく、まだ名前も知られていないようなスタートアップやこれから新しい企業を立ち上げようとする起業家が、こぞって金融業界に照準を合わせている。多くのビジネスアイデアが集まり、お互いに刺激し合いフィンテックがより進展するサイクルになっていると言える。

ではなぜ、スタートアップは金融業界に集うのか。従来から金融業界にはシステムが導入されてきており、その情報・データがスタートアップにとって扱いやすいものであり、それを活用する技術がそろいつつある状況であったことが大きいのではないだろうか。

金融のデータは基本的に扱いやすいものである。残高推移、取引履歴など、日付や数字で表示されるものであり、銀行の勘定系システムが導入された頃から日々データを積み重ねてきた。

従来はこのようなデータはそれぞれの金融機関が個別に管理をしており、顧客はその情報にアクセスできるものの、電子データとして触れることは困難であった。しかしながらインターネットが広まるにつれ、顧客自身が電子データとして扱えるように変わった。

残高推移や取引履歴のような情報は、顧客数が数百万ともなれば膨大な量であるが、そのようなデータを処理するための計算機の進展も大きい。データを蓄積するためのストレージも必要であるが、多大な投資をすることが不要となるクラウドコンピューティングも同時に発展してきた。

このような歴史もあり、フィンテックは一気に広がってきていると考えられる。

---

4) SIerと呼ぶことがあるがこれは和製英語である。
5) これは日本の特徴であると補足しなくてはならない。日本の金融機関はシステム開発を外部に委託することが多かった。一方で欧米ではシステムの基盤を提供するのは外部企業であるが、それをみずからの手でカスタマイズするための技術者を抱えていることが多い。日本の銀行にはシステム担当者は以前から存在しているが、システム開発をできるエンジニアの規模は大きく異なる。

3　増大するデータ、進化するシステムとアルゴリズム

2010年以降扱うデータの範囲も増えてきている。金融機関が収集できる顧客データは取引履歴だけではなく、インターネットバンキング等のウェブサイト上の顧客行動も収集可能となっている。また、必ずしも金融機関としての情報にはとどまらない。顧客を知るために、SNSの情報、小売での購買履歴などの情報も収集しようとしている金融機関は多い。金融業界で着手しているところは少ないが、小売業界では店内のセンサーやカメラ[6]のデータを扱おうとしている企業も多数存在する。データの範囲が広がるとともに、データの量も飛躍的に伸びてきている。2016年の時点では月間98エクサバイト[7]ものデータ量が流通している。

日々発生するデータを集積することも容易となってきている。AWS（Amazon Web Services）やGCP（Google Cloud Platform）といったパブリッククラウドのサービスを利用すれば、自前でサーバーを用意しなくとも、大量のデータを蓄積することも可能である。

データが多様になればなるほど、データを扱うための計算機の性能も求められる。こちらも非常に速いスピードで進展してきている。IBMのディープ・ブルー（Deep Blue）という名のスーパーコンピューターが1997年5月にチェスのチャンピオン、ガルリ・ガスパロフ氏に勝利している。その10倍以上の計算処理能力を持つのが今のスマートフォンである[8]。われわれのポケットにあるものが、チェスのチャンピオンに勝てるような性能になっており、

6）　防犯カメラのデータを防犯目的以外で利用することは個人情報保護法に抵触するため、顧客に対し説明し許諾を得ることが必要である。
7）　Cisco（2017）によると、全世界のIPトラフィックの年間ランレートは、1.2 ZB（月間96EB）。
8）　FLOPS（FLoating point number Operations Per Second）という1秒間あたりの浮動小数点演算回数という指標値で比較すると、ディープ・ブルーは11.38GFLOPSであり、iPhone 6に搭載されているApple A8は115.2GFLOPSである。有名なムーアの法則は、集積回路上のトランジスタ数は18カ月ごとに倍になる、と言っている。トランジスタ数が多くなればなるほど複雑な集積回路になるため、計算能力は指数関数的に進展するということとほぼ同義と言ってよいだろう。ただ、近年はムーアの法則を下回るという指摘もある。

第5章　フィンテックの既存金融機関への影響　　85

それが金融サービスを提供するためのツールになり得る、そのような時代であることが大きい。

　計算機の性能のみならず、計算機上で実装されるアルゴリズムの進展も大きい。前述したとおり、扱うことが可能となるデータは多様化の一途をたどる。有名なものはディープラーニング（深層学習）と呼ばれる手法である。

　ディープラーニングは、脳機能の特性に着目して考え出されたニューラルネットワーク[9]でありその歴史は長い。着目されている理由は、他の競合するアルゴリズムの性能を大きく上回り、人間の識別能力を超え実用化可能なレベルになった[10]ためである。ディープラーニングを用いて数理モデルを構築するためには相応の計算機の性能が必要であるが、計算機の進歩がこれを助けたと触れておかなくてはならない。

　2010年にはスマートフォン内蔵のデジタルカメラ機能の解像度は1000万画素を超えているが、これは人間の知覚可能なレベル[11]を超えている。前述したとおり画像認識能力も人間を超えている。たとえば、胃カメラの画像を機械が診断したほうが胃癌を見逃す可能性が低く、もはやそのような時代になっている。

4　テクノロジーの見通し

　有力な技術であるディープラーニングで何でも可能であるか、と問われると2018年の段階ではまだ遠いところにいるのが事実であり、答えである。たとえば、シンボルグラウンディング問題と呼ばれるものがある。人間の三歳児くらいの子供がシマウマを見たことがないとしても「シマ」「ウマ」と

9）　人間の脳のシナプスは何層にもつながっているのであるが、この層の数が多層、すなわち、深いものがディープラーニングといってよい。ニューラルネットワークが示すアルゴリズムの範囲は広い。目的に応じて派生したアルゴリズムは数知れない。
10）　2012年、トロント大学（ジェフリー・ヒントン教授）が、ILSVRC（The ImageNet Large Scale Visual Recognition Challenge）とう大規模画像認識コンテストにおいてディープラーニングによってエラー率約17％と他の手法のエラー率26％を大きく上回った。以降、ディープラーニングをベースとしたアルゴリズムが主流になり、2016年の段階では5％を下回るまで進展した。
11）　人間がものを明確に知覚できるのは視野2度程度である。脳の処理能力も踏まえて解像度に換算すると700万画素程度と言われている。

図 5-1　ハイプ・サイクル

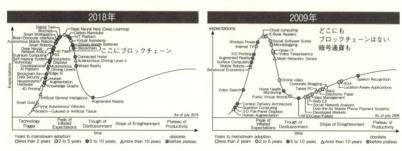

出所：ガートナー社

　いう二つの言葉から、きっと縞のある馬だろうと想像できる可能性は高い。一方で、計算機にとっては「シマウマ」というのは文字の羅列であり、その文字列「シマウマ」をシマウマの画像に対応（グラウンディング）させることは簡単ではない。このような難しい問題にも研究者は日々取り組んでおり、いずれ解決するであろう。ただ、依然として機械が得意としない処理は多いのである。
　将来、どのような技術がいつ頃生まれてくるのか、それによってわれわれの生活はどのように変わり得るのか、これを想像するのは非常に難しい。その一例としてガートナーのハイプ・サイクル[12]を挙げたい（図5-1）。
　2018年のハイプ・サイクルをみてみると、ブロックチェーンという言葉が流行期と幻滅期の間にある。一方でその9年前の2009年のハイプ・サイクルを見てみると、ブロックチェーンという言葉はどこにも見当たらない。ナカモトサトシがビットコインの論文を発表したのが2008年、ビットコインが立ち上がったのが2009年であり、まだ、ガートナー社が黎明期に記載するよりも前の段階であった。
　2009年にほとんどの人が着目していなかったブロックチェーンは、2018年のフィンテックを語るには不可欠な技術になっている。10年前になかったものが世の中を騒がしているというのは事実であり、10年後に何が出てくるのか予測は困難であることを語るよい例だと考える。

12）　IT系調査・助言企業であるガートナー社は、企業がIT投資等の判断の参考にしてもらうべく技術を黎明期、流行期、幻滅期、回復期、安定期に分けて公表している。

第5章 フィンテックの既存金融機関への影響　87

表 5-1　将来コンピューターによって代替される可能性の高い職業・職種

銀行の融資担当者	集金人	検査、分類、見本採集、測定を行う作業員
スポーツの審判	弁護士助手	映写技師
不動産ブローカー	ホテルの受付係	カメラ、撮影機材の修理工
レストランの案内係	電話販売員	金融機関の審査担当者
保険の審査担当者	仕立屋（手縫い）	メガネ、コンタクトレンズの技術者
動物のブリーダー	時計修理工	殺虫剤の混合、散布の技術者
電話オペレーター	税務申告書代行者	義歯制作技術者
給与・福利厚生担当者	図書館員の補助員	測量技術者、地図作成技術者
レジ係	データ入力作業員	造園・用地管理の作業員
娯楽施設の案内係、チケットもぎり係	彫刻師	建設機器のオペレーター
カジノのディーラー	苦情の処理・調査担当者	訪問販売員、路上新聞売り、露店商人
ネイリスト	簿記、会計、監査の事務員	塗装工、壁紙張り職人
クレジットカード申込者の承認・調査の作業員		

出所：経済産業省（2017）、オックスフォード大学資料。

5　既存金融機関の状況

　フィンテック企業が次々と現れるなか、銀行のサービスも変わりつつある。オックスフォード大学が702の職業について、今後10年間でコンピューターによって自動化される確率を9つの仕事の特性を基準に試算したところ、米国の雇用の約47％がコンピューターによって代替される可能性があり、銀行の融資担当者、簿記・会計・監査の事務員、クレジットカード申込者の承認・調査の作業員などの職業[13]についてはコンピューターに代替される可能性が高いとされている（表5-1）。

　金融機関としても手を拱いている場合ではなく、5年、10年と先を見据えて対応策を検討していかなくてはならない[14]。

　技術・テクノロジーの観点も非常に重要ではあるが、ユーザーの目線も非

---

[13]　フィンテックの文脈で金融に関連する職業を列挙したが、スポーツの審判やホテルの受付係などさまざまな業界に及んでいる。

[14]　みずほフィンシャルグループは1万9000人の人員削減、三菱UFJフィナンシャルグループと三井住友フィナンシャルグループはそれぞれ9500人、4000人分の業務削減計画のほか、店舗の統廃合計画も公表している。

常に重要である。ミレニアル世代[15]やZ世代[16]と呼ばれる年代層は、生まれつきテクノロジーに触れてきたデジタル・ネイティブが将来のユーザーになるのであり、彼らに評価されるようなサービスをつくり上げていかなくてはならないであろう。

ミレニアル世代やZ世代は次のように評価[17]している。53％は銀行が提案する商品・サービスはどれも同じ、71％は銀行員の話を聞きに行くくらいなら歯医者に行く、33％は将来的に銀行がなくなるであろう、73％はGoogle、Amazon、Appleといった企業が金融サービスを提供してほしい、と。

このような状況に金融機関は残念ながら後手に回ってしまったのであるが、それは2008年のリーマン・ブラザーズの破綻が理由のひとつであろう。世界中の金融機関が評価損益を出し破綻まで至らなくとも大きな損失を出し、金融に対する信頼も揺らいだのである。巨大なリスクの金融商品があたかもリスクが小さいかのように取引されていたのだが、金融市場は今や世界中がつながっており、一部での市場の混乱が世界中に波及してしまう。2008年はそのことが現実になったのであるが、再発を防止すべく世界中の金融当局は規制[18]を強化した。

日本の金融機関も損失処理だけではなく、再発防止策を定める必要があった。その一方、フィンテック分野で登場するクラウドコンピューティング、ブロックチェーン、ディープラーニングなどはこの頃着実に進展していった。2008年から始まった金融危機は、金融機関にとっては身から出た錆ではあるが、技術を着実にものにしていく機会を失ったのである。

---

15) Y世代とも呼ばれる。1980年代から1990年代に生まれた世代を指すが、「1970年中頃から」や「1990年代中頃まで」と定義はさまざま。
16) Y世代の次。
17) Viacom Scratch (2013) より。
18) 金融危機の再発防止のために、リーマン・ブラザーズの破綻後、自己資本規制であるバーゼルIII（2010年9月）、グローバルなシステム上重要な銀行（G-SIBs）への自己資本上乗せ（2011年11月）、米国の銀行の市場取引規制のボルカー・ルール（2010年7月）などが合意・成立している。

6 スタートアップ・フィンテック企業の金融サービスへの参入

　金融機関が後手に回るなか、スタートアップは続々と金融サービスを提供し始めた。具体的には、最初から大規模なサービス提供ではなく、小規模なサービス提供からである。

　それらは、従来の銀行が総合的な金融サービスを提供するのとは対象的に、住宅ローン専門のスタートアップ、中小企業向融資専門のスタートアップ、与信スコアリングモデル専門のスタートアップなどである。このようなサービスを一部のユーザーが使い始めた。総合的なサービスを受けられるわけではないが、良いサービスに早い段階で飛びつく、いわゆるアーリーアダプターの評価を得たのである。

　このような状況は「アンバンドリング」と呼ばれることがある。金融サービスを一度分解（アンバンドル）するというものである。次に考えられるのはこれらスタートアップが提供するサービスを組み合わせて総合的なサービスに組み込もうとするものである。これは「リバンドリング」と呼ばれる。PFM（Personal Financial Management）サービスをすでに取り入れている金融機関は多いが、これはリバンドリングのよい例である。

　ここで金融機関の情報の優位性について触れておきたい。一般的には、与信対象となる企業の財務状況等を金融機関が調査し、返済が可能であると判断されれば与信を行う。審査担当者を抱えている金融機関だからこそできた業務であるが、今や、企業情報の入手元は多岐に渡る。会計のソフトウェアを利用していればそこには財務情報は集まり、SNS等でその企業の評判を知ることが可能であり、その店の繁忙度も衛星写真が撮る駐車場の混雑状況からわかり得るのである。このようにして金融機関の情報の優位性は薄れ、フィンテック企業が独自の目線で与信業務を展開し始めている[19]。

---

19) フィンテック企業と呼ぶのは適切ではないであろうが、eコマースの場を提供しているAmazonはその売上状況を判断材料として与信ビジネスAmazon Lendingを始めており、楽天も同様のサービスを提供している。eコマースの場以外でビジネスを展開していないのであれば、売上情報は従来金融機関が入手できた情報よりその企業の実態を掴むことができるだろう。

個人に対する融資についても同様で、SNS の情報や、PFM に集中する情報を用いれば、個人の返済能力はおよそわかる。金融機関が情報の格差を利用して与信ビジネスを行ってきたのであるが、この格差が縮小してきている。逆に解釈すれば、中小企業や個人にとっては、みずから情報を開示することでより良い条件で融資を受けられる可能性が増しているとも言える。

与信に有用な新しい情報の入手先は多様であり、それぞれに着目しているフィンテック企業はいるであろう。何しろ情報は電子データで入手が可能であり、それを初期コストが安いクラウドを利用すれば低コストでビジネスを始めることができるためである。

7　既存金融機関は何をすべきか

従来の金融機関はフィンテック企業と比べれば後手に回る。いまだに手書きの書類は多いが、既存顧客にサービスを提供し続けることが求められている金融機関はデジタル化を推し進めることから始めなくてはならない。

具体的な対策は金融機関ごとに異なる。すでにサービスを展開しているフィンテック企業の買収や提携、また、自社内に新規ビジネス創出のための部署を置くなどさまざまである（図5-2）。日本では三つのメガバンクや地域金融機関の一部はそれぞれ専門の部署を設けている。また、みずほフィナンシャルグループはシリコンバレーを拠点とするベンチャーキャピタル WiL 等と連携しオープンイノベーション企業 Blue Lab を立ち上げ、三菱 UFJ フィナンシャルグループも新規ビジネス創出のための企業 Japan Digital Design を立ち上げている。そのほか、アクセラレータープログラムの推進やその場所の設立、フィンテック企業が入居するラボ等への入居など、複数の取組みを行っている金融機関は多い。

フィンテック企業に加えて Amazon などの、今や IT 企業の巨人となっている企業が続々と銀行ビジネスに参入している。逆に、銀行が他業種に参入することは銀行法で禁止されている。銀行法（2018 年 6 月改正）で緩和されたが、銀行または銀行持株会社は、金融関連 IT 企業等の議決権について、基準議決権数（銀行：5％、銀行持株会社：15％）を超える議決権を取得・

第 5 章　フィンテックの既存金融機関への影響

図 5-2　海外金融機関による FinTech への取組み

区分	内容	事例
買収	自社若しくは自社ベンチャーキャピタルを通じて，FinTech 企業を買収。自社サービスへの取り込みを図る	BBVA Compass, Silicon Valley Bank, シティ等
提携/パートナーシップ型	FinTech 企業と提携し，新しいサービスを開発する等により，自らの業務を拡大	Web Bank, The Bancorp, CBW Bank, Union Bank, Tiitan Bank, Congressional Bank 等
	アクセラレータプログラム※や，インキュベーション施設を設立し，FinTech 企業と提携 ※アクセラレータプログラム： 開発資金（出資）や開発場所，一定期間の指導（メンター）を提供するプログラム。通常は応募コンテスト，プログラム（数ヶ月），デモ・デーの構成となる	バークレイズ，ウェルズ・ファーゴ，ドイツ銀行，シティ，UBS 等
社内組織	イノベーションの発掘・活用を目的に，自社内に部門横断的な組織を設立 外部から専担人材の登用	ウェルズ・ファーゴ，RBS 等

出所：みずほ総合研究所

保有するためには，原則として，あらかじめ内閣総理大臣の認可[20]が必要となっている[21]。すなわち，銀行が他業種に参入することは条件付きでありハードルが高く，従来の出資制限から支配的な立場をとりづらい。

一方，他の業種から銀行業に参入するにも銀行のライセンスを保有しなくてはならないなどハードルが高い点は同じであるが，Amazon がレンディング事業を展開している[22]ように支配的な立場で参入しやすく，異業種のデータを組み合わせて[23]より良いサービスを展開しやすい。

日本国内では，小売企業が立ち上げた銀行が多い。楽天銀行（2000 年），セブン銀行（2001 年），イオン銀行（2006 年），ローソン銀行（2016 年）など。それぞれ，小売での購買履歴の情報を有しており，これら情報を用いた銀行ビジネスを展開しやすい状況にある。情報の利活用については，個人情報保護法のもと行わなくてはならず，まだ課題が多くあるであろうが，それぞれ

---

20) 認可のための条件は，銀行持株会社・銀行は，認可を受けることで，銀行が提供するサービスの向上に資するまたはその可能性のあることである。
21) ネガティブな表現にはなっているが，銀行にとっては大きな緩和であると言える。IT 企業への出資に関連する事項以外，業務の IT 化の進展に伴って複数の金融グループ間の連携・協働が求められる従属業務について収入依存度を一律 50％から緩和することも合わせて行われている。
22) 日本国内ではアマゾン・キャピタル・サービス合同会社がビジネスを展開している。
23) 支配的な立場であったとしても，顧客の同意なしに個人情報を他の目的で利用することは許されていない。個人情報ではない場合であれば個人情報保護法の範囲外とはなるが，顧客の理解を求めるため顧客同意を得ながら慎重に進めるケースが多い。

eコマースサイトや店頭などでの顧客接点があることは、小売発の銀行の有利な点であろう。

　同様に銀行も小売業界に参入するなどの手もあるだろう。銀行側に不足しているノウハウは多い。対して、今や情報格差が縮小しており、他業界からの銀行業参入の障壁がなくなりつつあるのが実態である。銀行側からすれば参入しやすくなるよう銀行法改正を働きかけるだけではなく、異業種との連携を強化する[24]ことで補っていくことが必要であろう。

8　異業種との連携手段としてのAPI

　銀行法改正についてもう一つ。前述の銀行や銀行持株会社の出資比率に関する緩和は2017年のものであり、2018年にも銀行法は改正されている。2018年の改正のトピックは銀行のオープンAPI[25]である。

　API自体は複数のソフトウェア（プログラム）間をつなぐインターフェースであり、その歴史は古い。ここでいうAPIはウェブAPIのことを指しており、ソフトウェア間の情報の伝達をウェブ上で行おうとするものである。APIをうまく設計することにより、複数のソフトウェア（プログラム）間の連携が容易となり、新しいビジネスを生み出しやすい環境が生まれる。これはAPIエコノミーと呼ばれる概念である。

　オープンAPIの意味するオープンは「対外的に公開する」という意味である。すなわち、サービスを提供している銀行がデータにアクセスするためのAPIを開発し、それを然るべきフィンテック企業[26]がアクセスできるようにすることを指す。

　銀行法がAPIに関して言及する背景にはテクノロジーの発展もある。前述したPFMは、個人ユーザーからIDとパスワードを預かり、それを利用して金融機関等のウェブサイトから情報を収集する。ウェブスクレイピング

---

[24] 2018年11月にLINEとみずほ銀行はLINE銀行の設立を目指すと公表した。みずほ銀行からすればLINEの持つ顧客接点を狙ったひとつの連携策であるといえる。
[25] Application Programming Interfaceの略。
[26] 電子決済等代行業者と呼ばれる。

もしくはスクリーンスクレイピングと呼ばれる手法である。この方法は従来から利用されているが、パスワードを預けることに個人ユーザーの抵抗があるだけでなく、スクレイピングされる側である金融機関が関与していないデータへのアクセスであり、セキュリティ面が心配されるものでもある。それを API に切り替えることにより、ID・パスワードの管理をよりセキュアにすることが可能であり、また、データの伝達もより効率的にすることが可能となるのである。

9 新規ビジネス創出のためのアプローチ

　新規ビジネスはどのようなものであろうか。米国のウーバーテクノロジーズが提供する配車アプリ Uber（ウーバー）を例に挙げよう。

　Uber のアプリでは、自身の位置が地図上に示される。スマートフォンの GPS でユーザーの位置を把握し地図上に示しているのである。同じようにタクシーの位置も地図上に表示される。ユーザーは目的地を入力すればそれに適合したタクシーを選び出し、ユーザーのところに来てくれるのである。支払いはあらかじめ登録されているクレジットカードによって済ませ、紙のレシートはなく電子メールで発行される。利用後は、ユーザーとドライバーが双方に評価し合い、サービス向上につながる仕組みを導入している。大きな一歩を踏み出すような技術が背景にあるわけではない。ユーザーのニーズに応えるサービスを低コストでつくり上げた、この点[27]が重要である。

　加えてユーザーをどのように獲得するのか、これも学ばなくてはならない点である。過去のイノベーティブと呼ばれる新サービスは最初から多くのユーザーを囲い込んではいなかった。Apple の iPod の例を挙げよう。レコード、CD と変遷したが楽曲は物理的に配信されてきた。CD の時代、すでに楽曲はデジタルデータになっており iPod 登場前から楽曲を電子データで授受することは可能であった。それを無断で売買することは違法ではあるが、

---

[27]　筑波大学の落合陽一准教授の言葉を引用したい。「技術的に大したことはないと言っている限り、永遠に敗北する」「コストが安く、クレバー、これを主張したい」（日本証券アナリスト協会［2018］）。

そのような楽しみ方をするユーザーは存在した。

　iPodの登場は、人間を物理的な配信から合法的に開放した。最初は電子データという目に見えないものに不安を覚えCDという物体を求める者が多かったが、次第にその便利さに惹かれユーザーを拡大していったのである。

　注目すべきはiPodに早い段階から飛びついたユーザーである。iPod登場前から楽曲を電子データで楽しんでいたユーザーもいただろうし、iPodのサービスを十分理解していないながらも使ってみたというユーザーもいたであろう。100人に1人でもそのサービスを使えば、その友人・知人に広がる可能性があり、100人のうち10人程度のユーザー規模になるかもしれない。一つのクラスに数人はいるレベルになれば、あとはマジョリティーに波及する。

　このようなサービスの黎明期に利用してくれるユーザー、すなわち、アーリーアダプターを囲い込むことは戦略として十分選択し得るものである。アーリーアダプターは技術に詳しい人がマジョリティよりも多く、新規サービスを選別してくれるだけでない[28]。加えて、初期段階ではユーザーが少ないため新規サービスの多少の問題点・課題を修正する余裕が与えられる。アーリーアダプターは技術に詳しい、いわゆるギークな（ものごとに精通した）人間が多いため、良いフィードバックをもらえる可能性もあろう。

　新規ビジネスはどれもうまくいくわけではない。数多くのフィンテック企業はユーザーのペインポイントを解決するためのアイデアを日々練っている。そのごく一部が前述したウーバー・テクノロジーズのようなユニコーンになっている。

　銀行・金融機関が新規ビジネスを、フィンテック企業に負けないように産み出していこうとするのであれば、フィンテック企業のアプローチに学ぶことは多い。少なくともスピードの観点では。従来の考え方ではじっくりとビジネスモデルを練ることが求められたのであろうが、ビジネスモデルは十分練られていない中でも複数のビジネスモデルを同時に走らせるなどの思い切ったことが必要ではないかと思う。事実、ベンチャーキャピタルは複数の

---

28) 早期に新規サービスの見込みがないことがわかれば、早期撤退が可能であり傷が浅くて済む。多額の投資をすることができないスタートアップにとっては理想的なアプローチであろう。

スタートアップに分散投資をしているが、それと同じようなことである。

10　新規ビジネス創出のための組織

　ここまで述べてきたことが新規ビジネス創出のためのヒントとなることは多い。ディープラーニングに代表される機械学習、分散台帳/ブロックチェーン技術、クラウドコンピューティングやAPIなど、フィンテックでよく登場する技術を持つことが必要となってきている。前述したようにユーザーに向かい合うことが大切であり、そのためのアプローチであるデザイン思考を取り入れることも有益であろう。また、新規ビジネスが多く生まれているシリコンバレーに人を送り込むことも有効であろう。

　ただ、これらは技術であったり方法論であったりして、これらを取り入れたからといって新規ビジネスを容易に創出できるようにはならないであろう。「百聞は一見にしかず」というように、技術や方法論は使ってみて初めてわかることが多い。シリコンバレーから新規ビジネスにつながるネタを日本に伝えたとしても、それを受け止めることができないことも多い[29]。

　新規ビジネスを創出することは、既存のビジネスを拡大することとも、効率化することとも、そのアプローチの仕方は異なるため、今まで醸成してきた文化には合わない場合も多い[30]。そのため、新規ビジネス創出のための文化を根づかせていくことが重要である。

　既存の文化と交わることも避けようとする方法もあるだろう。金融機関だけではなく事業会社が、新規ビジネス創出のためのラボ、センターを多数設立しているが、これは、本社とは離れたところで本社の影響を極力小さくしようという狙いがある。

---

29) ピッチャー・キャッチャー問題と呼ばれる。シリコンバレーに送り込まれた人をピッチャーに、送られる情報をボールに、ボールを日本で受け止める人をキャッチャーにたとえている。シリコンバレーで起こっていることを理解していないと、ボールを受けることができない場合が多いとされる。
30) 金融機関は金融危機を回避するために多くの規制のもとビジネスをしなくてはならない。これは今や文化になっており、リスクテイクを是とするフィンテック企業の文化とは大きく異なる。

「企業文化を変える」という話になれば、新規ビジネス創出やイノベーションという言葉ではなく、トランスフォーメーションのほうが望ましいかもしれない。さまざまなものがアナログからデジタルに変化する。そのデジタル化を想定した上で企業を変革しようという試みは、デジタルトランスフォーメーション[31]と呼ばれる。

　文化とともに管理方法も変える必要があり、それは組織論にもつながる。正解があるわけではない。一例ではあるが、ムーア（2017）では4つのゾーンに分けて管理すべきだと主張している。

・イノベーション：新規ビジネスを生み出す、3-5年で投資回収
・トランスフォーメーション：新規ビジネスを拡大する、2-3年で投資回収
・パフォーマンス：既存事業で成果を出す、1年で投資回収
・プロダクティビティ：生産性を上げる、1年で投資回収

　それぞれのゾーンで、破壊的なイノベーションを起こし攻撃に回る立場であるのか、逆に外部がイノベーションを起こして防御に回る立場であるのか、それぞれのケースに応じて取るべき行動が異なるため、分けて管理しなくてはならないと述べている。今、フィンテック企業が破壊的なサービスを続々と生み出し金融機関は防御に回らなくてはならないなか、自身でもイノベーションを起こし攻撃的になろうとしている。このような状況下ではジェフリー・ムーアのアプローチは参考になろう。

【参考文献】

落合陽一（2018）「ワークライフバランスからワークアズライフへ」『証券アナリストジャーナル』2018年12月号所収、日本証券アナリスト協会。
経済産業政策局（2015）「ビッグデータ・人工知能がもたらす経済社会の変革」経済産業省。

---

[31]　経済産業省はMETI DXというデジタルトランスフォーメーションのウェブサイトを開設している。http://www.meti.go.jp/policy/digital_transformation/index.html

ケリー・D., T・ケリー (2014)『クリエイティブ・マインドセット——想像力・好奇心・勇気が目覚める驚異の思考法』日経BP社。
ムーア・G. (2017)『ゾーンマネジメント——破壊的変化の中で生き残る策と手順』日経BP社。
Cisco (2017)「ゼタバイト時代：トレンドと分析」Cisco (PDF)。

Viacom Scratch (2013) "Millennial Disruption Index," Viacom Media Network.

CHAPTER 6

第6章 フィンテックにおける起業

福原 正大

1 起業の経済的意義

(1) 資本主義の機能不全

　シュンペーターが示したように、資本主義はシステムとして官僚的な大組織につながりイノベーションを停滞させる仕組みを内包する。結果として、借金と失業者をゆるやかに生み出していくのだ。この停滞を打破するために、イノベーションを引き起こす起業による「創造的破壊」が必要なのである。
　なぜこのような機能不全が出てくるのであろうか。
　企業は大きくなるに従い、長期にわたる顧客との取引から生じる「関係資本」と「ブランド資本」を手に入れていく。こうして、ビジネスは安定的になる。残念なことに多くの研究が明らかにしているとおり、安定的な環境においては人間は怠慢になる傾向があり、そうなると新しい知識を蓄え、新しい技術を開発していく力を時間とともになくしていく。知識資本と人的資本が欠如していくプロセスである。
　知識資本や人的資本は貯めていくのに時間がかかり、一方、ひとたび尽きてしまうと、戻そうとしても難しい。しかしこの知識資本と人的資本こそが、生産性を高める原動力なのである。経済成長は、労働力×資本力×生産性の掛け算で説明できる。しかし生産性を高めるエンジンが機能不全を起こすこ

とで供給制約が生じると経済は停滞してしまう。日本では、少子高齢化が進み、移民政策も十分に進んでいないため労働力不足も明らかであり、今後の経済成長がさらに難しくなっている。

（2） イノベーションのジレンマ

クリステンセン教授による「イノベーションのジレンマ」は、まさにこの大企業の機能不全に至る時系列的メカニズムを、経済の需給両サイドの視点から明確化させた。

経済の需要面からみてみよう。大企業は、関係資本とブランド資本の蓄積を通じ成功した既存商品の置き換えとなる新しい商品を出すインセンティブがない（カニバライゼーション）。顧客側も新しい商品に切り替えるスイッチング・コストが高いので、大口の既存顧客との関係を惰性的に維持するのである。

経済供給サイドから俯瞰すると、特許などで守られた代替が難しい商品・サービスでない限り、時間とともに競争が増し、利益が徐々に小さくなっていく。利益が減少すると、新しい商品の開発余力がなくなっていく。

そして突如、大きな技術革新やビジネス・モデル革新が起こり、別の業界から参入する企業やベンチャー企業が、大企業の市場を奪い取るのである。

この一連のプロセスが回って雇用と経済活動を維持できれば、中長期的に問題はない。しかしながら現状を俯瞰すると、世界全体ではこのプロセスが回っているものの、日本は変われない大企業をかかえたままである。つまり、日本の多くの企業がイノベーションのジレンマと闘う一方、シリコンバレーを中心にイノベーションを引き起こし続ける米国、急速に力をつけてくる中国などの新興企業が、新しい技術で日本の大企業の牙城を脅かしている。さらに日本においては、少子高齢化が進み労働力人口は縮小していることから、経済の停滞がさらに進む傾向にある。

（3） 起業のすゝめ

日本が向かうべき方向は明確であり、それは「起業のすゝめ」である。イノベーションを起こし得る起業を増やす仕組みを構築し、起業する意欲のあ

る人材を育成するのだ。そして、足元で起こっているフィンテック革命に関して言えば、日本の金融業界が規制で守られていたためイノベーションが遅れているだけに、起業家にとって機会は非常に大きいのである。

2　世界と日本におけるフィンテック分野の起業

（1）　起業後進国・日本

　アクセンチュアによる2017年の調査によれば、世界におけるフィンテック分野の起業は27,445（百万）ドルである一方、日本はわずか105（百万）ドルである。経済規模のちがいと日本の金融規制の厳しさを考慮しても、あまりに大きな差である。
　なぜ、日本では起業が少ないのであろうか？
　日本政策金融公庫の2017年12月の調査によると、起業に関心がある層では、起業した人について「収入が高そう（77.5％）」「自由度が高そう（75.8％」「能力を発揮できそう（90.2％）」というプラスのイメージがある一方、「収入が不安定（81.6％）」であることが起業における最大懸念になっている。日本人のリスク回避的傾向の強さが、マインド面から起業を妨げていると言える。
　起業をしたいと考えているもののしていない理由の最大は「自己資金不足（56.5％）」である。しかしながら、起業を実行した人に聞いてみると、「希望どおり調達できた（74.1％）」という結果が出ていることから、実際に起業してみると資金面での問題は限定的であることがうかがえる。

（2）　起業を阻害するマインド

　こうしたことを踏まえると、日本において起業を増やすために必要なことのひとつは、マインド面での教育といえよう。
　マインド面をさらに掘り下げてみると、起業に不安を持つ人のほぼ半数が「起業に関する知識」「起業時の事業計画書」についてほとんど知らないことが明らかになっており、知識がないことが起業を妨げる最大要因になってい

ることがわかる。次節以降でこの問題への簡便な処方箋を提供する。

3　フィンテック起業入門

（1）起業に関する正しい知識を得る

　起業と聞いて不安を持つ人が多いことは述べたとおりであるが、本当に起業はリスクが高いのであろうか。ネット上には、起業成功率は6%など、起業に対する不安をあおる記事が多く存在する。しかしながら、2011年の中小企業白書によれば、起業後の10年生存率は70%と、決して低いものではない。市場分析など起業準備をしっかり行い、技術力などみずからの強みを踏まえた戦略を立てることができるのであれば、必ずしも起業はリスクの塊ではないのである。

（2）起業におけるデザインシンキングの重要性

　起業に関するイベントは少なくなく、アイデアに関してもさまざまなものが出ている。ただ、アイデアは、所詮アイデアにすぎない。実際に顧客がつかなければ、何の価値もないのだ。

　すばらしいアイデアを思いついたと話す起業家予備軍が、そのアイデアを周りに秘密にしている場合も見受けられる。しかし、アイデアは実際に製品・サービスにし、対価を払う顧客に受け入れられるところまで持っていかなければ、何の価値もない。アイデアを自分だけで囲ってしまうと賛同者が現れず、結果として絵に描いた餅で終わってしまう。

　また、大企業での経験が長い人材が起業を行うと、アイデアを基にして商品・サービスを構築、ブランドをつくりつつ、顧客に提供しようとする場合が多い。経済基盤のしっかりしている大企業ではよいのだが、資本が限定的であるスタートアップにおいては、サービスの検証をしている間に資金が尽きる「死のループ」に入ってしまう。すなわち、顧客の意図とずれた商品・サービスとなり、事業計画のワースト・ケース・シナリオさえ実現させることができず、予定よりも早く資金ショートするのである。

これに対し、アイデア段階で顧客と対話を重ね、顧客を得る確信ができた上で商品化・サービス化を行い、さらに顧客と対話を重ねながらその商品・サービスの質を高めていくという方法で起業を行うと、事業計画の下振れリスクが減少する。

デザインシンキングと言われているこの手法は、顧客に共感し、顧客が必ずしも顕在的に理解できていないが真に望む商品・サービスを提供する有効な手段であることが実証されている。この過程は、①顧客に徹底して共感し、質問を重ねることで、必ずしも顕在化していない顧客の真の課題を炙り出す、②顧客と密な情報交換を重ねつつプロトタイプを構築しフィードバックを顧客からもらう、③商品・サービスのスタート後も定期的に顧客との対話を重ね商品・サービスの質の向上を図り続けることを徹底する、というものである。

顕在化していない顧客のニーズに関して重要なのは、顧客は多くの場合みずからの本当の課題に気づいていない一方で、課題解決そのものこそが重要だということである。「顧客は商品・サービスを買うのではなく、課題解決策を購入する」のである。

具体例を出そう。アップルの故・スティーブ・ジョブズが、日本のさまざまな電化製品を購入し、分厚い説明書など顧客を無視した（共感のない）技術主導の電化商品は顧客（人間）中心の商品に置き換わるとしてスマートフォンを開発したことは記憶に新しい。アップルの商品は基本的に説明書が存在しない。手に取って使いこなせないものは、顧客中心ではないと考えたのである。これはUXと呼ばれる、User eXperienceにフォーカスしていることを示し、前述したデザインシンキングの結果である。日本企業は顧客重視といわれるが、既存商品に既存顧客の詳細なニーズを足し続け、結果として市場全体で受け入れにくいものを構築する傾向がある。そのため、新しい顧客を獲得できず、結果として市場から淘汰されてしまう。まさにイノベーションのジレンマである。

（3）起業のステップ

では、どのように起業を進めていくべきか、デザインシンキング要素の視

点も入れた手法を説明する。

ステップ1　課題解決
　起業はアイデアから始めるのではなく、課題からスタートすべきだ。顧客に共感し、顧客の課題を徹底的に理解し、その課題への解決策を提供するのである。商品・サービスを思いつきで提供するのではない。

ステップ2　一緒に行う人を集める
　企業とは人の集まりであり、起業を行い、企業を構築していく上でも最も大切なのは「人」である。世界的な企業戦略・運営におけるベストセラーであるジム・コリンズの『ビジョナリー・カンパニー2――飛躍の法則』においても、「誰をバスに乗せるかを決めた上で、行き先を考えること」が成功の秘訣であると述べている。実際、多くのスタートアップ企業が、当初の商品から数度の方向転換を続け、当初の商品・サービスとは異なるかたちで社会課題を解決していっている。つまり、課題とその解決先を思いつき、起業をすることを決めたならば、まずは一緒に行う人を見つけることが大切である。コンピテンシーやスキルで補完的な関係になる、つまりは多様な人材を集める必要がある。デザインシンキングを構築したIDEO社は、人材の多様性こそが、顧客の真の課題と、課題にふさわしい商品・サービスを提供できると経験から述べている。

ステップ3　資本政策
　自己資金で行うのか、否か。そして他者資金で行うのであれば、銀行借入とベンチャーキャピタル（VC：含むエンジェル投資家）どちらから資金を入れるべきかについて、起業を行う際に考える必要がある。可能なのであれば自己資金が最も望ましいが、多くの場合起業を目指す人材が十分な貯蓄を持つわけではない。また、資金を貸付のかたちでベンチャーに提供する金融機関は、ほぼ見当たらない（特許など高い技術力があれば、日本政策金融公庫の融資の可能性はある）。結果として、自己資金で賄えない場合は、VCに頼ることになる。

VCに頼る前に決めておくべきことは、中長期的な資本政策だ。多くの起業家が、当初にこの資本政策に関する知識がなく、かつ中長期的な視点で資本政策を立てていないので、後に後悔することなる。中長期的な事業計画とともに、必ず資本政策もあわせて立てておかなければならない。最初に資本政策を間違えてしまうと、後に修正がきかないので最大限の注意が必要なのである。VCなどの株式投資を入れ創業者の株式が一度薄まってしまうと、二度と元に戻すことはできない。

　よくある失敗例として、ストックオプションを当初に大量に出してしまうことが挙げられる。お世話になっている弁護士や顧問の方々に、当面のキャッシュがないことから、ストックオプションを連発する。そうすると、IPO時に必要とされる総発行株数に対するストックオプション比の目安である10%以下を満たせなくなり、結果としてIPOができなくなってしまう。また、ストックオプションをすでに大量に発行していれば、将来のエグジット（株式上場による創業者とVCにとっての投資資金回収・現金化のこと）の道がIPO基準で絶たれることになるので、VCからの資金を調達できなくなるため、気をつける必要がある。

　資本政策を決める際には、ビジネスを始める当初に投資資金を入れてもらうエンジェル投資、商品のプロトタイプを構築するためのシリーズA（アーリーステージ）、ある程度売れてきた商品を一気に広げるシリーズB（ミドルステージ）、一気にマーケットシェアなどをとっていくシリーズC以降、エグジットに至るまでの道筋を描く。どのように創業者の株式比率、またその他投資家の株式比率が変化していくのかをあらかじめ予測しておくのである。次ページ表6-1が、ある時点での資本政策フォーマット例であるが、これを各フェーズで事前に作成しておくのである。

　なお、創業者がどの程度株式比率を持つべきかはケース・バイ・ケースであるが、気をつける必要のある比率だけを以下に簡単に示しておく。それに沿うと、表6-1の資本の状況はどのように感じられるであろうか。

創業者が議決権の3分の2以上を持つ場合：創業者は、投資家に対して絶対的な権利を持つ。投資家は、売却も、取締役の選任などの権利もないので、

表 6-1 資本政策のフォーマット例

株主構成	保有株式	保有比率	含む潜在株式（ストックオプションなど）	保有比率
創業者 A	1,000	15.3%	(2,000)	23.1%
創業者 B	800	6.1%	(800)	9.3%
経営陣／計	1,800	29.5%	(2,800)	32.4%
職員	100	1.2%	(400)	4.6%
従業員持株会	0	0.0%	(0)	0.0%
従業員持株会／計	100	1.6%	(400)	4.6%
会社関係者／計	1,900	31.1%	(3,200)	37.0%
知人・顧問等支援者	300	3.6%	(300)	7.3%
知人・顧問等支援者／計	300	4.9%	(300)	7.3%
提携先 A	500	8.9%	(500)	6.7%
提携先 B	200	3.1%	(200)	2.3%
提携先 C	200	3.1%	(200)	2.3%
提携候補先事業会社／計	900	14.8%	(900)	11.3%
VC A	1,000	20.4%	(1,000)	15.4%
VC B	1,000	15.3%	(1,000)	11.6%
VC C	500	11.5%	(500)	8.7%
VC D	500	11.5%	(500)	8.7%
VC 等投資会社／計	3,000	49.2%	(3,000)	44.3%
一般株主：創業者利潤 一般株主：売出 一般株主：公募 適格機関投資家				
一般株主比率	0	(0)	(0)	(0)
総合計	6,100	100%	7,400	100%
潜在株比率				13.5%

出典：筆者作成

創業者は安心して経営を行うことができる。

　創業者が議決権の 2 分の 1〜3 分の 2 未満を持つ場合：役員の選任など株主総会の普通決議は自由に行うことができ、基本的にかなり企業を自由に動かすことができる。しかしながら、投資家は拒否権を有しているため、新規資金調達や企業売却などの特別決議が必要となる場合は、投資家の承認が必要である。

創業者が議決権の3分の1以上〜2分の1未満を持つ場合：かろうじて拒否権を有しており、企業名を勝手に変えられる、新しい資金調達や企業売却が投資家主導で行われることを防ぐことは、できる。しかし、それ以外は投資家が普通決議ですべてを通してしまうことができる。

当然のことだが、VCを入れることで企業価値がどのように上がるのか、本当に資本を入れる必要があるのか、自己資金や親族友人などからの借入で補うことができないのかを、しっかりと考えていく必要がある。

フェースブックの創業を描いた映画などにも出てくるが、数名の創業者で起業した場合、将来的に資本政策上の問題が起こり得る。創業者間で進む道が異なってきた場合、将来的にどのようにおのおのが権利を維持することができるのか、当初の資本政策を決める際に同時に決めていくことが大切である。

ステップ4　VC政策および契約書締結

VCから資金を獲得するまでの流れは以下のとおりで、全体にかかる期間は半年から1年程度である。常に資金が枯渇しない仕組みをつくることが重要である。

1. ベンチャーコンテストなどで入賞しVCに注目してもらう
2. ベンチャーとの守秘義務契約（NDA）締結
3. 投資契約の基本タームの構築
4. デューデリジェンス
5. 投資契約の締結
6. 投資の獲得

VCから資金を入れることはエグジットを前提にすることは述べたとおりであるが、VC側にとってもエグジットが重要であるために、VCは契約書上さまざまな、VCに有利な契約をベンチャーに課すことが多い。このリスクを避けるためにも投資契約について十分に理解しなければならない。

VC投資は、優先株での投資が一般的になってきている。つまり、投資家に優位になってきているので、下記に述べるように株の重要な特徴として優先株が普通株に対して異なる（有利な）権利が与えられるところを理解し、投資家との粘り強い交渉が望まれる。

　優先株とは、株主が持つ三つの重要な権利である①剰余金の配当を受ける権利、②残余財産の分配を受ける権利、③株主総会における議決権が、普通株式と異なる種類の株式のことである。VCは①や②において、創業者が持つ普通株に対して優先的に配当や残余利益を得る条項を入れてくる。

　VCの立場からみれば、投資したのち倒産してしまえば、財産をほぼ持たないベンチャーの残余利益が限定的であることから、その優先権利を主張するのも理にかなっている。また、ベンチャーに買収提案がきた場合、簿価で株式を持つ創業者がみずからの利益ばかりに目が行き、安い価格で売却を行い、VCのみが投資額を取り戻すことができないことを防ぐ意味もある。

　優先株は、普通株式に対して議決権を強めたり弱めたりすることができるため、議決権のところで創業者がしっかりとみずからの権利を守る仕組みをつけることも重要である。特に起業家側は、当面の資金の必要性から交渉がVC優位に進められ、多くの議決権を投資家に渡してしまうことが多い。その後の資金調達にも大きな影響を与え得るので注意が必要だ。

　ドラッグ・アロング条項にも注意が必要である。これは、投資家がエグジットしたい時に創業者などが反対をしている場合、他の株主にも強制的に同条件で株式を売却させることができる権利である。たとえば、ある会社が投資家にとっては有利な100％買収をかけてきた場合、創業者はみずからが経営を続けたくても、わずかしか議決権を持っていない投資家にも強制的に売却させることができる権利なので、気をつけなければならない。

　一方で、同じ投資期間において、普通株に対して優先株は上記の権限を与えられているところから、普通株と比べて異なる（高い）株価を与えることもできることは、起業家の自由度を高める。

ステップ5　金融規制政策

　金融業は規制業種である。預金に対する消費者保護、マネー・ロンダリン

グ対策、与信の質の当局監査など厳しい規制がある。一方で、フィンテック起業の中には、こうした法規制のグレーゾーンを狙い、規制対応を十分にせず参入を目指す動きが多くある。消費者の支持が得られると規制も許容する方向に動くのでよいのだが、一方で消費者の支持を得てもそれを裏切るような行為をしてしまうと、結果として消費者にとって不利な結果と、規制の強化が実現してしまう。その典型例が2018年の仮想通貨にかかわる一連の騒動である。

規制対応をしっかり行うには、多数の人員とシステム構築・運営が必要であり、この規制対応を抱えることは、収益上大きな重荷を既存金融機関に課する。こうした規制がフィンテック企業に課されると、まずもって新しい動きは出てこない。特に金融業は容易に国を超えるので、一国が厳しい規制をしてしまうと、結果としてその国の金融イノベーションが阻害されることはリスクとして捉えておく必要がある。規制の緩い他国で新しいイノベーションが起こされ、そこで企業が急成長を遂げ、結果として当初規制をしていた国が規制を弱めたところで参入すると、その国の金融業が外資に抑えられる結果になり得る。

英国は、戦略的にサンドボックスと呼ばれる金融規制特区を構築し、フィンテック起業を通じイノベーションを上手に引き起こしている。一方、日本はこの部分で見劣りし、結果として日本の金融業の進展が遅れてきているのだ。自国での起業にこだわらず、みずからが行いたい金融事業の規制が緩いところで起業をする規制アービトラージも進んできている。

(4) 事業プランの書き方とエレベーター・ピッチ

多くの起業の妨げになっているのがVCを説得する事業プランを書くことであることが、起業関心層へのアンケートで明らかになっている。事業プランは、以下を網羅すればよく、決して難しいものではない。

- 自分が解決したい問題
- どのように上記問題を解決するか(解決策)
- 会社を立ち上げて頼る人脈ネットワークは何か?

- 立ち向かう市場での可能性はどういったところにあるのか？
- どのようなテクノロジーを利用するのか？
- 競合相手はどこか？
- 市場においてどのような戦略をとるか？　価格リーダーシップ、高付加価値戦略？
- 売上、コスト、収益はどの程度を見込んでいるのか？　その根拠は？
- どのようなメンバーとともに行うのか？
- どうやって、投資家と創業者は現金化（エグジット）を図るのか？

　ぜひ一度、みずからのアイデアを事業プランに書き、起業コンテストなどに参加し、プランを修正し、起業に向けて進んでほしい。
　事業プランを書いた後は、投資家を魅了するストーリーを構築すべきであろう。エレベーター・ピッチという言葉を聞いたことがないだろうか。エレベーターで偶然投資家に出会った際、降りるまでの1分程度で、自分の事業プランを説明し、関心を持ってもらわないといけないことだ。VCは非常に多くの起業家からプレゼンを受けており、時間もなく、ほとんどの起業アイデアに興味がない。そこで、1分でみずからの起業アイデアの魅力を伝え、興味を持ってもらうという比喩で、エレベーター・ピッチと言われている。
　エレベーター・ピッチで重要なことは、自分の言いたいことを書くのではなく、相手の心を動かす言葉を利用する、ストーリーで伝える（論理よりも感情に訴える）ことである。人（投資家）を動かせるかどうかは、何を言うかだけではなく、どのように語るか、ひいては語る本人がどういう人間であるかにかかっている。「私は何者か」「なぜ私はこの起業にふさわしいか」をしっかりと投資家に伝えるのである。エレベーター・ピッチは、準備と経験がすべてであり、ぜひ数をこなすべきである。

4　起業に向けての心構え

　起業こそがイノベーションの原動力であり、資本主義を維持するための重要なエンジンである。しかしながら、残念なことに、日本ではこの起業が世

界に比して低い割合で推移している。大きな理由が知識の欠如であり、メンタル・バリアの存在である。

依然として日本の多くの大学生が、学生時代は起業コンテストなどに出る一方、就職先として大企業を選び、その後サラリーマン生活を送る中で、市場で評価される知識資本が枯渇し（社内だけで通じる知的資本は増えるが）、市場における人的資本価値が減少していく。一方で世界に目を向けると、上位大学の学生ほど起業を目指し、社会革新の中心を担っている。大変であるが、そのプロセスで得る経験と、課題を解決した時の達成感が精神面と金融面双方で大きいからである。

多くの人間が晩年に嘆くことは、失敗したことではなく、挑戦しなかったことである。起業は経営の総合芸術でありやすいものではないが、挑戦自体がよい経験を創り、充実したキャリアにつながる。最初から目を背けるのではなく、起業に関する知識を得て実践もすることで、一人でも多くが他の選択肢とともに卒業後の進路の一つとして考えることに期待したい。

【参考文献】

伊神満（2018）『「イノベーターのジレンマ」の経済学的解明』日経BP社。
磯崎哲也（2015）『起業のファイナンス増補改訂版』日本実業出版社。
クリステンセン、クレイトン（2001）『イノベーションのジレンマ―技術革新が巨大企業を滅ぼすとき』玉田俊平太監修、伊豆原弓訳、翔泳社。
コリンズ、ジム（2001）『ビジョナリー・カンパニー2――飛躍の法則』山岡洋一訳、日経BP社。
シュンペーター、ヨゼフ（1942）『資本主義、社会主義、民主主義』中山伊知郎、東畑精一訳、東洋経済新報社。
日本政策金融公庫総合研究所（2018）「2017年度新規開業実態調査」。

Accenture (2018) "Global Venture Capital Investment in Fintech Industry Set Record in 2017, Driven by Surge in India, US and UK, Accenture Analysis Finds."

第7章

フィンテックの国際資本市場への影響

スピリドン・メンザス

1 なぜフィンテック企業は急成長しているのか

(1) フィンテック企業が獲得している旺盛な出資

　海外の流れを受けて、2010年代半ば頃から日本でもフィンテックという言葉が盛んに使われるようになった。フィンテック企業は、2010年頃から驚異的なペースで出資を募った米国のベンチャー業界を中心に発展し、台頭して来た。

　2010年1月から15年6月までのフィンテック企業に対する累計出資額を地域別に見てみると、約316億ドルの出資を受けた米国企業が群を抜いており、次いで英国をはじめとする欧州企業が約98億ドルで続き、中国、インド、カナダ、イスラエルが牽引している（図7-1）。

　これをさらに年度別のトレンドで分析すると、2014年は米国が67億ドル、欧州が11億ドル、アジア[1]が9億ドル、日本が5400万ドルであった。翌2015年には米国がほぼ倍増し138億ドル、欧州は約40％増の15億ドル、アジアは5倍増の45億ドルに増加したのに比べ、日本は微増の6500万ドルにとどまっている。

1）　本章では「アジア」を「日本を除くアジア」と定義する。

図 7-1 地域・国別 FinTech への投資累計額

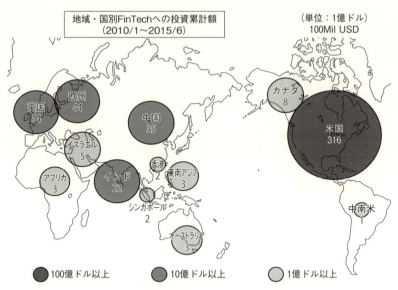

出所：Business Insider UK より、HiJoJo Partners 作成。

　2016年はトレンドが急激に変化し、米国は約3割減の92億ドルとなった一方、欧州は6割増の24億ドル、アジアはさらに急増し、米国を抜き去る110億ドルと大きく変貌を遂げる一方、日本はやっと1億ドルの壁を超える1.5億ドル程度の伸びである。

　2016年の大きな変化にはいくつかの理由がある。たとえば米国の代表的な新興フィンテック企業のレンディング・クラブ（Lending Club）で不正スキャンダルが発覚し、当時の代表が更迭される事態が発生した。その結果、会社の時価総額が短期間に半減しただけでなく、今でもその全盛期の株価に戻ることができないままとなっている[2]。このような不適切な事態が、まだ比較的新しい分野であるフィンテック業界全体に対して投資家の警戒心を募らせたのだと言える。

---

2) レンディング・クラブのビジネスモデルはお金を借りたい個人や中小企業の信用格付けを行い、貸し倒れリスクをもとに算出した金利でお金を貸すことによって金融収益を得る仕組みである。

一方、アジアに目を向けると、フィンテック投資はますます過熱している。たとえば中国のアリババ（Alibaba Group）がインドの Paytm 社に 2015 年から 16 年にかけて約 7 億ドルを出資したことや、同じくアリババの大株主である中国のアントフィナンシャル（Ant Financial）[3] が約 45 億ドルの出資を募るなど、大型の案件が相次いだ。各国の出資額をフォローすると、残念ながら日本のフィンテック企業に向けての出資額の少なさが浮き彫りになってくる。

（2） フィンテック分野が台頭した背景

そもそも、欧米でフィンテック分野が台頭するカギを握ったのは、ディスラプション（Disruption＝既存のもの・仕組みを破壊する）という新たなトレンドが後押ししたことであろう。欧米では、たとえば低所得者層・中小企業等の一部の消費者は金融サービスへのアクセスを制限されていた。これに加え、不透明な手数料体系や高手数料の金融サービスを提供している金融機関等が存在しており、煩雑な手続きやカスタマイズされていないマス向けサービスしか提供されていないことで、既存の金融サービスに対する不満がユーザー側に根づいていたという土壌があった。こういった既存の金融機関のサービスや仕組みをディスラプトしていったのが、新興サービスを提供していったフィンテック企業なのである。

このディスラプションを加速させたのが、ミレニアル世代と言われる 1980 年代から 2000 年生まれの、現在 20 代、30 代の層だった。いわゆる「スマホ世代」とも形容されるデジタル化の世代は窓口に並ぶことを嫌い、対面でのサービスを求めず、なるべく手数料を安くすることを望む、まさにテクノロジーを駆使しながら使い勝手のよいサービスを提供するフィンテック企業と調和が取れていた。つまり、欧米でのフィンテック企業の台頭は旧態依然の金融機関がみずから招いてしまった「新たなビジネスチャンスの機会」と言える。

一方、アジアにおけるフィンテック企業の台頭は欧米とは大きく異なり、

---

[3] 日本でも知られるアリペイ（Alipay）を運営している。

ディスラプションを起こす対象となり得る既存の金融システムがそもそも確立されていなかったと言える。ではなぜ、欧米を大きく超える出資額を募るセクターになったのだろうか。

アジアの場合のキーワードはフィナンシャル・インクルージョン（Financial Inclusion＝金融サービスに人々を巻込む）である。アジアの、特に途上国では、地方に銀行支店やATMが非常に少ないこと、貧困のために口座開設自体が困難などの状況があり、そのためフィナンシャル・インクルージョンを促進する流れができあがった。具体的には、スマートフォン等のデバイスの急速な普及とそれを使いこなす若年人口の増加に政府等の支援が掛け合わさって、金融サービスの未浸透度の打破に向けて、フィンテックは急成長していったのである。

社会インフラが整っていない地域が多く存在するアジアでは、固定電話を備え付ける工事を進めるインフラ・コストを費やすよりもスマートフォンを配ったほうが安価なので、政府の方針としても、そちらに舵を切ることになる[4]。もちろんスマートフォンのヘビーユーザーである若年層がデバイスを一度手にすると、通話だけではなくインターネットに接続されることで、幅広いサービスにアクセスできる。国別のスマートフォンの普及率は日本の64％に対し、韓国92％、中国83％、台湾81％、マレーシア88％、ベトナム72％、香港83％、シンガポール91％であり[5]、スマートフォンの普及がフィンテック・サービスの普及に密接にかかわっていると言えよう。

アジアで特にフィンテックの普及を後押ししているのが各国政府の取組みにある。たとえばサンドボックス（Regulatory Sandbox）という制度をみてみよう。サンドボックスを直訳すると「砂場」であり、子どもたちが砂場で遊ぶように、政府があらかじめ特定の金融分野を選定した後、審査を通った企業やサービス、またそれを利用できるユーザーを限定することで、砂遊びをするかのごとく、緩和された環境の中で一種のトライアルが行われる。サンドボックスでの試験的な試みが成功すると、実際の金融法規制等を緩和

4） 先進国が一歩一歩積み上げてきた既存のインフラシステムを一足飛びに越え、最新の環境を直接取り込む戦略をフロッグリープ戦略という。
5） AUN Consulting, Inc. 2018年プレスリリースより。

し、実社会にも適用することになる。

　各国において規制が一番厳しい金融分野では、一気に緩和することが容易ではないため、このような試験的な取組みが行われている。アジアでサンドボックス制度を導入している国はシンガポール、マレーシア、タイ、香港、台湾、インド、バーレーン等であり、政府と民間が新たな潮流を巻き起こす姿勢がうかがえる。

　前項で、2015年にアジアのフィンテック企業に対して45億ドルの投資が行われたと述べた。その分野別状況では、決済分野（40％）と融資分野（24％）で約3分の2を占めている。決済とは主にスマートフォンを利用した決済（たとえばアリペイ、サムスンペイ、アップルペイ等）であり、アジア諸国では前述のように与信の観点からクレジットカードを気軽に作れる人々の数は欧米諸国に比べると圧倒的に少なく、店舗側としてもカード端末を設置する費用やカード代理店に支払う費用を負担する体力がないので、電子決済がクレジットカードに代わる代替手段として急速な成長を見せている。また、店舗側にとっても偽札を見分ける必要がない電子決済は、さらに普及を後押ししている。

　一方、融資分野に関しては、元来アジアでは金融機関の数も少なく、全国民に横断的に融資等を行うのが難しいので、必然的に貸し倒れのリスクを極力抑えるべく、自宅や自家用車等の担保性のある物を保有する人たちのみに融資を行っていたという背景がある。

　近年、アジア諸国では着実に平均収入が伸びており、「食べるのがやっと」という段階から、次のステップである「いかにして生活を豊かにするか」に移行している。ところが、担保になる物を保有しておらず、潤沢な貯蓄を蓄えるまでには至っていない層の人々は、たとえば冷蔵庫やクーラー等の白物家電を購入するのに法定上限金利で借りられる金融機関はなく、年率50％や100％のような違法金融業者から借り入れるしかなかった。このような事例を解決すべく、たとえばベトナムを中心に活躍するフィンテック企業は、従業員が働く企業側とタイアップし、従業員の同意を得て勤怠管理データを入手する。そこから勤続年数が長く、勤務実績が優秀な従業員は給与天引きにより分割払いで冷蔵庫等の白物家電を購入できるようなシステムが形成さ

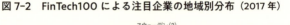

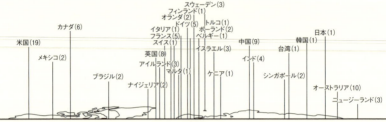

図 7-2　FinTech100 による注目企業の地域別分布（2017 年）

出所：FINTECH100, H2Ventures, KPMG に基づき、HiJoJo Partners 作成。

れた。しかも金利は 0％で提供されるのだ。

　一方、当該フィンテック企業は、メーカーから大量に一定の種類の冷蔵庫やクーラーを 15％程度のディスカウント価格で購入するので、金利を徴収しなくても利益を上げることができるのだ。また、企業にとっても、従業員が真面目に働き、退職するリスクも減るので、従業員・企業・フィンテック企業のすべてにメリットがあるビジネスモデルとなっている。

（3）　注目企業の地域別、セクター別分布

　KPMG 社と H2 ベンチャーズが毎年発表しているフィンテック 100 というランキングがあり、フィンテック業界を牽引する 50 社（Leading 50）と今後が期待される 50 社（Emerging 50）を資金調達合計額、資金調達のペース、地理・業種上の多様性、消費者および市場における牽引力、X-factor（製品、サービス、事業モデルのイノベーションの程度）を考慮してラング付けしている（図 7-2）。

第 7 章　フィンテックの国際資本市場への影響　　119

　2017年のフィンテック100では米国の19社を筆頭にオーストラリア10社、中国9社、英国8社等が選定されたが、一方で日本はわずか1社しかランクインされていない。アジアでランクインされている各社を図7-2の枠内に示したが、アジアのランクイン企業は毎年増加しており、2017年が最多数となった。特に中国の勢いが凄く、世界全体の中でもトップ3が中国のフィンテック企業となっている。1位のAnt Financialが決済分野、2位のZhongAnが保険、そして3位のQudianが融資分野でのトップだ。中国以外ではインドやシンガポールのフィンテック企業もランクインしており、日本のフィンテック企業は2017年に初めてランクインを果たすまで、ゼロだった。

　フィンテック100のうち、どのようなセクターが注目されているのか、どのぐらいの出資を受けているのかを見てみよう。

　出資額の順に並べると、一番多いのは融資分野（Lending）の32社、続いて決済分野（Payment）の21社で、この二つの分野で半分以上を占めている。日本でフィンテック分野と言えば、ビットコインをはじめとする暗号資産やそれにまつわるブロックチェーン技術、あるいはAIやビッグデータの利用が想像されるが、海外に目を向けると異なった分野が注目されていることに気づく。ちなみに、フィンテック100のランキング内でのブロックチェーン技術・暗号資産分野は4社、AIやビッグデータ等のデータアナリティクス分野は3社となっている。

　ただし、融資や決済分野で成功を収めている会社はデータの取得と活用を非常に重要視している。たとえば9位にランクインしたソーファイ（Social Finance Inc.）は、学費が高騰しており学資ローンの借用を余儀なくされている米国大学の学生（あるいは卒業生）をターゲットにした学資ローンの借換えを提供している。政府系金融機関等が標的とする広範囲な顧客層よりも、エリートであるミレニアル世代の若い労働者[6]を主な顧客層としている。

　すべての学生に一律同じ金利を提供した従来の金融機関等とは異なり、ソーファイは所属校、大学院課程、MBA、進路などの顧客の能力・職歴を

6）　ソーファイが「HENRY（High Earners Not Rich Yet）」＝高所得ながら、まだ富裕層ではない、と名づけた。

考慮して与信を行い、人工知能（AI）を利用しながら借換えローンを提供している。貸倒れリスクの低い、将来富裕層となり得る優秀な学生／卒業生に標的を絞ることで、競合よりもはるかに低い貸付金利を提供することを可能にしたのである。

その結果、一般的な学資ローンでは大体6〜8％の金利が標準的だったが、ソーファイは信用度の高い学生／卒業生を選び、4〜6％で融資する一方、1〜3％で資金を調達することで高い利益率を実現している。学資ローンの借換えから始めたビジネスモデルも、現在では住宅ローンや資産運用、預金ビジネスにまで幅を広げている。

世界のLeading50社中、上場している企業はわずか8社にとどまり、非上場企業が42社なので、ほとんどの企業がいまだ上場していない。また、Leading50社が2016年に資金調達した金額の合計は約48億ドルにものぼるが、創業以来から集めた出資は約270億ドル（約3兆円）なので、近年、大量の資金がこういったフィンテック企業に流入していることがわかる。

一方、今後が期待されるEmerging50社は2016年に約6億ドル（約650億円）の資金調達をしており、設立からは合算で約10億ドル（約1100億円）を調達している。つまりEmerging50社は、今までの会社設立から1100億円集めているうちの半分以上をたった2017年1年間だけで集めていることになる。Emerging50社が2017年に調達した合計額を1社あたりで割ると平均約13億円の調達にとどまるが、フィンテック企業全体としては活発に投資が行われていることは事実だ。

フィンテック100にランクインされている企業に投資している主な投資家にはベンチャーキャピタルと呼ばれるセコイア・キャピタル（Sequoia Capital）、インデックス・ベンチャーズ（Index Ventures）、ファウンダーズ・ファンド（Founders Fund）、Yコンビネーター（Y Combinator）などが挙げられる。セコイア・キャピタルは米国を代表するベンチャーキャピタルであり、Apple、Google、Cisco、LinkedIn、Oracle、PayPal等への投資実績でも知られ、現在は中国・インド・イスラエルにも拠点を持つ。ファウンダーズ・ファンドはペイパル（PayPal）をイーロン・マスク（後にテスラやSpaceX社を創業）とともに共同創業者として起業したピーター・ティール（Peter

Thiel）を経営陣の一人として運営しており、Facebook, Google, SpaceX 等の初期段階への投資を実現したことで知られている。Y コンビネーターはベンチャー企業の創業期から経営・マーケティング・ビジネスモデル等の構築から関与・コーチングを行うインキュベーターで、日本でも利用者が増えている民泊の Airbnb の創業期からの出資が代表的な例である。

また、主な投資家には戦略投資家（Strategic Investors）としても呼ばれるクレジットカードブランドのマスターカードやアメリカンエクスプレス等の事業会社、それにゴールドマンサックス等の投資銀行も挙げられる。

戦略投資家は投資先企業の時価総額・株価が上がることによる利益もさることながら、事業パートナーとしてのシナジーを見据えた観点からの投資も行っている。たとえば、クレジット会社にとって、決済分野のフィンテック企業が台頭することにより自社のクレジットカードの利用者数がそれに伴って減少することが予想されるので、ビジネスモデルの多様化を果たす意味ではフィンテック分野のベンチャー企業に出資することで「波に乗り遅れない」狙いもある。さらに、戦略投資家からすると、新たなアイデアを身近に観察するだけではなく、競合他社に先駆けて事業提携や状況によっては M&A や合併という選択肢も生まれてくる。

（4） 日本でのフィンテック業態を考える

欧米ではサービス提供者として既存金融機関から新興フィンテック企業へのシフトが進み、アジアでは既存金融機関が存在しないスペースへのフィンテック企業の必然的な台頭が顕著だが、日本でのフィンテック分野の出資額の少なさにはどういった背景があるのかを考えてみよう。

フィンテック事業に進出する企業のうち、金融をすでに行っている企業がある一方、元々は金融をやっていなかった企業もあり、また既存事業の枠組みの中で行おうとする企業もあれば、新規事業として立ち上げる企業もある。日本の場合は既存の銀行や証券会社、あるいは保険会社等の金融機関がフィンテック分野に進出しようとしているのに対し、米国では新たに起業したベンチャー企業はもとより、IT や通販を主たる事業としていた Apple や Amazon がフィンテック分野に進出している。Apple が新たな決済手法とし

てアップルペイを提供したり、Amazon が出店先の売上をもとに与信を判断して貸付を行うなどの新たな取組みが行われているのだ。その店がどれくらい売れるかがわかっていれば、いくら貸したらいくら回収できるだろうというのがわかるので、既存の金融機関には真似のできないビジネスモデルといえる。

　アジアの場合、日本の構図とは大きく異なり、ベンチャー企業を中心に今までなかった金融事業の分野を急速に開拓している。既存の金融機関が新たなビジネスを行う場合、本業との「共食い」にならないためにも、米国のようなディスラプション（＝破壊的行為）を行うのは大変困難になる。既存の役回りや職務をみずからなくしてしまうような行為をするのは容易ではなく、どうしても効率化やコストカットという近視眼的で短期的な目標に目が向いてしまう。逆に、日本ではある程度のインフラが整っているので、アジアのように何もないところからスタートするのも難しく、現状を破壊してまで行うほど必要・必然と思われるサービスが存在しないのも事実である。一方、日本では金融業態での規制は大変厳しく、ベンチャー企業が簡単にライセンスを取得できる環境ではない。

　ただし、日本のフィンテック分野のベンチャー企業に少しずつ訪れている変化として、投資額が増えていることが挙げられる。それもベンチャーキャピタルのような機関投資家だけではなく、事業会社からの出資も着実に増えているのだ。さらに、こういったベンチャー企業に対して既存の金融機関も業務提携やアクセラレーターとして支援を行っているので、着実にフィンテックの芽は出てきており、これらの新規事業を大事に育てていくことによって、消費者が今まで当たり前と思っていた所に光が当たるようになることもあるだろう。

　たとえば、投資分野では新たにソーシャル・トレーディングという業種が育っており、イスラエルのベンチャー企業がこの分野を牽引している。仕組みとしては、まず登録しているユーザーが自分の保有するポートフォリオ（株式、債券、FX、ビットコイン等の暗号資産等）をすべて公表する。当然、個々のユーザーの運用成績がランク付けされ、それを見た別のユーザーがポートフォリオを参考にして、特定のユーザーを選んで今後の売買をフォローする

（同一に行う）ことができる。これはコピートレーディングとも呼ばれるが、運用経験が浅かったり、運用に自信のない人たちが「勝ち馬」に乗るビジネスモデルと言えよう。フォローされているユーザーは運用成績がプラスになった時だけ成功報酬をもらうようになっているので、フォローする側もされる側も利益を出すという同じ目標に立つことができるのである。

　これは一例にすぎないが、日本で今までなかった発想、あるいは人々が気づかなかったサービスを実現できるベンチャー企業が成功することによって、新たなベンチャーを起業する波が訪れるので、「出る杭は打たれない」ような環境が整うことを切に願うばかりである。

2　毎年増加している米国に比べてなぜ日本ではユニコーン企業が育たないのか

（1）　国別、ステージ別ベンチャー投資の内訳

　前節ではベンチャー企業への投資で注目されるフィンテック業界を取り上げたが、本節では一歩引いた見方をして、特に米国と日本の資本市場のちがいにフォーカスしたいと思う。

　ベンチャー白書が毎年発表している非上場株式に対する投資額を国別に観察すると、米国は2011年に約3.6兆円だったのが、近年は急速に伸びており、2015年には7兆円を超えるまでに達している（表7-1）。欧州は毎年5000億円前後で推移しているが、中国も急成長を遂げており、2015年には2.5兆円に達した。一方、日本では毎年1000億円を超える程度で、米国の約50分の1ほどで低迷している。

　総金額で米国が多いのはさることながら、もう一つはベンチャー企業のステージ（成長段階）によって投資金額が大きく異なることである。投資ステージとは大きく四つに分類できる。それぞれシード、アーリー、エクスパンション（グロースとも呼ばれる）とレイトステージという。

　シードは創業期にあり、商業的事業がまだ完全に立ち上がっておらず、研究および製品開発を継続している企業を指す。通常、家族や友人あるいは限

表 7-1　年間未公開株投資額の国別比較（円換算）　　（金額：億円）

地域	2011年		2012年		2013年		2014年		2015年	
	件数	金額	件数	金額	件数	金額	件数	金額	件数	金額
米国	4,050	36,191	3,991	33,469	4,295	36,663	4,442	61,516	4,380	71,475
欧州	3,186	5,305	3,132	4,553	3,206	4,606	3,408	4,848	3,006	5,359
中国	1,505	15,927	1,071	8,924	1,148	7,779	1,917	20,137	3,445	25,084
日本	1,017	1,240	824	1,026	1,000	1,818	969	1,171	1,162	1,302

注：1）1ドル＝121.0円、1ユーロ＝134.3円、1人民元＝19.4円換算（各年の金額を2015年［暦年］平均為替レートで換算）。
　　2）欧州のデータは「件数」ではなく「社数」ベース。
　　3）日本は年度ベース（4月〜翌年3月）。
出所：ベンチャー白書2016を基にHiJoJoPartners作成。

　られたエンジェル投資家と言われる創業期に出資を行う投資家で構成されることが多いので、別名「エンジェル・ラウンド」とも呼ばれている。
　アーリーは製品開発および初期のマーケティング、製造および販売活動に向けた企業を指す。製品やサービスの道筋は見えているので、このラウンドからベンチャーキャピタル等のいわゆるプロの投資家が出資するケースが多く見られる。
　エクスパンション（グロース）では売上も計上することができており、さらにマーケティングを加速させて競合他社に対して追いつき・追い越すために、最初の二つのステージに比べると多くの資金を必要としており、大型のベンチャーキャピタルのみならず、戦略投資家も事業提携目的で出資することもあり得る。
　レイトステージでは持続的なキャッシュフローがあるだけではなく、黒字化している場合もあり、通常は世間一般にも十分認知されている上場手前のベンチャー企業になる。
　米国におけるステージ別の投資額の推移を図7-3に示そう。近年ではエクスパンションやレイトステージへの投資が急速に伸びており、一方で全体に占めるシード投資の金額はごくわずかにとどまっている。まだビジネスの方向性も見えておらず、競合他社とのシェア獲得争いも不透明で、人員の採用見通しも立っていないシードラウンドは圧倒的にハイリスク・ハイリターンなので、投資金額が少ないのもうなずける。

第 7 章　フィンテックの国際資本市場への影響　　125

図 7-3　米国ステージ別投資金額の推移

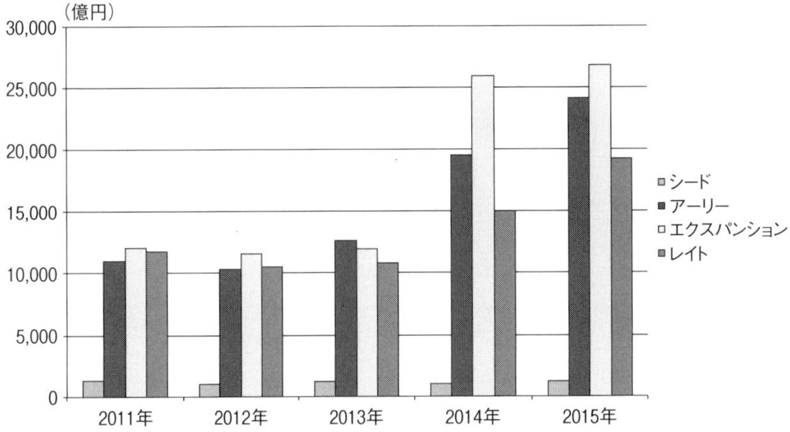

(億円)
シード／アーリー／エクスパンション／レイト

出所：ベンチャー白書 2016 を基に HiJoJo Partners 作成。

　2013 年から 15 年には投資金額が倍以上に増えているレイトステージではビジネスが確立されており、今後の見通しや IPO（initial public offering：株式公開）の準備を始めているベンチャー企業も多く、リスクが限定的な分、リターンも限定的ではあるが、ベンチャー投資に関しては相対的にリスクが一番低いと考えられる。特に米国ではユニコーン企業と言われる時価総額 1000 億円以上のベンチャー企業が 100 社以上も存在しており、投資対象が多いこと自体が投資を誘発させている要因とも言える。米国の投資家は先がまったく見えない会社への投資を好むか、Airbnb のように業界一のプレゼンスを誇り、すでに黒字化しているベンチャー企業を好むかは、図 7-3 を見れば明らかであろう。

　日本のベンチャー企業に対する投資に関しては同一のデータは取られていないが、ベンチャー白書 2016 において、約 300 社のベンチャー企業経営者に自社がどのステージにいるかという質問をしたところ、半数以上の 55％がシード・アーリーと回答しており、レイトステージは 5％にも及ばなかった。

　レイトステージに位置するベンチャー企業が極端に少ないのにはいくつかの理由がある。日本のベンチャーキャピタルの多くは案件ごとの出資額が 5000 万円～2 億円程度なのに、米国のように投資家層が厚くないため、大型

の資金調達を行う場合は証券取引所に上場する選択を行うベンチャー企業が多いのである。また、戦略投資家からの出資を募る場合は、デューデリジェンスに時間がかかることが多く、かなり早い段階から情報のやり取りを行っていないと、ベンチャー企業自体の資金が底をつくリスクに晒される。ただし、近年は戦略投資家側も出資へのスピードを上げるために、自社においてベンチャーキャピタル（別名CVC＝コーポレートベンチャーキャピタル）を立ち上げており、今後CVCによる活発な投資に期待したいところである。

　日本でレイトステージのベンチャー企業といえば、LINEやメルカリが上場する1～2年前時点となるが、残念ながら一般の投資家はこのステージに投資する仕組みが日本にはなく、上場するまで待たなければならなかった。逆に、最もハイリスク・ハイリターンのシード投資はクラウドファンディングを運営しているサイト経由であれば行えた。後ほど詳述するが、米国にはクラウドファンディング経由の投資もあれば、レイトステージにも機関投資家のみならず、一般投資家も投資できる仕組みが存在しており、それがユニコーン企業の誕生を後押ししていると言える。日本でも米国のようにレイトステージへの投資が可能になれば、IPO時の公募価格から連日のストップ高のような現象は減ると考えられ、レイトステージ時に値段を一度調節することによって需要と供給のギャップをうまく吸収できるのではないだろうか。

　日本では多くのベンチャー企業がレイトステージでの出資を見込めるケースが少ないため、IPOを通して資金調達する選択肢を採用している。2017年1月から18年5月の間に東証マザーズに上場した企業66社のうち、新株発行や既存株式を売却することによる平均調達額は8億円、さらに調達総額が10億円を下回った企業が50社あった。米国では8億円は通常アーリーステージで調達できる金額である。エクスパンション（グロース）ステージでは会社によっては20億円から50億円程度の調達が行われ、レイトステージになれば100億円から数千億円規模を調達するケースが多く見られる。上場することで、資金調達を行うのはもちろん、知名度アップによる人員採用が容易になったり、金融機関からの融資を受けやすくなるのだが、逆に売上や利益が十分計上されていないケースやビジネスモデルが固まっていない時点での早期上場を果たすことによる弊害もある。

上場に伴うコストは見過ごせない。上場を果たすには主幹事証券会社に支払うフィーのほか、上場審査手数料や目論見書の作成、会計監査や監査法人に支払うフィーといった、場合によっては1億円以上と言われる上場費用はもちろん、ガバナンス・コンプライアンス強化や対外投資家向けのIR（Investor Relations）人員の採用を行わなければならないなど、継続的なコストも増加する。先ほどのマザーズ上場銘柄66社のうち、上場時の当期利益が1億円以下の企業は半数以上の34社あり、平均の利益も1.2億円となるので、上場時とそれから永続的に発生するコストを賄うためには苦しい経営の道が上場後に待っている。ただし、会社の規模が少しずつ大きくなっており、現実的にはIPOの選択肢しか残っていないベンチャー企業にとっては致し方ない。米国のようにIPO前にまとまった金額を調達できるようになれば、足腰をしっかり固めて、機が熟した時にIPOをするという選択肢も増えるだろう。

（2） 米国におけるベンチャー企業IPO時のリターン

米国のベンチャー企業が①創業時点からIPO時点での時価総額の伸び率と②IPO後から現在までの伸び率には、大きなトレンドの変化が現れている。1990年代から2000年代前半までは上場後に企業価値が大幅に上昇したが、昨今では非上場の間に企業価値が大幅に上昇し、上場後のリターンは限定的となっている。図7-4を見てみよう。薄いほうがプライベート・マルチプル（Private Multiple）と呼び、最初に資金調達を行った時点の時価総額からIPO時点の時価総額が何倍になったかを示している。濃いほうをパブリック・マルチプル（Public Multiple）と呼び、上場時点の時価総額から2017年までに何倍になったかを示している。たとえば1997年に上場を果たしたAmazonはアーリーステージで資金調達を行った時から上場した時までに企業価値は約10倍にしかならなかったが、上場した後はご存知のとおり大企業になっており、現在では約1000倍になっている。

以前は米国でも現在の日本のように小さい会社規模のまま上場して、その後伸びるパターンが多かったが、2004年のGoogleあたりからはトレンドが反転し、FacebookやAlibabaのように上場するまでに時価総額が1万倍近

図 7-4　米国ベンチャー企業の上場時のリターン

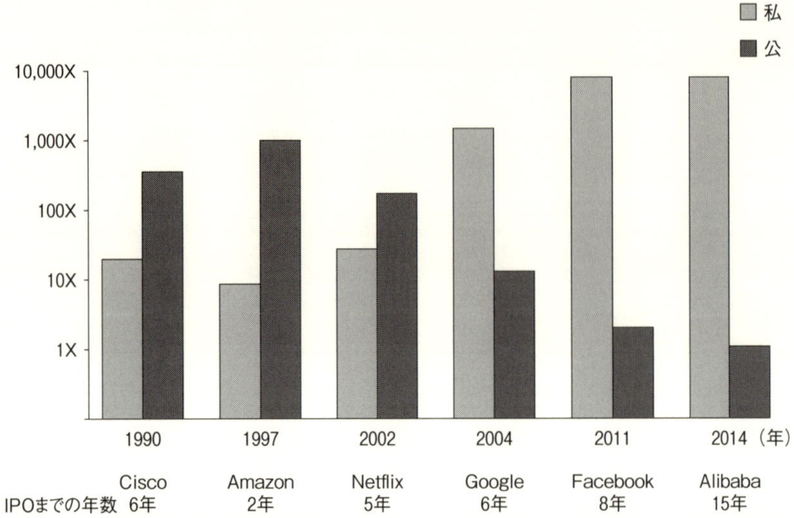
私
公
10,000X
1,000X
100X
10X
1X
1990
1997
2002
2004
2011
2014（年）
Cisco
Amazon
Netflix
Google
Facebook
Alibaba
IPOまでの年数 6年
2年
5年
6年
8年
15年

出所：Equidate を基に HiJoJo Partners 作成。

くになるが、上場時点での時価総額が巨大になっているため（上場時点で10兆円や15兆円等）、上場後の時価総額の伸びは数倍程度にとどまっている。

ベンチャー企業の創業者も、上場することにより四半期ごとの決算準備を慌ただしく行い、証券会社のアナリストや投資家の厳しい目から経営面の批判をされるよりも、非上場のままのほうが機動的で、かつ経営に集中でき、会社を大きくする最善の選択と考えている。米国でも1990年代まではその選択肢では資金調達が行えなかったので、上場するしかなかったのが、現在はエクスパンションやレイトステージの投資家が増えたことにより、上場時期を熟考できるようになった。一方、世界の名だたる機関投資家であるFidelity, Wellington, Baillie Gifford 等は以前までは上場株式しか取引しなかったのが、上場後のみの投資に限定してしまうと満足したパフォーマンスが上げられなくなってきたので、昨今ではエクスパンションやレイトステージにも積極的に投資をするようになった。

それではこういったレイトステージに投資することによって、どれぐらいのリターンを上げているのか。2016年1月から18年4月9日時点で、①米

第7章 フィンテックの国際資本市場への影響　129

国市場で上場を果たした米国籍以外も含む企業、②上場時点の時価総額が500百万ドル以上、③上場前に株式による資金調達を行っている企業、は71社存在した。その71社のうち、上場前後の時価総額（発行済株式数は一定）を比較して、上がった企業は77.5%（55社）、下がった企業は22.5%（16社）なので、レイトステージで投資してもかなりの高確率でリターンが上昇していると言える。時価総額の上昇率にも目を見張るものがあり、上昇している企業の上昇率は平均で545%（時価総額による加重平均でも89.5%）、下落している企業の下落率はマイナス20.3%（加重平均だとマイナス19.3%）といった具合に、かなり潤沢なリターンを投資家にもたらしている。こういった高パフォーマンスがより投資家の目をレイトステージ投資に振り向けている。

（3）　米国で成熟しているレイトステージ市場

　米国では、どのようにしてレイトステージ投資への投資機会がもたらされているのだろうか。

　エクスパンションやレイトステージで資金調達が容易になったベンチャー企業は、拙速に上場をしなくてもよくなった半面、シードやアーリーからじっと我慢して待っている投資家や創業メンバー、従業員たちにとっては上場して投資利益を実現する機会が遠のいているという現実もある。米国のベンチャー企業が創業から上場するまでの平均期間は、2010年時点では約8年だったのが、17年時点の平均は10.7年に伸びている。もちろん、そのようなベンチャー企業の多くは順調に時価総額が上昇しているので、計算上の簿価が上昇したとしても実現益としてキャッシュ化できないため、眠ったお金になってしまうのだが。

　アーリーステージに投資するベンチャーキャピタルは通常の投資と運用期間を合わせて10年が最も一般的なので、たとえばファンド設立から4年が経過した時点で創業間もないベンチャー企業に出資して、そのベンチャー企業がファンドの償還期限までに上場、あるいはM&Aをしない場合、運営するファンドの投資家に投資金額を返還できない。あるいは、創業メンバーが給与やボーナスを抑えながら経営を行う中で、創業から時間も経ち、家族

が増えて子供も大きくなり学費を捻出しなければならないなどの金銭的な負担が増した場合には、時期尚早であってもキャッシュを得るために上場をするケースも、以前はあった。

そういった課題を解決し、レイトステージに投資機会を提供することに役立っているのが「セカンダリー」という、株式を新たに発行することなく既存株主の持分を相対で売買する手法である。日本では非上場株を証券会社が積極的に勧誘するのは禁止されているが、米国だと非上場株を専門的に扱う証券会社が存在していたり、また Single Name SPV（1銘柄ファンド）を組成して、直接株式を売買させるのではなく、ベンチャー企業1社のみに対して多くの投資家がファンド形態で出資する手法が実践されている。

ただし、日本でも同様だが、米国の非上場企業の多くは譲渡制限を課しているので、いくら既存株主が売りたがっていても、当該ベンチャー企業あるいは譲渡制限の権利を有する大株主が同意しない限り、株式を購入できない。さらに、レイトステージで実績のある会社とはいえ、上場株式よりもリスクが高い商品とみなされているため、富裕層（米国では accredited investor）でないと購入できない仕組みも多い。

米国では代表的なユニコーン企業であるライドシェアの Uber や民泊の Airbnb 等、通常の投資家ではアクセスできない銘柄であっても、上記のようなスキームを使って、多くの人々が投資を行っている。筆者が所属する HiJoJo Partners[7] が行った推計によると、こういったセカンダリーでの取引は 2016 年には約 3000 億円、2017 年には 1 兆円近くが売買されているので、日本のあらゆるステージの非上場株投資の総額が 1000 億円強なことを考えると、かなり多くの取引が行われているのである。

こういったセカンダリーでの取引の始まりと言われているのは、セカンド・マーケット（Second Market）という 2004 年に創業したベンチャー企業で、Facebook が上場する約1年前に従業員の持株をセカンド・マーケットで売

---

7) 社の名 HiJoJo Partners（ヒジョージョーパートナーズ）の由来は「非上場」であり、非上場企業を応援し、成熟した段階で上場してもらうことを会社のポリシーに掲げている。投資金額の確保やレイトステージ企業へ投資できる仕組みの構築等を目指して、米国のように日本でも数多くのユニコーン企業の輩出に貢献することを目指している。

り出したところ、時価総額に換算すると数兆円という高値がついたことで一躍話題になった。2014年には米国の取引所ナスダック（Nasdaq）がセカンド・マーケットを買収し、現在ではナスダック取引所の傘下としてナスダック・プライベート・マーケッツ（Nasdaq Private Markets）として運営されている。2017年の非上場株式の取引金額は約32億ドル（約3500億円）にものぼり、前年の約3倍の取引が行われており、売り手の73％はベンチャー企業の創業者・従業員となっている。

（4）日本でユニコーン企業が生まれにくい環境

米国においては時価総額が1000億円を超える非上場企業が毎年増加しており、5年前に比べると4倍に増えて、約130社になる。一方、日本でのユニコーン企業数は片手で数えるぐらいしか存在しない。一番大きな要因として考えられるのは、ユニコーン企業になるためには当然1000億円以上の企業価値が付かないといけないのだが、通常出資を募る時に新株を10〜25％発行するとなると、最低でも100億円から250億円の出資を募らなければならないところ、日本ではそれほど大型の投資を行えるプレーヤーが見当たらないのである。もちろんユニコーン企業が次々と誕生すると出資に興味を示す投資家が現れることも想定できるが、現状では鶏が先か卵が先かの議論になってしまう。逆に、日本では卵から正常なひな鳥として孵化する前に生まれてしまうかのごとく、かなり早い段階で上場する企業が多数見られ、「上場ゴール」とも呼ばれるが、上場した後に伸び悩むベンチャー起業が後を絶たない。

ユニコーン企業に育つためにはベンチャー企業予備軍が多くないと、そこまでたどり着くことができないので、日本でクラウドファンディングの法整備が行われたことによりシードラウンドの企業にリスクマネーが供給されるようになったのは大変喜ばしいことである。ただし、現行の法整備上では1社あたり年間の調達上限が1億円と決められているので、エクスパンションやレイトステージに活かせる仕組みではない。投資家にとってシード・アーリーは最もハイリスク・ハイリターンなステージであり、平均的な日本のベンチャー企業の上場時の時価総額は大きくないので、リスクが高い割にはリ

ターンが限定的になってしまう。

　米国においてレイトステージのベンチャー企業に投資をしたい場合には、1銘柄ファンド（Single Name SPV）の手法を金融機関が用いることなどにより、ベンチャー企業が課す譲渡制限を解除する交渉や、数百ページに及ぶ契約書類の精査も金融業者が行ってくれるので、投資家からすると安心して投資することができる。一方、シードステージから投資しているエンジェル投資家やアーリーステージから投資しているベンチャーキャピタルは、レイトステージになった時点で株式持分の一部を売却することによって、利益を実現できるだけではなく、新たな投資を行えるので、リスクマネーの健全な循環を起こすことができる。

　また、シードステージからレイトステージに進むにつれ、資金調達を行うベンチャー企業の時価総額は投資ラウンドごとに上昇しており、2009年には時価総額が下がったラウンドが全体の資金調達の7%だったのに対し、18年時点では2.8%に減少しているので、投資家も安心して最新の投資ラウンドに参加できる。米国では一定の投資リスクが減少していくエクスパンションやレイトステージへの投資にフィンテック企業も活躍の場を見出しており、前出のセカンド・マーケットのようにネット経由でこのような段階の企業に投資機会を提供しているフィンテック業者もある。

　日本では創業者や創業メンバーが保有する株式を売却するのは自分の会社への裏切り行為と捉えられる風習があり、ベンチャーキャピタル等のプロ投資家が出資する場合には、経営者が自己の保有する株式を売却できないような制限をかける場合もある。一方、米国では経営者の金銭的不安や家族を養わなければならないというプレッシャーから解放するために、シリコンバレーでは3〜5億円分を目安に株式をセカンダリー等で売却することを推奨するだけではなく、買い手を見つけてきてくれるパターンもあるという。この場合のベンチャーキャピタルの狙いは、経営者の「保有株式を早く現金化するために上場する」という考えを抑制し、ユニコーン企業を目指して会社を大きくするために尽力させることである。なぜ3〜5億円程度かというと、そのお金でマイホームを購入し、子供の大学までの学費をキープでき、メイドやヘルパーを雇うことにより妻の負担を軽減するのにちょうどよい金額だ

からであろう。たとえば20億円をキャッシュ化してしまうと、無用な浪費をしてしまうだけではなく、会社を大きくするインセンティブがなくなってしまうからだ。

CHAPTER 8

第8章

暗号資産がもたらすアーキテクチャと法制

増島 雅和

　サイバー空間において、プログラムコード（以下、単に「コード」というときは、プログラムコードを指すものとする）により構成されるアーキテクチャ（後述）が、法律や契約を迂回して、人々を規律づける場面がますます増えてきている。このような現象は、現在、主としてオンライン上のプラットフォーム（デジタルプラットフォーム）について論じられており、また、大量のデータ処理をもとにした機械学習や深層学習を通じてデジタルプラットフォーム上でのトランザクション成立を促進する手法が浸透するにつれて、トランザクション処理の命令様式であるコードが取引に対して果たす役割は高まる一方である。そこで、わが国でもデジタルプラットフォームの運営者に対する規律づけを通じて、デジタルプラットフォームにかかわる取引の透明性・公正性を高めるための施策が講じられつつある。

　本章では、コードによるアーキテクチャが法律や契約を迂回して人々を規律づける現象が、デジタルプラットフォーマーを必要としないブロックチェーン技術ないし分散台帳技術[1]を通じて、取引社会に浸潤しつつあることについて、今後、その影響が大きくなると思われる暗号資産（crypto assets）に着目して説明する。

---

1) ブロックチェーン技術という用語と分散台帳技術という用語が指し示す技術の射程は、人々の語りの中で微妙に異なるようであるが、本稿との関係では分散台帳技術という用語で統一して記述する。

1 サイバー空間における規律

　サイバー空間における規律を検討するにあたっては、コードにより構成されるアプリケーションのアーキテクチャという概念について理解する必要がある。
　法学の世界において、「アーキテクチャ」という用語について確立した定義があるわけではない。さしあたり、同分野を研究する九州大学の成原慧准教授が提唱する「何らかの主体の行為を制約し、または可能にする物理的・技術的構造」という定義を念頭に議論を進めたい。
　これまでわれわれが普段暮らしてきたフィジカル空間における「アーキテクチャ」である建築物は、人々の行動を制約する物理的構造として機能する。たとえば飛行場は、人々が不法に出入国したり禁制品を輸出入したりできないように設計されている。建築物によって規制に代替させる方法は、しばしば政治的にも用いられるといわれる。たとえば、隣接する富裕層地域と貧困層地域の間に大きな高速道路を縦断させることによって、政治家は法律の制定によることなく両地域の人的交流を制限し、格差を固定するといった挙に出ることができる。
　それでは、今後われわれがフィジカル空間と一体的に運用することにより経済的な価値を引き出すことになるサイバー空間ではどうであろうか。そこは複数のレイヤーにより構成されており、利用者はそのうち主にアプリケーションレイヤーに接続して、さまざまな事業者が提供するサービスの恩恵にあずかることになる。アプリケーションを通じてサービスを提供するそれぞれの事業者は、コードを書き、これを展開することでサービスを具現化する。
　サイバー空間上のサービスはコードにより実装され、コードに従ってのみデジタルに提供されるため、利用者は、コードにより規定された内容を乗り越えた行動を、そもそもとることができない。たとえばCtoCのオークションサービスにおいて、出品に特殊な条件をつけたいと思っても、出品に際して操作するダッシュボードがそのような特殊な条件の記載を許す仕組みになっていなければ、たとえそのような条件を付すことを禁じる旨の規約と

なっていなくても、出品者はそのサービス上で、そのような条件がついた出品をすることができないことになる。

このように、サイバー空間上では、サービスプロバイダは、規約ではなくコードを通じて、「あらかじめ定めた以外の方法を取ることができない」というかたちで利用者に規律を押しつけることができる。フィジカル空間における物理的な構造による制約に対応するアーキテクチャルな制約を、サイバー空間ではコードによって、フィジカル空間よりも低コストかつ柔軟、そして大幅な裁量をもって課すことができるというのがここでのポイントである。

現在、特にデジタルプラットフォーマーによって課されるアーキテクチャルな私的規制は、利用者が直接認知できないコードによって実装される点で不透明であり、消費者保護の観点からの対応の必要性とともに、プラットフォーム上で利用者に情報やサービスを提供する中小規模事業者に対する不公正な取引慣行の温床となっているのではないかという問題提起が盛んになされている。データを価値の源泉とするレイヤー構造を採用するサイバー空間において、デジタルプラットフォーマーは不可欠の存在である半面、今後、高性能なハードウェアと人工知能によってデータ処理能力を飛躍的に高めることになるデジタルプラットフォーマーによるアーキテクチャルな私的規制は、法令を用いた国家による規律づけを超える、強力な規制として機能し得ることに、国家権力自身がようやく気づいたという段階にある。

本章では、人工知能により能力を飛躍的に高めたデジタルプラットフォームにおけるのと同様の構造を持った事象が、ブロックチェーン技術において、デジタルネイティブなアセット（これまで見られた、デジタル以外の姿で存在するものをコンピュータで取扱うことで「電子化」するという類のものではなく、そもそも電子的にしか存在しないアセットクラス）としての暗号資産の普及を通じて起きつつあるのではないか、という問題意識に基づくものである。暗号資産の実装に用いられる分散台帳技術は、現在のデジタルプラットフォームとこれに対して現状構想されている一連の規制が想定している運営者を必ずしも必要としない点で、デジタルプラットフォーマーに対するのと同様の規制アプローチを採用することができない可能性がある。ここでの

問題意識の射程には、プラットフォーマーのような取引仲介者が存在しないアーキテクチャを採用し得る暗号資産の取引に対して、制度がどのように規律を導入することができるかという点が含まれている。

2　暗号資産とは何か

(1)　国際金融の文脈における理解

フィンテックの発祥の地であり、米国に次いでブロックチェーン関連のスタートアップ企業が拠点を構えている英国が公表したレポート[2]によると、暗号資産とは、一言でいえば「ブロックチェーン分散台帳技術を財産的価値の表示に応用したもの」をいう。機能的な観点から敷衍すると、「分散台帳技術を用いて暗号的に統一性が確保された財産的価値や契約上の権利の電子的表示で、電子的に移転、保存、取引が可能なもの」を包括的に指す呼称として用いられている。

国際金融監督の文脈では、金融安定委員会（Financial Stability Board：FSB）が、G20諸国に対する報告書において、crypto-assetsを「私的資産の一種であって、その認知された又は本源的な価値の一端が主として暗号技術と分散台帳等技術に依存するもの」と定義している[3]。

FSBが主としてマクロプルーデンシャルな観点から暗号資産の国際金融に対する影響を検証・モニタリングしているのに対し、金融活動作業部会（Financial Action Task Force：FATF）は、マネー・ローンダリングやテロ資金供与防止の観点から、かねてよりvirtual currencyの展開に着目している。FATFは、2015年に発出したガイダンス（Guidance for a Risk-Based Approach to Virtual Currencies[4]）において、virtual currencyを「交換媒体、計算単位、価値保存の機能を持つ電子的に取引される価値のデジタ

---

2) https://www.gov.uk/government/publications/cryptoassets-taskforce
3) http://www.fsb.org/wp-content/uploads/P101018.pdf Annex2-Glossary 参照。
4) http://www.fatf-gafi.org/publications/fatfgeneral/documents/guidance-rba-virtual-currencies.html

第 8 章　暗号資産がもたらすアーキテクチャと法制　　139

ル表示であって、法定通貨ではないもの」と定義し、各国はリスクベース・アプローチにより仮想通貨をマネロン・テロ資金供与防止規制の枠組みに取り込むべきであるという方向性を示していた。ちなみに、日本における資金決済に関する法律（以下、「資金決済法」）における「仮想通貨」の用語は、このガイダンスにおける virtual currency を邦訳したものであり、その定義は、同ガイダンスにおける virtual currency の定義を日本の法制に落とし込んだものとされている。

　FATF は、その後の仮想通貨関連ビジネスの進展、特に資金調達を目的としたトークン販売という新しいデジタルトークンの利用形態の出現を踏まえて、2018 年 10 月、FATF 勧告を改訂した。改訂版の FATF 勧告では、2015 年のガイダンスで用いていた virtual currency の用語を「virtual assets」に呼称変更し、「電子的に取引又は移転され、支払又は投資目的で用いられる価値のデジタル表示であって、法定通貨、有価証券又はその他 FATF 勧告において金融資産としてカバーされていないもの」と再定義している。

（2）　日本における理解

　わが国において、金融庁が事務局を務める仮想通貨交換業等に関する研究会（以下、「研究会」）は、2018 年 12 月、今後の仮想通貨関連ビジネスの包括的な規制に関する報告書（以下「報告書」）を公表した。報告書では、国際的な趨勢に鑑み、「仮想通貨」を「暗号資産」と呼び替える旨の提案がなされている。しかし、FATF における上記の経緯や FSB における crypto-assets の定義から明らかなとおり、国際金融監督の文脈における crypto-assets の用語の使用は、単に 2015 年当時に FATF が定めた virtual currency の言い換えではなく、分散台帳技術を用いたデジタルトークンの応用範囲の拡大を受けて、議論のスコープを拡大ないし、より一般化したものである[5]。

---

5)　FATF が新たにつくり上げた virtual assets（仮想資産）の理解に近いが、法定通貨に価値が連動するステーブルトークンの射程によっては、日本における暗号資産の理解は、これとも異なる分類をしていると考える余地がある。

以下、本章における「暗号資産」の用語は、資金決済法における仮想通貨を呼称変更したにすぎない「暗号資産」ではなく、国際金融監督の文脈におけるcrypto-assets ないし virtual assets という用語によって国際金融規制コミュニティが捉えようとしているアセットを念頭に置くこととする。

3 金融サービスにおける分散台帳技術のインパクト

暗号資産がもたらす可能性があるコードにより構築されたアーキテクチャによる既存法規制への浸食の様相を理解するためには、すでに規制の対象となっている金融プロダクトと分散台帳技術との関係を整理しておく必要がある。そのためには、まず金融サービスの文脈で、分散台帳技術にどのような可能性があると評価されているかを理解しておく必要がある。

結論を先取りして概要のみ説明すると、分散台帳技術は帳簿の実装技術の一つにすぎないものの、リレーショナルデータベースに代表される従来型の中央管理者による帳簿の一元管理というアーキテクチャとは異なるアーキテクチャによって、統一性が確保された帳簿管理を可能とする技術であり、そのアーキテクチャのちがいにより、従来型のデータベースにはない価値を金融取引に提供するものと考えられている。

以下、内容を敷衍して説明する。

(1) 分散台帳技術の意義

分散台帳技術にはさまざまなタイプのものがあり、何をもって分散台帳技術と言うのかについて国際的に合意された定義は存在しない。しかし、国際金融の文脈では、分散台帳技術は以下の四つの機能的な特性を組み合わせたものであると捉えられている。

① データ分散：多くの参加者が同じ台帳を共有し、データにアクセスすることができる。
② 非中央集権：台帳の更新は、合意されたプロセスとルールによって、多くの参加者によって行われる。

③ **暗号技術**：参加者の認証、記録データの確認、コンセンサスの獲得は暗号技術を用いて行われる。
④ **プログラマビリティ**：コーディングされたコンピュータプログラムによって契約条件が自動執行される。

さらに、分散台帳技術は、その実装にあたり、誰もが帳簿更新のコンセンサス形成に参加することができるもののコンセンサス形成にコストがかかるpermissionless方式と、ネットワーク全体としてのコスト効率を改善するために帳簿更新に参加することができる参加者を限定するpermissioned方式があり、その設計思想によって「誰がどのようなデータにアクセスできるか」「誰が台帳の更新に関与することができるか」にさまざまなバリエーションが存在する。

（2）　分散台帳技術のインパクト

分散台帳技術が上記の四つの機能的特徴を備えていることを念頭に、国際金融規制コミュニティでは、分散台帳技術が金融サービスにどのようなインパクトをもたらすのかについてさまざまな研究がなされてきた。その結果、分散台帳技術は金融事業者と利用者にとって、以下の点で便益をもたらす可能性があるとの結論に至っている。

① **システムの強靭性**

多数の参加者が帳簿を共有することによって、特定の参加者が事故によってデータを喪失したとしても、帳簿システムを問題なく運用することができる。また、システムの攻撃者は多数の参加者を攻撃しない限り帳簿システムをダウンさせることができないことから、高いサイバー耐性を持つことができる。要するに、分散台帳技術の利用により、中央管理者が存在するシステムの脆弱性である単一障害点をなくすことによって、システムの強靭性が高まるという便益がもたらされる。

当然のことだが、金融は障害によるシステムダウンが特に許されない分野であるため、これまで金融事業者はシステムの強靭性を高めるために、莫大なコストをかけてきた。分散台帳技術は、こうしたコストを大きく減

らしていく可能性があると目されている。

② **効率的な決済プロセス**

多数の参加者が元帳に直接アクセスすることができることによって、これまで決済システムにとって不可避であった面倒な突合(とつごう)プロセスを不要とする便益が認められる。

言うまでもなく、金融におけるサービスの本質は、あらかじめ定められたルールに従った正確なオペレーションにある。事業者ごとに異なる帳簿を持つことを前提とした決済システムは、それぞれの事業者の帳簿間の整合性を保つための突合プロセスが不可避だが、これにはたいへんなコストがかかる上に、オペレーショナルなミスを誘発する構造といえる。単一帳簿にすることによって、こうした問題点が解消されることは、金融サービスにとって非常に大きな便益といえる。

③ **効率的な報告、監査、モニタリング**

多数の参加者が共通の帳簿にアクセスすることができる分散台帳モデルは、金融機関内部、または複数の金融機関の間、金融機関と顧客の間、さらには金融機関と規制当局との間の情報非対称性を低減させる。異なる状況にあるプレイヤーが共通の帳簿にリアルタイムにアクセスできることによって、一方から他方へのマニュアルな報告体制を取る必要性を減らすことができる。状況を知る必要がある者はみずから帳簿にアクセスして確認すれば足りるためである。

この特徴による便益は、一つには金融プロダクトを分散台帳技術によって実装したときに顕著に現れる。一例として分散台帳技術を用いて組合型ファンドを運営した場合のことを考えると、投資者は運用者のアクティビティをリアルタイムで確認することができるという実装を採用することができることになる。透明性の向上により、たとえば四半期に一度、運用者が投資者にファンドの運用報告をしなければならない、というルールが果たして合理的なのか、という問題提起が有効なものとなり得る。

二つめは、金融機関と規制当局者の間の情報の非対称性の解消に関係する。規制当局が帳簿に直接アクセスすることができるのであれば、わざわざ金融機関に対してレポーティングを求める必要はない。また、規制当局

が適切な分析ツールを用いることで、金融システムに悪影響を及ぼすマクロプルーデンシャルな問題の発生の契機をより早期に発見することができるようになるので、金融システムの安定性を高めることも期待することができる。

④ 取引の自動執行

分散台帳技術のプログラマビリティという特性は、さまざまな金融取引に自動執行性を持たせることができる。典型的には、分散台帳により表示された特定の資産をロックしておき、特定の条件を満たしたときに自動的にその資産を相手方に引き渡すというものがあり得る。「特定の条件を満たした」という入力は分散台帳システムの外部からのものでもよいため（オラクルなどと呼ばれる）、この特性を用いるとさまざまな契約をシステム上で自動執行することができる。巷間で「スマートコントラクト」と呼ばれるのは、このような分散台帳システムの技術特性を用いたものである。

通常の契約は、当事者がどのような内容で合意するかということと、相手方が合意に従った契約履行をするかというのは別問題と考えられており、契約当事者は国家権力、より具体的には司法権が契約の履行を最終的に強制することができるという信頼を基礎に、相手方により合意内容が遵守されると期待して契約関係に入る。すなわち、相手方の契約履行の不確実性のリスクを取ることなくして契約という仕組みは成り立たないと考えられてきた。分散台帳技術による取引の自動執行という機能的特性は、相手方の契約履行の不確実性に伴う諸コストを軽減することができる点で、価値移転を伴う金融取引において、大きな利便性であると考えられている。

⑤ 伝統的なアセットのデジタルトークン化

分散台帳技術とは、基本的に統一的な帳簿マネジメントのための技術であるため、これまで中央集権的なデータベースで管理していたさまざまな資産を分散台帳技術で管理することができる。

分散台帳技術は各参加者の帳簿残高を共有することができる技術特性を持っており、帳簿の更新は非中央集権的に特定のコンセンサスアルゴリズムによって、しかもプログラムに従って自動で行うことができる。したがって、帳簿残高の記録が、それぞれの参加者が所有している特定の資産の量

を示すものであることを、法的にまたは技術構造的に確保することができれば、帳簿残高の記録の更新をもって、「その資産の所有者が移転した」ものとして取り扱うことができることになる。

こうした特徴は、あたかも資産がデジタル化したものであるかのように一般には感じられるため、これをもって資産のトークン化（asset tokenization）と呼ぶことがある。

分散台帳技術のもとで資産がトークン化すると、資産取引について、上記の①から④に掲げる分散台帳の技術的特性の恩恵を受けることができることになる。特に、自動執行性が確保されると、資産取引がきわめて効率化することになり、その便益は大きい。

4 伝統的なアセットの「トークン化」

3節で示した分散台帳技術が金融サービスにもたらすインパクトのうち、本章のテーマに深く関連するのは⑤に説明したアセットのトークン化に関するものである。本節で検討されている暗号資産が、国際金融規制の文脈において、法定通貨や金融商品など既存の金融法制において金融資産としてカバーされていないものを対象とするものとしていることとの関係で、伝統的なアセットのトークン化と呼ばれるものと暗号資産の関係について整理しておく必要があると思われる。

先に示唆したとおり、伝統的なアセットのトークン化の実相は、伝統的なアセットの権利帰属先の管理帳簿における帳簿残高の記録の更新である。そして、このような「トークン化」が成り立つためには、帳簿残高の記録の更新によって、背後にあるアセットの権利帰属先が変更されるという前提があることが必要である。そのためには、帳簿残高の記録の更新が、背後にあるアセットの権利帰属先の法的な変更に結びつく、言い換えれば、「帳簿残高の記録の変更」イコール「背後にあるアセットの権利帰属先の変更」であることが法的に確保されていなければならない。

伝統的なアセットについて、帳簿残高の記録の更新をもって、そのアセットの権利帰属先が対世的に移転したということが、いかにして法的に確保さ

れるのかについて、タイプ別に具体例を挙げて検討する。
① **法律により、帳簿の更新をもってアセットが対世的に移転することが確保されているタイプ**

　社債、株式等の振替に関する法律（以下「振替法」）は、社債や公債、株式等の有価証券のうち振替機関が取り扱うものについて、振替口座簿における保有者の記録の更新をもって法的に譲渡の効力が生じるものとしている。また、電子記録債権法は、電子記録債権について、電子債権記録機関における譲渡記録をもって法的な譲渡の効力が生じるものとしている。

　これらは、帳簿残高の記録の更新をもって、記録の対象となるアセットの権利者が移転することが、個別法によって確保されているものということができる。

② **法解釈やストラクチャリングにより、帳簿の更新をもってアセットが対世的に移転するものと考えることができるもの**

　動産の所有権の移転は、当事者の意思表示のみによって効力が生じるものの、その効力を第三者に対抗するためには、動産の引渡しを伴う必要がある（民法176条、178条）。占有物の引渡しは、現実の引渡しによらなくても、指図による占有移転によって行うことができる（民法184条）。この指図による占有移転の方法を用いれば、帳簿の更新をもって動産が法的に移転したものと取り扱うことができる。

　たとえばゴールドの所有者Aがゴールドを帳簿管理者に預託し、帳簿管理者はゴールドの所有者を記録するものとする。AがBとの間で、ゴールドをBに譲渡すること、その引渡しを指図による占有移転の方法によることを合意した上で、Aが帳簿管理者に対して、帳簿の書き換えとともに以後そのゴールドを譲受人Bのために占有することを指図する。すると、帳簿の更新をもって第三者に対抗することができるかたちでゴールドの所有権が移転したものとして扱うことができる。

③ **帳簿の更新のみをもってアセットが対世的に移転するとは考えられていないもの**

　たとえば不動産について、所有権の移転は当事者間の合意によって行うことができるものの、これが不動産登記簿に記録されない限りは、第三者

にその移転を対抗することができないものとされている（民法177条）。不動産登記簿は法務局が管理する帳簿であり、不動産登記法に従った手続きによってのみ更新されるから、民間事業者が不動産の管理帳簿を調製し、その所有権の移転を帳簿上で管理したとしても、その内容が不動産登記簿に反映されない限りは、不動産の移転を対世的に確定することができないことになる。

なお、このようなアセットでも、ストラクチャリングによって①や②のタイプに転換することができるものがある。たとえば、不動産について、これを信託譲渡した上で、その受益権を受益証券に化体するかたちを取れば、振替法の対象とすることができ、①と同じような議論を展開することができる。

以上のとおり、伝統的なアセットについては、たとえば上記①で見たように、電子債権については、電子債権記録法により帳簿の更新をもって法的な権利移転が確保されるのであるから、電子債権記録機関が分散台帳により帳簿を整備し、帳簿残高の記録をもって「トークン」と呼ぶのであれば、これらの電子債権は分散台帳技術によって「トークン化」され得る[6]。また、上記②を踏まえれば、動産の保管者が代理占有者ノードを持ち、ウォレット保有者のAとBの間で動産譲渡の合意に基づき帳簿に記録された動産所有者の名義をAからBに変更するよう動産保管者ノードに通知するような仕組みを採用すれば、これをもって、動産がトークン化したものとして取り扱うことができることになる、といったふうである。

先述したとおり、分散台帳技術のもとでアセットがトークン化すると、理論的には、資産取引について、3節（1）項において詳述した分散台帳の四つの機能的特性の恩恵を受けることができることになる。たとえば、分散台帳で管理されたアセットについて取引の自動執行性が確保されると、資産取引がきわめて効率化することになるといった便益を享受することができる。

---

6) なお、振替法のもとで分散台帳技術を用いることについての論点については、日本銀行金融研究所「証券取引における分散台帳技術の利用を巡る法律問題研究会」報告書（2017年11月）を参照。

特に取引単位について法定されていないアセットであれば、分散台帳技術によるトークン化は、アセットの持分を細切れにして取引することを可能にする。アセットの小口持分を取引対象とするというのは、証券化の発想そのものであり、伝統的なアセットのトークン化の試みの実相は、情報工学的には分散台帳技術の既存アセット管理帳簿への応用を意味する一方で、金融工学的には多くの場合、証券化技術と異なるところはない。

5 暗号資産の外延

以上からわかるとおり、伝統的なアセットをトークン化するためには、アセットの権利帰属先とトークンを実装する分散型の帳簿上の権利者を一致させるための法技術的な整理・操作が必要となる。伝統的なアセットとは、端的に言えば現行法において資産性が認められているアセットクラスのことを指しており、あるアセットが現行法において資産性が認められているということは、とりもなおさずその資産の権利の帰属と移転に関する法律が整備されているということを意味する。そうである以上は、デジタル帳簿上の残高の変更をもって、背後にある資産の権利帰属先が法的に変更されたものとするためには、必ずその根拠として権利の帰属と移転に関する法律（典型的には私法）が存在することになり、トークンの発生と移転は、いずれかの国の法律を準拠法とする私法の体系によって規律されるということになる[7]。

これに対して、われわれが暗号資産の名のもとに検討しなければならないと思われるアセットは、こうした私法による根拠が明らかではないアセットである。これにはビットコインのように、単なる分散台帳上のデジタルな記録にすぎず、何らの裏づけとなる実体資産やキャッシュフローを持たないものも含まれるが、検討が必要なのは、ビットコインやイーサなどの仮想通貨や、場合によっては法定通貨を分散台帳技術によりデジタル化したトークン（ステーブルコイン、ステーブルトークンなどと呼ばれている）を通貨単位

---

7) トークンは、インターネットにより国境をまたいで容易に移転してしまうという性質を持つため、いずれの国の法律を準拠法とするべきかという問題を解決しなければならないことになるが、これは国際私法がカバーすべき領域の問題であり、質的に目新しい話ではない。

として、スマートコントラクトによって収益を徴収し、これを暗号資産の保有者に分配するタイプの暗号資産である。

具体例を用いて検討するため、以下のような暗号資産を想定する。

> 暗号資産 T は、分散台帳技術を用いて作成者の関与なく稼働する分散型ネットワーク N において、ユーザー間の取引やその他のネットワーク N 上で展開されるサービスにアクセスするための唯一の支払手段として開発された資産である。ユーザーはネットワーク N にアクセスするにあたって、ネットワーク N に対してアクセス料として 1 アクセスあたり 0.0001T を支払わなければならないほか、ネットワーク N 上で他のユーザーと取引をしたりサービスを提供したりした場合に、支払いを受けた暗号資産 T のうち 0.0001％ を手数料として支払わなければならない。これらの手数料は、ネットワーク内の誰かが受け取るのではなく、スマートコントラクトによって自動的に、誰も管理していないネットワーク上のウォレット W に宛てて直接送付されることによって徴収される。
> ネットワーク N の維持・拡大に対するインセンティブ設計により、ウォレット W に蓄積された暗号資産 T は、毎年 1 月、4 月、7 月、10 月末日の世界標準時の 0 時に、暗号資産 T の保有量に応じて、事前に設定された一定の計算式に従って、暗号資産 T の保有者のアドレスに宛てて、自動的に分配される。

このような暗号資産を機能させるためには、帳簿記録の変更に関するコンセンサスアルゴリズムをどのように設計するか、そのための報酬体系をどのように設計するかなどの重要な検討を要するが、ここでの焦点はその点にはなく、上記の仕組みの後ろ側にある私法上の枠組みについてである。

暗号資産 T は、分散型ネットワーク N に対するアクセス権がコードによってアーキテクチャルに確保されているとともに、その保有によって、分散型ネットワーク N が形成する経済圏（エコシステム）が稼ぎ出す収益の分配にあずかることができるようコーディングされている。これによって、少なくとも理論的には、分散型ネットワーク N に対するアクセスを欲する者や、その上でサービスの提供を欲する者、またこれらには興味がないものの分散型ネットワーク N が形成するエコシステムが収益を生むものであると考える投資家[8]は、暗号資産 T の需要者となり得る。需要者が存在するのであ

第8章　暗号資産がもたらすアーキテクチャと法制　　*149*

れば、分散型ネットワークNにおいて他のユーザにサービスを提供して暗号資産Tを獲得しようとする者が出現し、獲得した暗号資産Tを売却することによって収益を得ようとする供給者も生まれるであろうし、場合によってはその取引を仲介することによって需要と供給のマッチングを行おうとする事業者も出現するかもしれない。

　こうした暗号資産Tの需給をエコシステムが維持可能なかたちで差配することができるようなアルゴリズムを分散的に管理することができるかは大きな課題であるが、仮にそのようなことが可能であるとすれば[9]、われわれは今後、このような暗号資産に対する規律が具体的にどのようなかたちで行われることになるかについて、考えていかなければならないことになるだろう。

6　暗号資産に対する規律

（1）　問題の所在

　先ほど実例に挙げたネットワークNと暗号資産Tは、実務的にはどのように展開されるだろうか。まずはネットワークNの開発者が存在しなければならないが、これは法人組織である必要はなく、開発者の単なる集まり（コミュニティ）であればよい。世界中に分散したエンジニアが、Skype（ピア・ツー・ピアのコミュニケーションシステム）等でやり取りをしながら、Github（クラウド開発者コミュニティ）上で開発を行い、誰もがノードを立てることができるかたちとしてリリースする[10]。開発者の報酬は何でもよい

8）　場合によっては、他の投資家がそのように考えるであろうと予測し、これによって売買差益を得ることができると考える投機家もこれに含まれる。
9）　そして、こうした管理は、適切なデータが与えられれば、欲望やその他の認知システムに起因するバイアスに支配される人間よりも、アルゴリズムをみずから変化させることができる深層学習機能を備えた機械のほうが、能くなし得ることであることである、との言説を、言下に否定することができない環境にわれわれは置かれている。
10）　パブリックにリリースするにあたっては、それが自律的に機能するものとなるよう、クローズドな状態でテストを重ね、徐々にネットワークにアクセスできる者を広げるというかたちで慎重に行われ、最終的に誰もがノードを立てられるようになる状態をつくるものと思われる。

が、たとえば貢献に応じて一定量の暗号資産Tを受領することが考えられる。
　ネットワークNや暗号資産Tは、パブリックにリリースされた段階で、誰かがこれを管理するものではなく稼働するとすれば、そこには利用規約におけるサービス提供者に相当する主体がない。仮にネットワークNや暗号資産Tに管理者に相当する主体を見出すことができたとしても、暗号資産Tの帰属や移転は分散台帳技術により分散的に処理され、また、ネットワークNへのアクセス料や取引手数料の徴収は、分散台帳そのものにコーディングされることによって自動的に行われる上に、徴収先のウォレットWは、開発者もアクセスすることができない、誰の管理下にもないウォレットである。利用規約を起案する主体がいたとしても、このようなコードによる自動的な振舞いについて、みずからが責任主体となるような権利義務関係を敢えて創出するとは合理的には考えられない。
　ある主体や振舞いを規律するのは、なにも法律の専権事項ではない。物理的・技術的構造であるアーキテクチャが規律づけることもあれば、非法律的な社会規範や市場も規律づけとして意味を持つ。ここで問題としたいのは、分散台帳技術によって実装されたネットワークとその上で利用される暗号資産について考えた場合に、これらがどのように法律により規律されることになるかという点である。

（2）　業法による規律

　業法は、政府に対して責任負担させることが適切な主体に対して直接的に規律づけることによって、その主体や振舞いの適切性を確保する規律手法である。暗号資産については、その生成を管理する主体がいればその者を規律の名宛人とすることも考えられるが、暗号資産の取引の仲介者や暗号資産管理の受託者を名宛人とすることで、規律を導入することが考えられる。また、ネットワークについても、ネットワークの管理者がいればその者を規律の名宛人とすることが考えられるが、ネットワークの管理者は個々の取引に関与するわけではないため、取引に関してネットワーク管理者に規律づけをすることは難しい場合がある。
　分散台帳技術によって実装されたネットワークや暗号資産においては、責

第8章　暗号資産がもたらすアーキテクチャと法制

任主体として規律を課すことが正当化され得る管理者を特定することが難しい場合（ネットワークや暗号資産に対する関与の程度から責任を負わせるべき実態がなかったり、責任を負わされてもこれを遵守できるような関与をしていないため、規制が不可能を強いることになったりする場合）があり得る点で、規制対象の設定や、具体的な規制の内容を吟味する必要がある。

　たとえば、上述の暗号資産 T は、日本においては現行法上、金融商品取引法に列挙されている有価証券のいずれにも該当しない。サービスに対する支払手段として用いられるという特性を持つことから、資金決済法に定義される仮想通貨に該当し得るものと考えられるため、規制対象は、暗号資産 T の売買やその代理、媒介や取次ぎを行う事業者ということになる。開発者が、暗号資産 T を不特定の者に販売することでネットワーク N の開発資金を調達しようとすれば、その販売行為をもって仮想通貨交換業者として規律されることになるが、そのような販売行為に従事しないのであれば、開発者がただちに規制の対象となるわけではない。

　なお、先に述べた研究会の報告書では、購入したトークンについて、一定の収益の分配が期待されるものであれば、（第一項）有価証券に該当するものとして金融商品取引法を適用することを提案している。したがって、これが法制化されれば、暗号資産 T の多数の者に対する販売については有価証券届出書の提出が必要となり、その販売を委託する場合には第一種金融商品取引業者に委託することが必要となる[11]。また、暗号資産 T のセカンダリー市場とその取引は、金融商品取引法上の不公正取引規制[12]のほか、金融商品取引所や第一種金融商品取引業者に対する自主規制機関が発布する自主規制の拘束を受けることとなる。なお、この場合に暗号資産 T について、資金決済法における仮想通貨法制の規律が課されるのかどうかは定かではないが、仮に課されるとすれば、両者の規律の整合性が鋭く問われることになると思われる。

---

11) みずから販売する場合にも、第二項有価証券の自己募集規制との権衡上、発行者は金融商品取引業者であることを必要とすべきであるとの提案がなされている。
12) 行政リソースの適切な配分との関係で、インサイダー取引規制については一定の留保がなされている。

その規律の内容は、各国において異なることになると思われるが、業法規制のアプローチによって、後述する私法による規律の穴は埋まるものではないように思われる。

（3） 私法による規律

デジタルプラットフォーム、特に典型形態である多面市場型のデジタルプラットフォームについては、プラットフォーマーが複数のカテゴリーの利用者に対して発行する利用規約が存在する。プラットフォーマーは多くの場合、異なるカテゴリーの利用者同士がプラットフィーム内で行う個々の取引には関知しないという建前をとるため、利用者同士の取引の条件の詳細は曖昧であることがあり、特にサービスの提供者が事業者ではないCtoCのプラットフォームにおいては、サービス提供者に課される業法が存在しないこともあいまって、取引条件が明示的に明らかになっていない場合がある。

市場の設計・運営者であるプラットフォーマーは、市場を機能させるコードの実装を通じて、利用者に対して特定の行動以外の行動を選択することができないこととさせたり、利用者が特に選択しなければ特定の行動をとることになるデフォルト設定を駆使したりすることによって、利用者に対して規律づけを行う。これらの規律づけは、利用規約というかたちを取らないコードを用いたアーキテクチャによる規律づけであるため、原則としてプラットフォーマーに対する契約責任の基礎とはならない[13]。

かくしてコードを用いたアーキテクチャによる規律づけを用いることによって、プラットフォーマーは利用者に対する法律や契約上の責任を一定程度迂回することができることが知られているが、分散型ネットワークや暗号資産においても同様の構造が看取される。むしろ、私法による規律という側面から見る限り、以下のとおり、現行のプラットフォームに対するものにも増して、実効的な規律を働かせることが難しくなると思われる。

---

13) もちろん、コードの内容が利用規約によって利用者に保障された権利の実現を阻む場合には、プラットフォーマーによる債務不履行の問題を惹起するであろうし、またコードによる制限が取引関係に入ったユーザーの合理的な期待を大きく害するものである場合には、信義則に基づく責任をプラットフォーマーが負う可能性があることを否定するものではない。

第一に、分散型ネットワークに管理者と目される者が存在したとしても、多くの権限は分散的に執行されるため、利用規約に記載されることは最低限の内容となると思われる。もちろん、権限を分散させることによって、管理者は存在しないとの建前を取ることも考えられ、その場合には利用規約が発行されないことも考えられる[14]。

　第二に、それが暗号資産側に備え付けられたものであれネットワーク側に備え付けられたものであれ、支払いに関する事項や分配に関する事項はコード側で自動的に執行することができてしまい、そこに当事者間の効果意思の合致という観念を挟む余地がないばかりか、そもそも取引の相手方であるプラットフォーマーに相当する者が存在しない場合もあるため、異議の申し立てようがないということもあり得る。プラットフォーマーが存在すれば、たとえば電子商取引でコードが自動的に商品を購入し、購入代金を課金してきた場合には、取引は無効であるとプラットフォーマーに対して主張したり、決済手段を止めることで課金がなされないようにしたりすることで、利用者は何らかの対抗手段をとり得る。

　これに対して、先ほど挙げた暗号資産Tにおける例にあるとおり、暗号資産を決済手段として用いたサービスにあっては、サービスのアクセス料であれ手数料であれ、コードのみによってリアルタイムに課金が行われ、その課金先のウォレットWは、誰も管理していない（すなわち秘密鍵の保持者がいない）ということが起こり得る。私法上の契約関係は成立していないとしても、事実として課金が行われ、これに対して異議を述べる先がないという事態が、技術的には可能であるということである。

　救いがあるとすれば、このような実装となっている暗号資産やネットワークが存在するとすれば、そのコードは基本的に誰でもレビューすることができるようになっているということが挙げられるだろう。したがって、コードをレビューすることによって、コードによって組み込まれている取引条件がどのようなものであるかを確認することができる。実際にコードをレビューする能力がある者は限られていると思われるものの、信頼ある者がレビュー

14）　たとえば分散型のワールドコンピュータを指向するEthereumの利用規約は、その利用に伴うリスク表示と免責に関する条項、紛争解決に関する条項程度しか存在しない。

結果を公開することで、システムの信頼性を担保するということはあり得るだろうと思われる。情報が公開され透明性が確保されるのであれば、他の規律様式、すなわち市場の力やレピュテーションによる規範の力が、その開発者にとって、分散型システムのアーキテクチャを適切なものとするインセンティブとなるものと思われる。

なお、現時点においては、分散台帳技術自体がまだ発展の初期段階にあるため、筆者の知る限り、分散型システムにおいて理論的に想定されるような真に分散型のアーキテクチャを採用するアプリケーションは多くなく、中央管理型のシステムとの組み合わせによるサービス設計を構想しているプロジェクトが多いように思われる。その場合には、システムの管理者を起点として、その者が発行する利用規約を中心に、私法のデフォルトルールや信義則・公序良俗などの一般原則を駆使して、システム管理者と利用者との間や利用者同士の間における妥当な権利義務関係を創造していくことになるだろう。

7　統合的な制度設計の構築へ

以上、現在、プラットフォーム規制において盛んに議論されているコードによる法律や契約の迂回現象が、暗号資産についてどのようなかたちで現出することになるか、法律や契約というツールはこれに対してどのようにアプローチ可能なのかについて、分散型台帳の技術的特性から導かれるトークン化の実相、暗号資産が伝統的なアセットとどのように異なるのかという点を踏まえて検討を加えた。

分散型台帳の技術は、まだ発展段階の初期にある技術であり、特にpermissionless方式の分散型台帳（巷間にパブリックブロックチェーンと呼ばれているもの）については、技術的な課題もさることながら、データ保護など既存法令等の遵守の観点からも、克服すべき課題が少なくない。こうしたことから、現状のプロジェクトは、何らかのかたちで責任を問うべき主体を特定することができるかたちのアーキテクチャを採用するものが多く、その主体を起点として、プラットフォーマーに対する規律として現在生成され

つつある諸規律を応用することによって、対処することができると思われる。
　ネットワークはその発展過程で分散と集中を繰り返すと言われる。分散台帳技術は、インターネットというネットワークにおけるプラットフォーマーによる過度な集中による弊害に対する解決策として位置づけられることがあるが、分散型のアーキテクチャは責任主体の特定を困難とすることで、法律による規律づけを難しくする面があることも忘れてはならない。制度設計者としては、ネットワークのもたらす負の外部性を効率的にコントロールするという観点から、法規制のみに固執することなく、アーキテクチャの技術標準を設定するという活動を含めた統合的なアプローチを検討していくことが必要だろう。

第9章

フィンテック：
金融の新時代

三輪 純平[1]・松井 勇作

1 金融庁はフィンテックをどう捉えているのか
──「金融デジタライゼーション戦略」の策定

　「フィンテック」という言葉が、この数年で新聞、雑誌などで、取り上げられる機会が増え、すでに人口に膾炙されたものになったといえる。フィンテックは金融（ファイナンス）と技術（テクノロジー）の融合という意味合いから生まれた造語であるが、その言葉の意味には、単純な二つの言葉の融合以上に、二つの概念の組み合わせによって革新的な金融サービス創出の動きを指す意味も含まれているといえる。そのほか、テクノロジーにより金融サービス全体の革新的事象を表す言葉として使われるケースも多いように思える[2]。
　ではなぜ、多くの人々が「フィンテック」の動きに着目するのか。規制当局、企業、利用者など、それぞれの見方は異なるであろうが、直観的には、これまで経験してきたIT化の動きとはかなり異なるものを感じているという点が共通見解であろうと考える。

---

1) 三輪（金融庁総合政策局総合政策課フィンテック室室長）、松井（金融庁金融情報化係長、現企画市場局市場課市場調査第1係長）ともに肩書は講演当時（2018年6月）のもの。なお、文中における意見に亘る部分については、筆者の個人的見解である。
2) テクノロジーが金融サービスを変えるという意味で「テックフィン」（TechFin）と呼ぶ者もいる。

これまで、金融界、ことに銀行のIT化の動きは、1973年の「全銀システム」（全銀ネット）の登場[3]を経て、1970年代から不断に続く流れであり、情報通信技術の発展とともに、IT化を漸進的に進めてきたといえる。この流れの中で、銀行などの金融機関は、高性能、かつ利便性の高いATMシステムの構築や、強固な中央集権的な勘定系システムの構築などを行い、また保守運用の中においても、高い安全性（セキュリティ）を確保してきたといえる。

　金融当局としても、これまでIT化の流れに合わせた政策的な対応を行ってきたという経緯がある。たとえば、90年代後半から、インターネット上での取引を中心とするネット専業銀行の登場により、徐々に既存の銀行取引がオープンなネットワークを通じて行うものに変化し、その過程で管理システムのセキュリティに関するガイドラインや基準なども順次整えてきた（これは、サイバーセキュリティ対策の観点からも現在も進行中であるといえる）。

　また、交通系、流通系に代表される電子マネーの登場により、資金決済（為替取引）のあり方が多様化していく中で、銀行固有の業務とされてきた為替取引について、「資金決済法」（資金決済に関する法律）[4]の施行によって、銀行以外の企業が資金移動業というかたちで参入可能[5]となるなど、時代に則した対応にも努めてきた（これも、現在も進行中である）。

　そうした一連の動きを経て、奇しくも2008年の金融危機の時期と並行して、金融取引のかたちが大きく変わり始めていくことになる。ビットコインに代表される仮想通貨（暗号資産）の登場もこの頃であり、変革の動きを代表するものの一つであるが、むしろ、卑近な体験として、スマートフォンなどの新たなハンディデバイスの登場によって、今まで経験しなかったような便利な金融サービスが身近に体験できるようになり、利便性も飛躍的に向上した点にあるといえる。Apple社のアイフォンが登場したのも2007年であり、また、同時期を境に、4G（第4世代移動通信システム）により、通信

3） 一般社団法人「全国銀行協会」HP（https://www.zenginkyo.or.jp）等参照。
4） 平成二十一年法律第五十九号 資金決済に関する法律。
5） 銀行等以外のものが100万円に相当する額以下の為替取引を業として営む者を指す。資金移動業を営むには、「資金決済に関する法律（以下、法という）」に基づき、事前に内閣総理大臣の登録を受けなければならない。

速度と送信可能なデータ量も格段に向上し、スマートフォンからもノンストレスでインターネット環境への接続可能な状況となり、そうした動きの後押しになった側面もある。

そうした環境の変化の中で、銀行もインターネットバンクを通じたオンラインサービスを順次開放してきたが、近年において、それらの口座情報を効果的に集約する PFM (Personal Financial Management) サービスも登場し、銀行口座の残高のデータ連携やクレジットカードの支払履歴の情報を統合する「家計簿アプリ」などを提供する業者も登場してきた。このような家計簿サービスを通じて、獲得した顧客の情報を活用して決済あるいは送金や与信とも連携し、さらには、資産運用にもつなげていくという、貯蓄から投資といった流れも生まれてきている。

そのほか、銀行サービス以外でも、ウェアラブル端末を使って、端末から得た健康情報を細かに集めて、その人に合った保険のサービスを提供するといったビジネスが生まれている。デジタル化されたデータは、スマートフォン等を基点に、新たな付加価値やサービスを生み出す可能性が生まれてきた。

ことに、デジタル化されたデータは、それ自体に今まで以上に価値を持つようになり、あらゆるデータがデジタル化される中で、サービスを提供する構図も、顧客データそのものが顧客ニーズとなり、そのニーズを起点として、顧客本位のビジネスモデルを構築しようとしている動きになりつつある。これは、金融サービスのパーソナライズ化という意味で、これまで、富裕層など一部のレイヤーにしか提供できなかったサービスが、多くの人々に one by one のサービスを提供し得る状況になりつつあるといえる。これは、金融サービスの歴史においても、大きな変革の動きといえ、金融の新時代を予感させる動きといえる。

森 (2017)[6]は、上記で述べた流れについて一つの仮説的解釈を掲げている。すなわち、現在の動きは、インターネット発展とスマートフォンの台頭によって、顧客がこれまでの情報の受け手という立場から、「出し手」という立場

---

6) 森信親 (2017)「フィンテックは共通価値を創造できるか」(2017年5月25日コロンビア大学ビジネススクール日本経営研究所 東京コンファレンスにおける講演〈仮訳〉)。詳しくは金融庁HP参照。

に変わってきており、顧客側のイニシアチブが拡大していく動きに変化していくという考え方である。

フィンテックがもたらす金融サービスの変革により、最終的には、既存金融機関を通らなくても、P to P（個人間）、C to C（企業間）同士により、仲介者がないかたちでの取引が金融システムの中心になる可能性も考えられる。他方、そういった世界は、今の段階では現実的ではないため、むしろ、そうした動きに向けた移行段階にあると考えたほうがよい。まずは、既存金融機関と顧客との関係が、フィンテックの進展によってどのように変化していくのかという点について考えていくのが適切であろう。

そうした観点から、現在起こっている現象は、今までは供給側の論理によって、供給側視点で見たマス型の定型商品というかたちでの提供というところから、顧客情報に根差して、より共通の価値を見出そうとするC to B型のビジネスモデルに変わってきているのではないかという考え方である。このC to Bというのは、顧客が企業に商品を直接売るという意味ではなく、情報のイニシアチブ（主導権）が顧客側に移ってきており、その様子を表現する意味を込めて、C to Bという言葉を使っている点に留意が必要である（図9-1）。

現在の金融機関は、本人確認等を通じて顧客情報を蓄積し、また、口座預金を通じた入出金履歴などの情報しか取得できないが、今後、銀行等が、フィンテック企業などの外部企業が有する顧客データとの連携が強まるにつれて、デジタル化された新たな情報を加えて、より大きなデータを使い、深度ある分析も可能となってきている。これにより、テーラーメイド型の金融サービスの提供も可能となり、新たな顧客の開拓、顧客の金融ニーズの把握も可能となる。

こうしたデータがデジタル化される動きの中で、顧客情報の蓄積と人工知能（AI）などの高度な処理技術によって、これまで顧客とサービス提供者との間で非対称的であった情報が、今後変わっていく可能性がある。これは、後述する金融機関と第三者とのAPI連携の開放を通じたデータ連携の議論にも関連し、データ連携を通じて金融サービスの提供のあり方も大きく変わり始めている。APIというのは「Application Programming Interface」の

図9-1 何が起きているのか

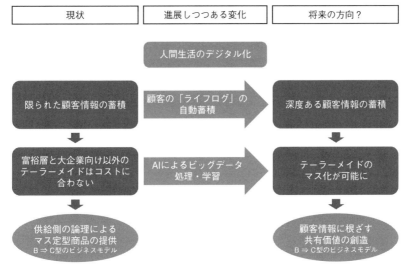

出典：森（2017）。

略で、あるアプリケーションの機能や関与するデータ等を、ほかのアプリケーションから呼び出して、利用して接続する仕様、あるいは仕組みを指す。

そうした現在起こりつつある動きを踏まえ、金融庁では、2018年9月に、これまでの金融行政方針にあたる「金融行政のこれまでの実践と今後の方針」（平成30事務年度）を公表し、データのデジタライゼーションの加速的な進展への対応という観点で、「金融デジタライゼーション戦略」を打ち出した。

図9-2（1）（2）が、「金融デジタライゼーション戦略」によって、公表された11の施策の概要である。とりわけ、デジタル化した情報の利活用の動きが進展していくことにより、金融を取り巻くビジネスが革新的に変わる可能性を踏まえて、「情報をより使いやすく」という観点で、情報連携のための環境整備（決済高度化、オープンAPIの推進）、制度面での検討（機能別、横断的法制において検討）を行うことなどを掲げている。

このフィンテックやデジタライゼーションの進展の中で、もう一つ見逃してはならないのが、フィンテックによる革新的な金融サービスの登場に加えて、金融サービスを提供するプレイヤーも多様化していくという流れである。

図9-2（1）　デジタライゼーションの加速的な進展への対応①
～金融デジタライゼーション戦略～［2018年9月26日公表］

■ 生活面ではあらゆるモノ・コトがデジタル情報化し、ビジネス面では金融だけでなく生産・流通・販売に至るまで、さらに行政においても隅々までデジタルが適用されるデジタライゼーションが加速

- ・ITを活かし、決済等の金融サービスを切り出し（アンバンドリング）、eコマース等の業務と部分的に組み合わせる（リバンドリング）など、新しいプレイヤーが金融分野に進出
- ・情報の蓄積・分析が量・質ともに飛躍的に増加・向上し、情報の利活用が進展 → ビジネスが革新的に変わる可能性

➡ 新しいプレイヤーによるイノベーションの進展が進みやすい環境を整備していく必要
　同時に、既存の金融機関も、新しいプレイヤーとの協働・連携や競争を通じて、ビジネスモデル変革による利用者利便の向上が求められている

【金融デジタライゼーション戦略の11の施策】

情報をより使いやすく

1. **情報の蓄積と利活用**
　利用者や金融機関等の多様なプレイヤーが情報を利活用しやすくなるよう、①情報連携のための環境整備（決済高度化・オープンAPIの推進）、②制度面での検討（機能別・横断的法制において検討）を行うとともに、③金融機関とITの戦略的活用・ITガバナンスについて対話を実施

2. **顧客のプライバシー、匿名性や顧客情報の信頼性その他の顧客保護**
　本人確認のデジタル化の推進のほか、情報の利活用の際の匿名性の確保、顧客情報の信頼性確保を含む個人情報の保護や、ブロックチェーン等、新しい技術を活用した顧客保護に向けた取組みを推進

3. **デジタライゼーションに対応する情報・金融リテラシー**
　どのような金融サービスが利用できるか、また、自らの個人情報等が金融を含む商品・サービスの勧誘にどのように利活用されるかといった情報・金融リテラシーの向上を推進

図9-2（2）　デジタライゼーションの加速的な進展への対応②
～金融デジタライゼーション戦略～［2018年9月26日公表］

官民のインフラのデジタル化

4. **金融・非金融の情報の伝達を可能とする金融インフラのデジタル化**
　利用者の利便性向上や企業の生産性向上、キャッシュレス化に向けたインフラ整備として①企業の財務・決済プロセスの高度化や、②証券分野におけるブロックチェーン技術の活用等の推進

5. **金融行政のデジタル化**
　①金融機関のシステム対応コストを低減しつつ、当局によるリアルタイムな実態把握を可能にする官民双方にメリットのあるRegTechエコシステムを将来的に構築するための検討、②EDINETのオープンAPI化による開示情報の提供等を実施

新しいビジネスへの挑戦を支援

6. **様々なサンドボックス等によるイノベーションに向けたチャレンジの促進**
　①「FinTech Innovation Hub」を立ち上げ「100社ヒアリング」を実施することにより情報を収集するとともに、②FinTech実証実験ハブや③FinTechサポートデスク等の様々なサンドボックスの活用を促進

7. **オープン・アーキテクチャによるイノベーションの推進**
　オープンAPIの推進等により、金融機関とフィンテック企業の連携を推進

デジタライゼーションに向けた基盤の整備

8. **国際的なネットワーク**
　①海外当局とのフィンテック推進協力枠組みの構築、②フィンテック・サミットの開催に取り組むとともに、③仮想通貨（暗号資産）の国際的なルール形成に貢献

9. **デジタライゼーションの基盤となるブロックチェーン、AI、ビッグデータ技術等の推進**
　①ブロックチェーン技術の活用可能性や課題等にかかる国際的な共同研究の実施、②「FinTech Innovation Hub」における要素技術等に係るヒアリングの実施

10. **サイバーセキュリティその他金融システム上の課題等への対応**
　新たな実効性あるサイバーリスクへの対応策を金融機関に促し、サイバーセキュリティの国際連携を推進するとともに、デジタライゼーションに伴って生じる金融システムの新たなリスクに対応

11. **これらの課題を実現するための機能別・横断的法制**
　フィンテック等の技術革新の動向や金融サービスのトレンドの方向性も視野に入れつつ、金融規制体系をより機能別・横断的なものにしていくことについて検討

フィンテックが台頭することで、従来、金融機関が果たしてきた機能が、低コストでアンバンドリング（分離）され、それらが非金融サービスとも融合し、顧客ニーズに即したかたちで、リバンドル（結束）して新たな金融サービスへと発展させていくという動きが見られつつある。そういった分離と結束の動きを繰り返し、新たな金融ビジネスや金融プレイヤーを創っていく動きが見られている。

　新たな世界では、従来、金融機関において、力の源泉とされてきた、支店網とか店舗網、はたまた巨大なITシステムやバランスシートといった資本集約型のフルラインナップ業務に代わって、たとえば顧客情報をビッグデータとして蓄積・分析し、新たなマーケティング効果により顧客との接点の大きな改善をしたり、顧客ニーズに合わせた品揃えを提供したり、そういったビジネスが新たな強みの源泉になっていく可能性が高いのではないかと考えられる。従来の力の源泉は、レガシーアセット化し、収益性のある業務のみが、フィンテック企業などによりアンバンドリングされていくことも考えられる（図9-3、図9-4）。

　こうした動きにより、これまでの金融のエコシステムを支えてきた銀行、保険といった業を中心とした分類に基づく規制体系では、世の中の実態に合わなくなる可能性があり、金融を仲介するプレイヤーが、技術革新や金融サービスの高度化というムーブメントの中で、徐々に変容しつつある。

　こうした動きを踏まえ、金融デジタライゼーション戦略の集大成的な施策が「デジタライゼーションに向けた基盤の整備」という観点における、金融規制体系をより機能別、横断的なものにしていく検討の動きである。これまでの規制のように、銀行業、保険業といった業を中心に分類されていた規制体系を、より金融機能に着目した法体系にしていく一連の検討の動きを指している。海外では、金融の機能（function）や行為（activity）に着目するという意味で「ファンクションベース」、あるいは「アクティビティベース」による法体系と呼ばれる場合も多い。現在、こうした議論は、金融審議会の金融制度スタディ・グループで議論が行われている。詳しくは、後出の3節で説明する。

　さらに、われわれが想定する世界は、「パブリック型」のブロックチェー

図 9-3 誰が担い手になるのか（今後も資本集約型で勝負できるか）

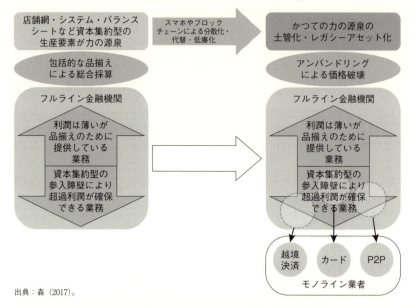

出典：森（2017）。

図 9-4 誰が担い手になるのか（資本に代わる成功要因は）

	新しい金融の強みの源泉は？	誰が持っているのか？　今後の役割は？
資本	店舗網・システム・バランスシート	資本集約型の生産要素は現在は既存金融機関の力の源泉だが、土管化・レガシーアセット化も？
知識	顧客情報の蓄積	流通業は生活の詳細に関する情報を集められるが、銀行は 1 カ月分合計の引き落とし額しか知らない。
	技術	自前？買収？連携？
利便	顧客との接点	銀行はフィンテック・ベンチャーよりは接点が多いが流通業よりも少ない
	品揃え	単一主体で顧客のニーズに合わせた金融・非金融サービスの組合せを提供することは難しい
信頼	顧客の信頼	金融業・非金融業を問わず、顧客本位のビジネスモデル、顧客との関係の構築、能力の水準が信頼を得る要か？

○新しい金融の担い手になるために鍵となる要件は何か？
　どのような主体が新しい金融の中心的な担い手となるのか？
○金融機関は土管役にとどまるのか、それとも他の主体と連携して付加価値形成の核になるのか？

出典：森（2017）。

図 9-5　金融システムにおける新しいネットワークの姿は？

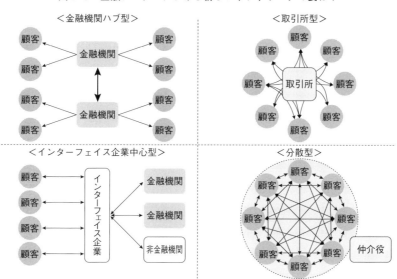

出典：森（2017）。

ンに代表されるように、いずれは、仲介者が存在しないような、自律分散型の金融システムへの移行の可能性も含まれている。

　金融庁としては、図9-5にあるように、今後の金融システムのあり方がどう変わっていくのかという観点で、中長期的な動きを予見しながら、既存の規制体系のフレームワークの中での行政対応が今後も持続的に行えるものか、そういった観点も踏まえつつ、今後の行政対応を考えなければならない。特に、分散型の金融システムという観点では、ブロックチェーン技術（あるいは分散型台帳技術）を用いた金融取引のユースケースである「暗号資産」（仮想通貨）の動向については、国際的な関心が高まりつつある。

　実際、2018年7月のG20財務大臣、中央銀行総裁会合における声明[7]においても、「暗号資産の基礎となるものを含む技術革新は、金融システム及びより広く経済に重要な便益をもたらし得る。しかしながら、暗号資産は消

7）．20カ国財務大臣・中央銀行総裁会議声明（仮訳）（2018年7月21-22日　於：アルゼンチン・ブエノスアイレス）（財務省HP参照）。

費者及び投資家保護、市場の健全性、脱税、マネーロンダリング、並びにテロ資金供与に関する問題を提起する。暗号資産は、ソブリン通貨の主要な特性を欠いている。暗号資産は、現時点ではグローバル金融システムの安定にリスクをもたらしていないが、われわれは、引き続き警戒を続ける」との記載がなされた。

その 1 年前の 2017 年 3 月の同会合の声明[8] では、「潜在的なリスクを適切に管理する一方で、デジタルイノベーションがもたらす利益や機会を享受することを確保するため、すべての国が、それぞれの国内で、かつ FSB や他の国際機関や基準設定主体と協力し、クロスボーダーの問題の検討を含め、デジタル金融の状況をしっかりと監視することを奨励する」といった表現であったことと比較しても、フィンテック、ブロックチェーンを取り巻く環境の変化に合わせて、国際的な議論も動態的に変化しているといえる。こうしたブロックチェーンや暗号資産に関する国際的な動きなどを踏まえた対応や取組みについては、後述の 4 節で紹介したい。

2　革新的な金融サービスが生まれる環境を機動的に整備していく動き

(1)　フィンテックの台頭を新たな「機会」として捉える動き

欧米の金融機関では、フィンテックによる最近の環境の変化を新たな「機会」として捉え、技術革新の成果を積極的に経営に活用していくという動きが顕著になってきている。日本より先行して進んできたといえる。この動きは、2014 年から 15 年あたりから顕著に表れるようになった。

JP モルガン・チェースのジェイミー・ダイモン CEO は、2014 年 5 月にサウジアラビヤのリヤドで行われた Euromoney のコンファレンスにおいて、「We're going to have competition from Google and Facebook and somebody else」（われわれの将来の競争相手はグーグルとフェイスブック

---

8)　20 カ国財務大臣・中央銀行総裁会議声明（仮訳）（2017 年 3 月 17-18 日　於：ドイツ・バーデン＝バーデン）（財務省 HP 参照）。

などになるであろう)[9]といった発言をしたことが報じられ、新たな競争相手の出現によって、金融機関として戦略的転換の必要性を示唆する発言を行うようになった。

こうした動きの中で、金融機関の間では、自前主義的な考え方で競争に勝ち進む戦略では、新興するテクノロジー企業の開発スピードには太刀打ちできない可能性があるため、海外の金融機関を中心として、フィンテック関係のスタートアップ企業を買収し、技術やサービスの両面を経営に取り込む動きや、アライアンス契約のようなかたちでの協働の動きが活発化してきた。

ことに、ブロックチェーンなどの新たなテクノロジーを使って、それを金融分野に活用していく動きは、新たな連携、協働の中で実証実験などの動きが進められている。

当初は、フィンテック企業の中にも、既存金融機関の業務をテクノロジーによって伍していく、いわゆる「ディスラプター」の存在も話題になった時期があるが、おおむね金融機関とフィンテック企業のコラボレーションにより、あるいはコンソーシアム等を結成しながら、連携していく動きが多く見られている。こうした動きは、一定の競争的環境も確保しつつ、競争と協調の要素をうまくバランスさせながら対応しているといえる。これも、フィンテックによって生まれた環境の変化の動きである。

翻って、日本においては、銀行は、高機能なATMを40年ぐらい前から提供していて、高い安全性を確保しながら、利便性の高い金融サービスを提供してきたといえる。ATMは、古くから、単なる入出金機能以外に、便利な他行宛振込みや税金の支払いであったり、通帳記入のほか、定期預金や外貨預金などにも対応してきた。実は、こうした日本では一般化された便利なサービスは、海外の金融機関のATMでは提供していないサービスである。

また、インターネットの普及とともに、インターネット専業銀行が増え、2017年度では、預金残高が17兆円規模まで成長[10]し、プリペイドカード

---

9) たとえば "JPMorgan's Dimon Sees Facebook to Google Challenging Bank," (Bloomberg, May 7, 2014) (https://www.bloomberg.com/news/articles/2014-05-06/jpmorgan-s-dimon-sees-facebook-to-google-challenging-bank-online) などを参照。
10) イオン銀行、セブン銀行、じぶん銀行、ジャパンネット銀行、住信SBIネット銀行、ソニー銀行、大和ネクスト銀行、楽天銀行、各社HP公表資料に基づく集計値。

図 9-6 IT の進化を活用した金融サービス［日本と海外の金融機関とのちがい］

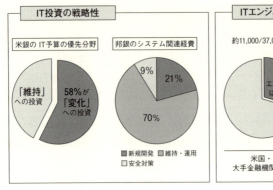
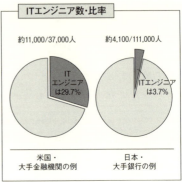

資料：Technology Business Research.
注：1) 2014 年時点
    2) 総資産額 10 億ドル以上の北米地域の大手金融機関と IT ベンダの幹部ら約 200 人を対象に実施
    3) 2014 年時点
出典：1) 金融審議会・決済業務等の高度化に関するスタディ・グループ（第 2 回会合）株式会社日本総合研究所 説明資料
    2) FISC「金融機関業務のシステム化に関するアンケート調査」（平成 26 年 3 月）

や電子マネーの普及に合わせ、資金決済法の整備等を行ってきたわけであるが、最近のデータ（2017 年度）では、資金移動業が実施する取引規模（取扱高）も 1 兆円を超えている[11]。電子的な決済・送金手段はすでに一般化しつつある。

そうした動きも見られる半面、日本の金融機関の IT 投資については、IT 投資の戦略性という観点において、アメリカの銀行は、IT の予算の配分は主に「変化への投資」、いわば「攻めの投資」が中心になっているといえるのに対し、邦銀のほうは、保守・管理といった「守りの投資」になっている。金融機関におけるエンジニアの数においても、米国の金融機関のほうが IT エンジニアの数は圧倒的に多いという状況である（図 9-6）。

こうした日本の特性を踏まえつつ、また、国際的にみたフィンテックを取り巻くビジネス環境の変化なども考慮しつつ、日本の中でもフィンテックの進展を「機会」として捉え、よりイノベーティブな金融サービスを育ててい

---

11) 金融審議会「金融制度スタディ・グループ」（平成 30 年 10 月 25 日・平成 30 事務年度第 2 回）における「一般社団法人日本資金決済業協会資料」参照。

く発想が重要と考える。

（2） フィンテックの進展による「機会」がもたらす環境変化への機動的対応

　海外同様日本においても、開かれた環境の中で、金融機関やフィンテック企業などの間で連携、協働の動きが進み、技術革新の動きを促していこうという取組みが重要と考える。

　金融庁としても、「オープンイノベーションの促進」という大きなキーワードを掲げ、よりよい規制環境をつくっていくという目標を持って、最近におけるフィンテックの動きに規制環境を適合させるべく、機動的な対応を行ってきた。その具体的な対応が、銀行法の改正にある。

　オープンイノベーションを促進していく上では、銀行の自前主義に囚われたIT戦略ではおのずと限界があり、現在のテクノロジーの進化とそのスピード感の中で、海外同様、テクノロジーを駆使したフィンテック企業などの第三者との連携を柔軟に行っていく必要があると考える。銀行としても、ITの進展の動きを戦略的に経営に取り込み、金融グループ全体での柔軟な業務展開を可能にするため、銀行法を改正し、金融関連のIT企業への出資を従前より易化する措置[12]を行った。

　銀行法において、銀行は出資できる企業の議決権の割合が決まっており、銀行単体の場合には、いわゆる「5％規制」があり、企業の議決権の5％までしか株式保有ができない。持株会社の場合には、この水準が15％と割合が大きくなるものの、数値基準によって、フィンテック企業との連携を前提にした投資や買収といった場合に、その基準が、銀行の投資の柔軟性を損なう可能性も指摘されるようになってきた。こうした規制上の軛を一部取り除く措置を実施した。

　銀行法の改正により、銀行において今後の利便性向上などの金融サービスのイノベーションにつながるようなIT企業への投資（出資）を行う場合には、届出により、100％の持分まで企業への出資が可能となった。これにより、

---

[12] 「情報通信技術の進展等の環境変化に対応するための銀行法等の一部を改正する法律」（平成28年5月25日成立、同年6月3日公布）。

メガバンクあるいは地方銀行も含め、フィンテック企業との連携・協働が柔軟に行える土壌が整い、現に新たな連携の動きが生まれてきている。
　もう一つの対応として、より開かれたデータ連携を行うという観点で、「オープン API」の動きも促進する取組みも併せて実施してきた。
　他方、現在の PFM サービスなどにおける金融機関とフィンテック企業のデータ連携については、顧客からフィンテック企業へパスワード等を提供し、フィンテック企業は顧客になり代わってアクセスしている。これを「スクレイピング」と呼ばれる技術で可能としているが、フィンテック企業と金融機関の間では、この方法のもとでは、必ずしも契約の締結などをしているわけではないため、個人の金融取引の情報が漏れた時などの事故が起きたとき、迅速な対応ができない可能性があることや、責任の分担が不明確になるといった「リスク」が想定される。
　現在のデジタル化が進展する社会において、データ連携の動きは重要であり、こうした動きを止めることなく、他方では、利用者サイドに及び得るリスクも想定し、金融機関とフィンテック企業のデータ連携を安全に利用するという点にも配慮し、銀行法を改正した[13]。
　API の接続方式を金融機関が開放して、フィンテック企業が利用可能とすることを前提としつつも、その際、パスワード等をフィンテック企業に提供しないかたちで、顧客が金融機関にサービスの利用申請をするかたちを確立できないかという点を考慮した。その具体的な対応として、銀行法上、フィンテック企業と金融機関の間で契約の締結を行うことを義務づけ、安全にシステムに接続するという体制を整えるように促していく仕組みを法律の中に取り入れた。
　また、フィンテック企業は、金融機関に安全に接続するために「電子決済等代行業者」[14]として金融庁への登録を行うこととなり、データ管理などの一定の要件に基づいた業務管理体制等を整える必要がある。銀行側もオープン API に対する体制整備に努めなければいけないという努力義務が規定されたが、他方、銀行は、フィンテック企業との API 接続に関する連携・協

---

13)　「銀行法等の一部を改正する法律」(平成 29 年 5 月 26 日成立、同年 6 月 2 日公布)。
14)　電子決済等代行業者の登録状況については、金融庁 HP 参照。

働にかかわる方針、あるいは、接続基準に関する方針をホームページに公表することが義務づけられた。

銀行は、仮に、この方針の中で対応ができない理由などがあれば、その旨を公表することとなっている。この枠組みは、実質的に、銀行側がAPI連携の対応を進める上での「コンプライ・オア・エクスプレイン」の仕組みが取り入れられている。現在、全邦銀のうち（外国支店を除く）、139行中130行が、API開放していく方針を発表し、122行は2020年6月までに導入するということを表明している（2018年12月末現在）。

APIの取組みについては、未来投資戦略の政府KPIというかたちで、2020年までに80行という目標が設定されているところ、現在そのレベルを大きく上回る水準になっている。オープンAPIを促進するための改正銀行法は、関連する施行規則も含めて、2018年6月1日に全面施行されたが、その全面施行に合わせて、全国銀行協会における有識者会議などを通じて、報告書等を公表し、業界標準を整える動きも並行して行うなど、果断な対応[15]も行ってきた。

（3） 決済インフラを活かし、さらなる決済高度化に向けた機動的対応

全銀システムの構築からの漸進的な金融のIT化による高度化の動きは既述のところである。データのデジタル化に代表される「デジタライゼーション」の進展により、企業にとっても、電子情報を使って、業務高度化も可能となってきた。特に、企業の中では既存の決済インフラがより高度化し、バックオフィス業務にも著しく効率化がもたらされる可能性が生まれてきている。

日本の金融インフラをさらに高度化することは重要課題であり、そうした観点からも、金融庁としても、フィンテックの動きが進展していく中で、機動的な対応を行ってきている。

---

15) 全国銀行協会において、有識者を集めた「オープンAPIのあり方に関する検討会」を設置し「検討会報告書」（2017年7月公表）を公表（英語版も公表）し、併せて「電文仕様基準」も公表した。また「オープンAPI推進研究会」を設置し、フィンテック企業と銀行との連携を促す上でAPI接続の契約書条文例（2018年7月）を作成し公表した。詳しくは全銀協HP参照。

図 9-7 決済インフラの改革（XML 電文への移行～企業が銀行に送金を依頼する際に使用する電文の高度化～）

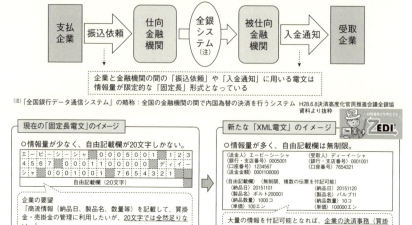

　その代表例が、銀行間決済・送金における XML 電文化への移行である。日本の銀行間決済では、これまで 20 文字の固定長電文の範囲内でしか情報を送ることができなかったが、2018 年 12 月から稼働した全銀 EDI システム（ZEDI システム）を使えば、XML 電文というフォーマットにより、ほぼ無制限に取引情報が送れるようになる（図 9-7）。

　これまで、決済・送金時において、商流との情報連携におけるボトルネックが解消され、受発注などの商流情報と企業の財務決済情報（金流情報）がつながれば、これまで営業部門や財務部門で分断されたオペレーションが一つとなる。また、財務部門も逐一取引先と確認することなく、取引内容を把握しながら、入金確認の消込作業も自動化できることも期待できる。企業にとっても、財務部門の効率化により、浮いた作業余力を生産性のある分野へ投入していくという好循環も生まれ、情報のデジタル化による新たな恩恵となることが期待される。

　こうした一連の取組みを支える上で、2016 年 6 月に、金融審議会の中に「決済高度化官民推進会議」を立ち上げ、現在の金融インフラの環境をより高度

化する施策を進めてきた。

　この会議では、「XML電文への移行」という重要課題のほか、キャッシュレス時代にも対応可能な「携帯電話番号送金サービスの提供」等のリテール決済サービスの高度化、「ブロックチェーン技術の実用化」への後押しや、既述の「オープンAPIの推進」なども取り組むべき課題として設定してきた。そのほか「電子手形、小切手の電子化」を促す取組みや、より電子的な方法での「税金や公金の納付・収納の電子化」に移していく取組みを行うなど、フィンテックの動きやそれに付随するデジタル化の動きについても、同会議がそうした取組みを推進していく役割を果たしている。

　なお、2018年12月のZEDIの運用開始に伴い、XML電文化が可能となることを説明したが、先だって、2018年10月から全銀システムは24時間365日化対応を開始した。これまで休日の送金は翌月曜日に処理されていたものが、おおむね1億円以下の送金であれば、週末にも送金ができるようになり、これにより、特に、企業の決済・送金の利便性が高まっていくことが期待される。こうした意味で、2018年は、銀行間ネットワークにおいても、革新的な取組みの嚆矢となった1年であったといえる。これら新たな枠組みを巷間のサービスに定着させていくのが、今後の課題となっている。

（4）　金融庁のサポートツールによる機動的な支援――FinTechサポートデスク・実証実験ハブ・海外協力・FinTech Innovation Hub

　フィンテックの進展に合わせ、金融庁は、フィンテックのスタートアップ企業などの取組みをサポートするシステムをいち早く設置してきた。その一つが「FinTechサポートデスク」である。2015年12月に開設して、フィンテック企業やスタートアップ企業から、特にコンプライアンス面などについての悩みや懸念に機動的かつ迅速に対応することを行ってきた。今回の講義において、多くの学生から、金融庁のサポートツールについて質問が見られ、新たな起業を想定した場合の支援ツールにも高い関心が見られた。

　このサポートデスクの大きな特徴は、「ワンストップチャネル」であるということである。これまで、認可、登録、免許の関係では、対応する窓口が異なるケースが見られ、窓口が複線的であり、フィンテック企業などのスター

トアップ企業にとって、気軽に相談しづらい環境があったことは事実である。

このワンストップチャネル創設の効果は、事業者側にとっては非常にわかりづらくなっていた窓口をすっきりしたかたちに統合したことにある。このサポートデスクでは、これまで多くの質問を受け付けているが、回答に要する時間もおおむね平均して1週間以内で対応するなど、迅速、かつ機動的な対応にも努めている。

もう一つ、金融庁のサポートシステムとして「フィンテック実証実験ハブ」がある。これは2017年9月から開始された金融庁の支援ツールであるが、より具体的には、フィンテック企業が新たなサービスの商用化を実現していく中で、とりわけ、企業が金融機関とのコラボレーションを想定した実証実験ステージにあるプロジェクトをサポートするシステムである。サービスの革新性、あるいは、利用者保護の観点で一定のスクリーニングを経てプロジェクトが選定され、その後、プロジェクトごとに、金融庁内にチームを組成して、場合によっては、関係省庁とも連携しながら、実証実験を後押ししていく。

金融庁は、コンプライアンス面など、法律的な観点でのアドバイスが中心としつつも、金融庁関係者との意見交換をしながら、実証実験を進めていけるという新たな効果を生みだしている。金融庁にとっても、実際に実用化に向けての課題や法令上の要望などを吸収できるという点で非常に得るものが多く、そうした成果は、実証実験が終了したプロジェクトから報告書としてまとめられ、公表[16]することとしている。この実証実験ハブは、実用化、商用化に向けた前向きな支援ツールとして機能している。

もう一つ、フィンテック企業が、海外に進出、あるいは、海外からのフィンテック企業の進出のサポートを受けやすくするため、関連する海外当局との間でも相互協力の関係を構築している。具体的には、書簡交換を通じた、海外当局との協力枠組みを構築し、その中で、「相互紹介制度」を設け、海外に進出したいフィンテック企業があれば、当局が窓口となって、協力国の担当者にその企業を紹介する枠組みをつくっている。また、海外当局とも率

---

16) 2019年2月現在、実証実験ハブを通じてテストを実施したケースは5例あり、そのうち4例はすでに報告書が金融庁HPに公表されている。

直な情報交換ができる枠組みでもあるため、当局間連携も進みやすいという効果も得られている。

　最近では、スイスの金融当局である FINMA（連邦金融市場監督機構）、フランスの金融当局である ACPR（健全性監督破綻処理機構）と AMF（金融市場庁）とも協力関係を構築し、イギリスの FCA（金融行為規制機構）、シンガポールの MAS（通貨監督庁）、オーストラリアの ASIC（証券投資委員会）のほか、合計9当局との協力関係を結んでいる。実際、イギリスのフィンテック企業が、この制度を通じて、日本において資金移動業として金融サービスを提供している例もある。

　そのほか「金融デジタライゼーション戦略」において、イノベーションに向けた挑戦への支援という観点で、金融庁の中に、新たに「FinTech Innovation Hub」を創設（2018年7月設置）し、さまざまなフィンテック企業等との意見交換を通じて、最新の動向や新たな課題などを掘り起こす取組みも実施している。新たな金融プレイヤーが増えていく中で、これまでの当局とのコンサルテーションのあり方を変えていくことも重要であり、双方向で対話する「機会」や「場」をつくり、新たなフィンテックに関する課題等を抽出し、今後の金融庁の対応に活かしていく取組みを行っている。

3　フィンテックの動きにも適合した規制体系構築に向けた機動的な検討（機能別・横断的法制）

　フィンテックによる金融の新時代にふさわしい法制度にかかわる検討については「金融デジタライゼーション戦略」における中核的施策のひとつである。

　これまで述べてきたように、フィンテックの動きを通じて、金融を取り巻く環境は変化し続けている。金融サービスを個別の機能に分解して提供するアンバンドリングという動きや、複数の金融・非金融のサービスを組み合わせて提供するリバンドリングという動きが一段と広がりつつある中で、金融サービスと非金融サービスとの一体化が進み、両者の間の境界がより一層曖昧になってきている。

たとえば、従来銀行が提供してきたサービスのうち、決済の一部に、さまざまな形態で新たなプレイヤーが参入してきている。電子商取引市場を運営しつつ、電子マネーとしての利用者資金の受入れや決済、資金供与などを併せて提供する例も見られる。

　こうした中、現行法制は基本的に業態ごとに法令が存在し、各プレイヤーのサービスが同一の機能・リスクを有していても、そのプレイヤーの属する業態ごとに規制の内容が異なり得る。こうした業態ごとの法制では、業態をまたいだビジネス選択の障害となりかねないといった問題があるほか、規制が緩い業態への移動等を通じて規制を回避する動きが生じるおそれがあるとの指摘がある。

　金融審議会に設置された金融審議会「金融制度スタディ・グループ」においては、まさにこうした変化を踏まえつつ、将来の金融の姿がどのようになるかといった問題意識のもとで、2017年11月より検討を行ってきた。

　このような状況に対しては、多様なプレイヤーを各業法の業態に当てはめて規制するよりも、イノベーションの促進や利用者利便の向上、そして利用者保護や公正な競争条件の確保といった観点から、まず各プレイヤーが自由にビジネスモデルやサービスを選択した上で、選択されたビジネスモデルやサービスの果たす機能・リスクに応じて、ルールを過不足なく適用していくことが重要であると考えられる。

　現行の金融規制には、たとえば銀行法、資金決済法、貸金業法、金融商品取引法、保険業法といったさまざまな法令があるが、今回の検討においては、必ずしもこうした既存の法令の枠組みにとらわれることなく、さしあたり、金融の機能を「決済」「資金供与」「資産運用」「リスク移転」の四つに分類して検討を進めてきた。2018年6月には、これまでの審議内容を中間的に整理するものとして、「金融制度スタディ・グループ中間整理―機能別・横断的な金融規制体系に向けて―」がとりまとめられ、公表された[17]。

　2018年9月には、同スタディ・グループを再開し、急速な進展が見られる分野について、具体的かつ機動的な検討を行うフェーズに移行している。

---

17)　金融庁HP（https://www.fsa.go.jp/singi/singi_kinyu/tosin/20180619.html）参照。

再開された同グループでは、(1) 情報の適切な利活用、(2) 決済の横断法制、(3) プラットフォーマーへの対応、(4) 銀行・銀行グループに対する規制の見直し、を当面の検討事項として設定し、議論を行っている。特に、データのデジタル化やその利活用の動きが急速に進展していることを踏まえ、「議論が収束したものから取りまとめ、対応を求めていく」という観点から、2019年1月には「金融機関による情報の利活用に係る制度整備についての報告」が同スタディ・グループにおいてとりまとめられ、公表されている[18]。

4 分散化された金融システムにおける課題
──新たな国際連携の確立に向けて

　ブロックチェーンは、暗号技術に立脚したテクノロジーであり、具体的なユースケースとして、ビットコイン等の暗号資産（仮想通貨）を支える技術として機能している。まだ発展途上の技術とはいえ、新たなユースケースや多様な技術的な改善が提案されており、その動向には高い関心を払っていく必要がある。

　また、ブロックチェーン技術の発展により、将来的には、より自律的かつ分散型の金融システムへ移行していく可能性が想定される。現在のビットコイン等の暗号資産は、決済の取引速度・規模（スケーラビリティ）の問題や決済完全性（ファイナリティ）の問題などの課題はあるものの、今後の技術改善の提案次第では、金融取引における決済機能等を支えるケースにも発展する可能性もある。

　他方、ブロックチェーンは、すでに暗号資産を支える技術として機能しているという事実がある中で、仮に、ブロックチェーン固有の技術的問題が発生した場合には、現在の暗号資産の取引においても、金融当局だけでは解決できない問題も今後発生するおそれがある。また、ブロックチェーンによる自律分散型の金融システムが、広く利用可能な世界が現実のものとなる場合

18）　金融庁HP（https://www.fsa.go.jp/singi/singi_kinyu/tosin/20190116.html）参照。

には、金融仲介者の存在が徐々に希薄化していき、集権的な機能を有するプレイヤーの存在がなくなっていくことも想定され、その場合、規制を行うべき対象が、より曖昧になっていく可能性も想定される。

こうしたブロックチェーンの潜在性のほか、技術上やセキュリティ上の問題、あるいは、今後の分散型金融システムが進展する可能性などに着目し、金融庁において、ブロックチェーンの「国際共同研究」というプロジェクトを進めている。

これまでの研究において、「暗号の危殆化」(いずれ暗号が破られたり、暗号そのものが陳腐化するリスク)といった、セキュリティ面などの技術的な問題にも着目した研究を進め、金融庁が主催する「ブロックチェーンラウンドテーブル」というアドホックな国際的な会議体を立ち上げ、海外の金融当局や中央銀行の有識者のほか、暗号やセキュリティの学会関係者や企業の専門家等など、多様なステークホルダーが参加し議論を行う場を創設した(図9-8)。

最近では、特にビットコインをはじめ暗号資産(仮想通貨)の分野で、51％攻撃やセルフィッシュマイニングといわれる取引不正を行うことも可能な攻撃方法も顕在化しつつあり、攻撃類型の研究のほかにも、先述の暗号の危殆化などの技術的なリスクの問題も取り上げて議論してきた。

同ラウンドテーブルは、2017年3月の準備会合を経て、2018年3月の会合では、海外の当局者ら9当局が参加し、また、東京大学や慶應義塾大学など国内の大学のセキュリティ関係の専門家、米国のMITメディアラボからも所長と専門家も参加するなど、会議体として大きく発展させてきた[19]。2019年にも同様に会議を開催する予定であり、ブロックチェーンのセキュリティ問題のほか、暗号資産の匿名化技術と再識別化技術(非匿名化する技術)の研究、暗号資産の追跡可能性の問題など、研究テーマを発展させながら、多くの専門家が参加する有機的な会議体へと発展してきている。

この会議で得られた課題認識は、新たなテーマとして、日本経済新聞社と金融庁が共同開催している、フィンテック関係の国際コンファレンスである

---

19) 金融庁HP(https://www.fsa.go.jp/news/30/20180308-9/Blockchain.html)参照。

第9章　フィンテック：金融の新時代　179

図 9-8　「国際共同研究」──課題（アジェンダ）設定

- 「暗号資産（仮想通貨）」を例にとると、ビジネス領域は、「業」、「利用者保護」等の観点で法規制化（資金決済法など）。他方、技術領域を含めたエコシステム全体で課題を検討し、金融当局としてブロックチェーンを実装した取引における必要な対応領域を明確化していく。

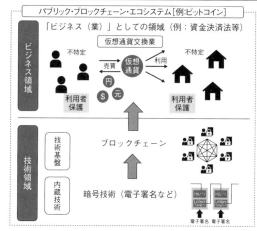

セキュリティ
・コードの脆弱性、アルゴリズムの堅牢性は誰が検証すべきか。
・攻撃等が発生した場合に想定される利用者等への影響はどの程度か。また復旧策はあるか。

技術の脆弱性
・暗号はいずれ陳腐化し破られる（危殆化）。脆弱性への対応策は実行可能か。

匿名性・追跡可能性
・匿名化技術は発展途上にある中、プライバシー保護と追跡可能性とのバランスを如何に図るべきか。

[今後] ガバナンス体制
・既に仮想通貨交換業はエコシステムに組み込まれており、交換業なくしてはビジネスは成り立たないのが現状。
・ビジネス領域について、規制監督などを通じた制度がある程度確立されている一方、技術面の脆弱性を含めたエコシステム全体での問題が発生した場合、復旧策の手順等のガバナンスの検討をしていく必要。

「FIN/SUM」（フィンテック・サミット）[20]でも取り上げ、2018年9月に開催された同コンファレンスでも、多方面からの専門家を集め、ブロックチェーンに関する潜在性や課題について議論した。特に、暗号資産の技術的な問題が発生した場合、問題がより複雑化するおそれがあることから、それを有機的に解決する場として、当局者や技術者など、より広範なステークホルダーが参加可能なコミュニティ構築の必要性などについても議論がなされた[21]。

慶應義塾大学においても、「Scaling Bitcoin」[22]というイベントが2018年10月に開催されている。多くのビットコインの技術的開発を進める専門家や、研究を進めている大学関係者などのアカデミアが集まり、最新の技術動向や課題克服に向けた最先端の議論が行われている。このイベントに先立って開催した「FIN/SUM」においても、「Scaling Bitcoin」に参加するメンバー

---

20) http://www.finsum.jp 参照。
21) 金融庁 HP「FIN/SUM 2018 議事要旨」。(https://www.fsa.go.jp/singi/finsum2018/finsum2018.html) 参照。
22) https://tokyo2018.scalingbitcoin.org/ja 参照。

も参加し、イベントをプレアップする場として活用し、FIN/SUM との連携も果たした。

　金融庁としても、一連の「場」を提供することにより、金融規制当局者だけでなく、技術コミュニティとの連携を深める「機会」につなげ、新たな国際連携のかたちを創出していく動きの中核となるよう取組みを進めている。実際、こうした「場」が、未来志向の議論や将来のアジェンダを創造する「機会」にもつながっているなど、好循環が生まれつつある。

　G20 財務大臣・中央銀行総裁会合等でも、暗号資産の問題が注目される中で、日本が国際的な議論を主導していく立場となるよう、こうした好循環を育み、新たな課題解決に役立つ仕組みをつくって行く時がきている。

CHAPTER 10

第10章 ブロックチェーンの基礎

福原 正大・嘉治 佐保子

1　ブロックチェーンとは何か

（1）　ブロックチェーンの誕生

　ブロックチェーンと仮想通貨[1]は、同時に誕生したこともあって並び称せられることが多い。しかし暗号資産は今のところブロックチェーンと不可分である[2]一方、ブロックチェーンは単独で存在し得る。ブロックチェーンにはさまざまな用途があり、それが誕生したことの影響も、応用範囲が広いという意味で広範囲にわたっている。ブロックチェーンについて初歩的な説明を提供することによって、これらの点を明らかにすることが本章の目的である[3]。

1）　2018年12月、日本の金融庁は「仮想通貨」の名称を「暗号資産」に改めた。本章では読者にとってよりなじみのある「仮想通貨」を用いる。
2）　「ブロックチェーンを使わない仮想通貨システム」として、IOTA（Internet of Things Application）が提案されている。これはすべてのブロックでなく二つ前までの任意のブロックを承認する、チェーンならぬタングル（tangle）のかたちをとるとされる（https://www.iota.org/get-started/what-is-iota）。しかしまだ開発途上で、たとえば Heilman, Narula, Dryja and Virza（2017）のように IOTA の脆弱性をつく懐疑的な見解もある。また「IOTA ブロックチェーン」と呼んでブロックチェーンの一種とする場合もある。
3）　「パーミッション型のブロックチェーン」と呼ばれ、企業秘密など外部に漏れては困る情報を、中央権力に頼らず相互信頼が保証されない環境において確実に保管する手段として「情報を共有すべき主体の間だけで作るブロックチェーン」も提案されている。ここではその存在に言及するにとどめる。

ブロックチェーンは、2008年11月にSatoshi Nakamotoという著者名を冠する論文[4]によって世に出た。世界最初の暗号資産ビットコインを成立させるために、結果としてブロックチェーンというまったく新しいシステムが同時に提案されたのである。この構想に基づくプログラムは2009年に利用可能になり、ブロックチェーンの利用・構築が開始された。ビットコイン以外の暗号資産が登場し始めたのが2011年で、ビットコインに次いで知名度の高いEtherium（コインの名前はEther）[5]は2016年に誕生している。

ビットコインが登場した背景には、既存金融機関および公的機関への不信感があった。その誕生は、いわゆるリーマン・ショックと時期が重なっており、これは偶然でない。米国だけでなく世界の経済に著しい悪影響を及ぼしたこの危機のそもそもの原因は、金融機関が開発した金融商品にあった。それにもかかわらず、金融機関は責任をとらされるどころか、むしろ血税を使って救済された。このことに対して一般国民が怒りを覚えたのは当然であり、西海岸を中心とするテクノロジーに長けた人々が、東海岸のウォール・ストリートとそれを救済した政府に頼らず、しかも信頼性の問題がない金融システムの構築を目指した。その最たるものがブロックチェーン上のビットコインだったのである。

（2）　ブロックチェーンの実態

ブロックチェーンという言葉は、暗号技術を基礎とした分散会計台帳（distributed ledger）のことを指している。「ブロックチェーン」という一つの物体が存在しているわけではない。ブロックチェーン上に構築する契約に関するネットワークを成立させるためのP2P（ピーツーピー）、分散台帳、取引、ブロック、暗号（例：ハッシュ関数）などの技術の集合体を「ブロックチェーン」と呼んでいるのである。

その最大の特徴は、一般に信頼される公的機関・クリアリングハウスやマー

4）　https://bitcoin.org/bitcoin.pdf
5）　Ethereumは、スマート・コントラクト（コンピューターなどを利用し契約を強制する仕組み）をつくるためのプラットフォームと見ることができ、そこでは契約がブロックチェーン上のプログラムとなる。誰もが少額の手数料を払えばブロックチェーン上にプログラミングの契約を書けてしまうところが画期的であり、多くの起業がEthereumを基礎として行われている。

ケットメーカーのみでなく、個人相互間の信頼さえも必要としないことである。これを「分散型のネットワーク」と呼び、その上で取引が実現する。ブロックチェーンは会計台帳を維持・利用するための計算アルゴリズムであり、インターネットと同じく21世紀の汎用技術（General Purpose Technology; GPT）として、フィンテックだけでなく、多くの分野で必須のテクノロジーとなりつつある。

　P2P は peer to peer の略語であり、インターネットに接続した PC やサーバー（ノードと呼ぶ）のそれぞれにファイルを保存し共有する状態を指している。ここで peer は個々の PC やノードを指し、PC やノードのそれぞれを相互に接続してファイルをシェアしていることを表している。この点が、中心となるサーバーがファイルを保有し、利用者が全員このサーバーだけに接続して情報を取得する仕組みと大きく異なっている。

　一方、分散台帳とは、タイム・スタンプが付いた、ネットワーク参加者全員で常に見ることができるデータベースのことである[6]。取引はネットワーク上の命令のかたちをとり、ブロックは時間単位ごとに複数の取引を格納する箱のようなものである。ブロックは次々に鎖のようにつながれていくので、チェーンという名称がふさわしい。ブロックを新しく構築することをマイニングといい、マイニングを行う人々をマイナーと呼ぶ。

　このブロックチェーン技術全般の現況はインターネット黎明期に似ている。さまざまな可能性が描かれる一方、まだそのテクノロジーをなす一つひとつのパーツには問題があると言わざるを得ない。ただし将来的に、インターネットがそうであったように、GPT としてわれわれのまわりで当然のインフラとなっていくであろう。

（3）ブロックチェーンの問題点

　ブロックチェーンに対する批判は少なくない[7]。その欠点としては、以下

---

[6] 分散台帳と中央集権化された台帳のちがいは、BIS（2018）の図解がわかりやすい。
[7] たとえばそれを「人類の歴史の中で最も過大評価され、最も使えないテクノロジーである」とする Roubini（2018）を参照されたい。仮想通貨についても、それ自体が「詐欺である」という見解もあり、犯罪に使われるという問題もある。また仮想通貨が通貨の役割を担うようになった場合には、金融政策の有効性への影響、誰がどういう法的根拠で最後の貸し手となるか、という問題が生じよう。

を挙げることができる。

1．大量の電力を消費すること
2．マイナー間の意見が対立するとブロックが分岐する「フォーク問題」が生じること
3．量子コンピューターによる暗号解明に対して脆弱である

　大量の電力を消費することについては、いくつかの研究で具体的な数字が示されている。Hileman and Rauchs (2017) は、ビットコインの年間電力消費量が、人口330万人のウルグアイの年間電力消費量に匹敵すると指摘している。

　エネルギー消費の問題を解決する一つの手段としてASIC（Application-specific integrated circuit）耐性がある。マイナーがブロックを形成するために解くハッシュ関数計算用に最適されたコンピューター（ASICチップを利用）に対する耐性を持つアルゴリズムを利用すると、個人のコンピューターとの間で解く差をなくすための特性である。

　当初から注目された方法が、大量のCPU時間だけで計算スピードが変わるものではなく、大量のCPU時間に加えて大量のメモリーを必要とするmemory hardなパズルである。scryptと呼ばれる、力づくではハッシュ関数を解けない方法である。これがASIC耐性である。

　別の方法として消費電力を抑える点に注目したのが、自由にマイナーに競争させ消費電力競争をさせるのでなく、持っている仮想通貨の量に比例してマイニング・パワーを提供したうえで競争させる取り組み（Proof of Stakeの一種）である。初めてこれを利用したのがPeercoinという仮想通貨である。これは、マイナーがブロックを構築する過程であるProof of Workに、Proof of Stakeの一種であるcoin ageを利用させて、coin ageをたくさん持っているとProof of Workが解きやすくなるというものだ。ただこの取組みは、ブロックチェーンの趣旨である開かれた民主的なシステムという本質的な意義から離脱し、中央集権的なかたちに向かってしまうことになる。

　フォーク問題とは、既存仮想通貨を支える主プレイヤー間で意見の対立が起こり、すでに存在する仮想通貨が分岐し、結果として新しい二つの仮想通

貨が生まれるというものである。別の言い方をすれば、二つの新しいブロックチェーン上のチェーンが出来上がることを示す。

ソフトフォークと呼ばれる、過半数のマイナーが賛成し変更を行う場合であれば、新しいチェーンと過去のチェーンとの間にシステム上の整合性を保つことができるので、問題は限定的ではある。しかしながら、ハードフォークと呼ばれる、過去のチェーンについての存在は認めるものの、システム的に必ずしも整合的ではない新しいチェーンを構築する場合には、新しいチェーンが過去の運営とまったく異なる可能性もあり、大きな問題である。

通貨の例でいうのであれば、政府や中央銀行の職員がほぼすべて入れ替わり通貨運営にあたるようなものであり、結果として通貨の信頼性が著しく減じられるのである。

量子コンピューターを利用すると暗号が容易にわかってしまうという点は、ブロックチェーンのみの問題ではない。しかしながら、量子コンピューターの問題がブロックチェーンで深刻なのは、他の利用では人間を介することなどで暗号問題を電子上だけの問題にしない方法がある一方、ブロックチェーン上の匿名化された公開鍵と秘密鍵利用の暗号が容易に見破られるようになると、システム自体のリスク管理が崩壊してしまうことである。例でいうならば、銀行の海外送金では人間が介在することが非効率である一方、リスク管理上は量子コンピューターで制御できない人間の存在がリスク耐性を高めるのである。

（4）ブロックチェーンの利点

ブロックチェーンの利点は、次の通りである。

1．経済効率性を上昇させ、イノベーションを起こしやすい環境をつくる
2．「取引の不可逆性」と「通貨の二重支払い回避」を担保できる
3．集団における意思決定の新しいモデルを提案する

第一の利点であるが、ブロックチェーンはインターネット上の誰でもアクセスできる空間で、特定の仲介者・所有者を必要としない合意形成を可能にする。そして時間とともにたまっていく情報履歴を、改竄の危険がなく事後

的に追跡可能なかたちで残すことで取引の透明性も維持し、嘘をつくインセンティブを除去している。よって、手数料など仲介者を介することのコスト、ベリフィケーション（規則や仕様などの指定された条件に合致する商品やサービスであることの確認）のコストが減る。

また、ネットワーク外部性[8]を低コストで達成させる。これらは経済効率性を高めると同時に、イノベーションを起こしやすい環境をつくっていく。

第二の利点は、ブロックチェーン上で仮想通貨を取引する場合に該当する。電子通貨には、「取引の不可逆性」と「通貨の二重支払回避」をいかにして確保するか、という問題がある。

紙幣や硬貨であれば、買い手から売り手にしかるべき金額が渡れば取引が成立し、同額の紙幣やコインを物理的に返金しない限り、取引には可逆性がない。しかし支払いが電子的な記録というかたちで実行される場合には、記録を改竄することができるのであれば、この不可逆性は担保できない。

また、二重支払いについては、物理的に渡して手元を離れた紙幣や硬貨はもう一度使うことができないが、電子的な記録を書き換えて同じ通貨を二度使うことがあり得る。「取引の不可逆性」と「通貨の二重支払い回避」を担保するためには、法的強制力を持った公的機関が介在する必要があると考えても不思議でない。しかし、ブロックチェーンは、民間主体だけの、しかも中心的存在がない分散型のシステムにおいて、この二つを実現する仕組みなのである。しかも、これらの民間主体が互いに信頼し合っていることさえ、不要である。

第三の利点は、ブロックチェーンが分散型であることから生じる。GAFA（Google, Amazon, Facebook, Apple）や BAT（Baidu, Alibaba, Tencent）による情報の独占が指摘されているが、分散システムの優位性をうまく利用できれば民主的な情報保有への流れをつくることができよう。そうすれば独占的な地位を持つ巨大企業のレント・シーキングから生じた利益を民主的に還元させることができ、これがまた新しいイノベーションにつながることも

8）「ネットワーク外部性」とは、利用者が増えることによって当初からの利用者が得る利便性のことである。当初からの利用者は、あとからネットワークに参加した利用者がもたらす利便性に対する対価は支払わないので「外部性」と呼ぶことができる。

あり得る。欧州で施行された個人情報保護法のGDPR（General Data Protection Rule）は公的機関主導で個人の情報利用リスクを軽減させたが、ブロックチェーンを活用すれば個人が主体となって情報保護を行うことも可能になろう。

より広い範囲での応用という観点からは、中心的な一つの主体があるモデルだけでなく、逆の極端のモデルも出てきたのはよいことかもしれない。独裁か民主的決定かという人類始まって以来続く問いに対して、新たに答えを提供しているともいえる[9]。

中央の存在と、参加者の相互信頼を必要とせずに成り立つシステムが提案されたことには大きな意義があり、「複数の主体の意思決定」という意味で政治的決定プロセスについても何らかの示唆があり得る。暗号技術（公開鍵と秘密鍵、ハッシュ関数など）、公開帳簿、マイナーに対する正しいインセンティブ、P2Pネットワークを通じて、マーケットデザインの問題に世界初の新しい回答を示したのがブロックチェーンとビットコインなのである。

ただし「51％問題」として知られるように、ブロックチェーン形成に参加している51％の主体が結託して「嘘」をつこうと思ったら、正しい情報を含むブロックをつないでいく試みは失敗してしまう。その意味では、「嘘をついて得をしよう」という、人間の最も基本的な欲求の一つへの対応策は、容易にみつかるものでないことがわかる。

2　ブロックチェーンを利用した送金の例

ここではブロックチェーンが実際にどのようなかたちで利用されるか示すため、代表的な利用例であるビットコイン送金について解説する。

9）　チャーチル元首相の1947年の発言、"Many forms of government have been tried, and will be tried in this world of sin and woe. No one pretends that democracy is perfect or all wise. Indeed, it has been said that democracy is the worst form of government, except for all those other forms that have been tried from time to time."はよく引用され、経済理論では「アローの不可能性定理」が知られている。「アローの不可能性定理」とは、「二項独立性と満場一致性を満たす集約ルールは、独裁制のみ」という定理であり、二項独立性とは「選択肢XとYの対決に、他のあらゆる選択肢Zが一切の影響を与えない」ことである。坂井（2015）特にp.113、およびhttps://www.coindeskjapan.com/4012/を参照されたい。

東京にいるAさんが、ロンドンにいるBさんに資金を送る場合を考える。ブロックチェーン以前の金融の仕組みでは、仲介者としての銀行が存在し、銀行窓口や銀行のウェブサイトから送金をする以外に方法はなかった。Aさんにとってみると、銀行の送金手数料が高いこと（海外送金は基本5000円を超える）、銀行が倒産するリスクがあること（海外では銀行が倒産することも珍しくない）などが問題となる。また、時間制限（銀行の営業時間や相手国の祝日など）や週末の資金送金ができないこと、Aさんの行動履歴情報を銀行に握られるという欠点もある。

これに対し、ブロックチェーン誕生後の世界では、以下の過程を経て送金が可能になった。

フェーズ1：Aさん―Bさん―仮想通貨交換所

AさんとBさんは、日本においてはBitFlyerなどの仮想通貨交換所・取引所で、みずからの仮想通貨口座を作成する必要がある。口座のことをウォレット（Wallet）といい、暗号鍵として公開鍵と秘密鍵の二つのセットから成り立っている。ウォレットは、さまざまなビットコインのアドレスにアクセスできるファイルを格納する場所である。

秘密鍵からペアーとしての公開鍵が構築される。この秘密鍵情報を失うと、その後一切ウォレットを利用できなくなるので、この秘密鍵をどのように保管しておくかが重要になる。秘密鍵情報を常時はネットにつながっていない環境に保管することをコールド・ウォレット（Cold Wallet）と呼ぶ。ハッカーなどに狙われず安全な方法ともいえるが、その情報をなくしてしまうと、仮想通貨は二度と戻ってこない。一方、交換所自体などネットにつながっている環境で保管することをホット・ウォレット（Hot Wallet）という。簡易な保管方法であるが、仮想通貨と同じネット空間に置くことはリスクが高いともいえる。

送金する際には、送金データをみずからの秘密鍵で暗号化する。これを電子署名という。その後、交換所からAさんの電子署名された送金情報が公開鍵とともに送金先（多くの場合Bさんの利用する交換所）に送付される。つまり、Aさんの秘密鍵で電子署名された取引データとAさん

の公開鍵が、ブロックチェーンを通じて先方に送られるのである。
　これ以降は、誰もがこの送金情報を公開鍵情報から手に入れることができる。

フェーズ 2：ビットコインのシステムを支えるブロックチェーンとマイナー

　ビットコインのブロックチェーン上の取引はマイナーと呼ばれる投資家たちにより保たれている。マイナーは、先ほどの A さんが B さんに送金するなど、あらゆるブロックチェーン上の取引を 10 分ごとにブロックとして一つにまとめるための競争をしている。

　暗号鍵の一種であるハッシュ関数を、ナンスと呼ばれる任意の値をさまざまに入力し（ここがマイナー間の競争部分）、ハッシュ関数の結果出てくるハッシュ値を一定の数値にすることができた人が、10 分ごとのブロックをまとめ、一定量のビットコインを獲得することができるのである（この獲得金額は、中長期的に減衰していくが、現時点においては 12.5 ビットコインである）。

　ハッシュ関数は、ブロックの膨大な情報をある固定された長さの数字に置き換える関数であり、膨大な情報を一意的に決定する数字に変換する一方、この数字から元の情報を類推することが一切できないという意味で一方向性を持っている。

　マイナーは、改竄を防ぐために前のブロックのハッシュ値、新しいブロックに関する情報、そしてブロックごとにマイナーが与える数字であるナンスを組み合わせてハッシュ値をつくる。このナンスとハッシュ関数の組合わせ数字が、ある一定の閾値よりも小さくなった場合、そのマイナーがビットコインを獲得するのである（ある種の「くじ」である）。

　この仕組みを理解するには MIT のシミュレーションサイト[10] がとてもわかりやすいので、ぜひ勉強してほしい。

---

[10]　ブロックチェーンの欠点としてあげた「電力消費量が多い」ことは、この計算・競争に大量の電力が使われることからきている。http://blockchain.mit.edu/how-blockchain-works

フェーズ3：確定

　マイナーがブロックを構築し、そのブロックの正当性証明が終わると、AさんとBさんの取引が終了する。だいたいこの証明に30分から1時間程度の時間がかかる。多くの海外送金の場合、時間がかかることには問題がない。しかし、数分ごとにさまざまな受送金を行いたい場合、現在のブロックチェーンは対応できないところには注意が必要である。証明スピードをどの程度早くするかで、送金手数料が変わるのが一般的であるが、いずれにしてもこの手数料は銀行手数料より安価である。

　ただしすでに述べたように、仮想通貨は現時点で、特に新興国以外では海外送金に利用されることが少ない。法律もひとつの原因であろう。たとえば日本では、資金決済法、外為法、犯罪収益防止移転法など多くの法律が関係してくる。

3　ブロックチェーンの可能性

（1）　ビジネスにおける可能性

　ブロックチェーンは、大きなビジネスを生み出す可能性を孕んでおり、その課題も可能性につながっている。ここでいう課題とは、ラストマイル（最後の一マイル）問題だ。
　ラストマイル問題とは、現実に行われた取引を、どのように、誰が、デジタル上のブロックチェーン上に載せるのかという問題である。つまり、デジタル上に載せたデータと現実のアクティビティをいかに同期させるかである。この同期を行うために、仮想通貨を利用したインセンティブ設計をどのように行うのか、センシングなどIoTの技術を利用し人の介入なくしてつなげる方法がないのか。これらについて考えて、マーケット設計していくことは、挑戦であると同時に新しいビジネスを構築するビジネスチャンスともいえる。具体的にどのようなビジネスで応用されようとしているのか、次項以降で概観する。

（2） 金融サービス

金融サービスにおいては、ブロックチェーン自体がビットコインのために開発されたことからも明らかなように、金融サービスにおいてブロックチェーンの応用は加速されていくであろう。応用例として、BitGold 社の事例をみてみよう。

BitGold（現 GOLD Money 社）

「ブロックチェーン技術は、送金・決済革命を引き起こす。世界中の人が、送金・決済にかかわるコストの低下とより安全で透明性の高い金融サービスを手にすることができるのだ。私たちは、『GOLD』を資産性ビットコインとしてとして捉え、この大きな革命において重要な役割を持たせる」
Josh Crumb、元 BitGold 社共同創業者兼チーフ戦略オフィサー

上記の考えのもと起業し成功したのが BitGold 社である。BitGold 社の信念は、GOLD に電子通貨技術が進む中で重要な役割を負わせるというものだ。価値の低下やインフレーションリスクのある不換紙幣や、内在的価値がなく大きな価格変動や規制リスクのある仮想通貨のオルタナティブとして、GOLD を捉えたのである。

BitGold 社の特許技術である Aurum は、ブロックチェーンのテクノロジーを利用している。ビットコインの利用者にとっては、ブロックチェーンは取引の不可逆性と二重利用をさせない技術である。

一方でビットコインとは異なり、Aurum は分散されたツールとはなっていない。Aurum が利用するブロックチェーンの主な機能は、帳簿機能と、GOLD 価格市場との裁定にある。GOLD がしっかりと BitGold 社で保有されていることを示すことが役割なのである。

さらに、Aurum は、GOLD 保有をリアルタイムですべての保管施設で監査し、口座保有者と実際の GOLD の保有が合致しているか確認する役割を持つ。

Aurum は、三つの方法で GOLD にかかわる帳簿情報を関係者に伝える。

(ア) 毎日数回、電子コピーと紙のコピーで、災害が起こった時に備えたリカバリーセンターに報告される
(イ) 24時間ごとに、情報を暗号化した上で、電子コピーが第三者である監査に安全なかたちで伝えられる
(ウ) 第三者の監査法人が、定期および不定期の監査を保管施設に対して行い、GOLDの保有が報告されているとおりとなっているかを顧客に報告する

　BitGold社は、電子決済改革の中、これまでにない容易さで、GOLDを安全に取得、保管、利用することを可能にした。決済サービスを容易にするためのデビットカードも発行している。ATMを通じて、顧客はGOLDのアカウントで現金を引き出すことも可能となった。口座は無料で作成可能であり、すべてのGOLDは、1キロの延べ棒か、ブランド化されている10グラムのGOLD CUBEといつでも交換可能である。BitGold社は、すべての人々に、GOLDの取得、保管、利用を簡単にするすべてのプロセスを提供しているのだ。
　こうしたB to C（消費者向けサービス）以外にも、B to B、バックエンドである金融のオペレーション部門、貿易ファイナンスなど多くのブロックチェーン応用例が現在出てきている。

（3）ブロックチェーン上の仮想通貨の通貨としての役割

　日本では、2019年3月15日に閣議決定され金融庁が国会に提出した「情報通信技術の進展に伴う金融取引の多様化に対応するための資金決済に関する法律等の一部を改正する法律案」の中に、資金決済法の一部改正というかたちで「仮想通貨」を「暗号資産」に改めることが盛り込まれた。これを踏まえ、所得税法においても呼称を「仮想通貨」から「暗号資産」変更することが、同法案の附則18条に入ることになった[11]。
　実際、先進国において仮想通貨は取引の媒体として用いられることが少な

---

11) https://www.fsa.go.jp/common/diet/198/02/houritsuanriyuu.pdf

い。これに対し新興諸国でとくに中央銀行の信用が低い国では、仮想通貨が取引の媒体として受け入れられやすい土壌がある。2019年、年率200万％を超えるインフレが続くベネズエラでは、政府が発行した仮想通貨ペトロは米国政府によって失敗と呼ばれているが、民間が発行する仮想通貨で食料品などを購入する動きが出ている。またマドゥロ政権はビットコインとライトコインという仮想通貨を使う送金システムを創設している。

通貨の安定をはかるために発行量見合いの準備金を積むステイブル・コインなどUnit of Accountを目指す動きも活発化しており、今後のイノベーションが期待される。一方、2018年3月にアルゼンチンのブエノスアイレスで開催されたG20（20カ国・地域の財務相・中央銀行総裁会議）は、仮想通貨は「通貨」でなく「暗号資産」であるとし、市場の健全性への影響、犯罪（脱税、マネーロンダリング、テロ資金供与など）での利用など、さまざまな問題を指摘した。その後、金融活動作業部会（FATF、金融監督者の会合）で規制を検討し、2019年6月に発表して世界各国にその法的執行を求めることになっている。

そもそもブロックチェーンと仮想通貨が誕生した理由を考えれば、政策当局が肯定的でないのは当然ともいえる。しかしすでに述べたように、ブロックチェーンは暗号資産だけを提供するものではない。また、すでに指摘したように自国の通貨当局に対する信頼がゆらぐ国では、暗号資産を通貨として用いるインセンティブばかりか、必要性さえある。消費者や投資家を保護するための規制は当然必要であるが、イノベーションの目を摘まない配慮も重要であろう。

（4）その他の応用例

IBMをはじめ多くの企業が、ブロックチェーンのビジネス応用の基礎となるプラットフォームをブロックチェーン上に構築・提供している。その上で、構築したプラットフォーム上で多くの新しいビジネスが金融サービス以外で活発に提供されはじめている。

ブロックチェーンは、仲介者を必要としない構造であるため、仲介業が存在するビジネス全体で可能性が広がる。たとえば、ビジネス仲介者である旅

行代理店、新聞などのメディアなどが、ブロックチェーン上の新しいビジネスにより代替される可能性もある。

　このほか、ヘルスケアー業界において、社会保障を担う政府、病院、患者、薬局の間の情報流通にブロックチェーンを利用し、社会保障費を減少させる取組みも始まっている。患者情報の匿名化や法律の壁などがあるが有望な応用事例といえるであろう。特に日本のように今後社会保障費が増大する一方、少子高齢化が進みその担い手が少ない中、ブロックチェーンを利用し透明性を高め、膨大なデータを利用し医療の低コスト化と効率性の向上を起こす取組みが出てくることは重要だ。またジョージア政府は、ブロックチェーンを自国の不動産の登記情報を載せるプラットフォームとして活用することを決め、Bitfuryというベンチャー企業がこのプラットフォームを構築している。

　ブロックチェーン上に多くのデータが蓄積されれば、機械学習などの人工知能技術を利用し、新しい知見を得ることも可能となる。ビッグデータ解析に強い機械学習自体をスマート・コントラクトの一部として組み込むことで、新しい社会の可能性が開かれよう。

　ブロックチェーンは汎用技術（General Purpose Technology; GPT）として今後さらなる飛躍が見込まれる。日本の金融業はもとより、仲介業者的な役割が、ブロックチェーンを通じてアップデートされる可能性が高い。イノベーションを引き起こすことができるプラットフォームであり、多くの企業、特にスタートアップ企業の参入が待たれるところである。

　当面の課題は、ブロックチェーン分野を担える人材の欠如である。特に、日本においては、ブロックチェーンはもとよりデータ・サイエンティストなどビッグデータ時代に必要な人材の欠如は著しい。理系文系という区別なく、イノベーションを引き起こすべく、この分野に果敢に挑んでいく人材が増えることが望まれる。

【参考文献】

戸村肇（2017）「決済の経済学から見た電子決済と金融システム」財務総合政策研究

所における講演、2017 年 11 月 14 日、2019 年 2 月 25 日にアクセス。
https://www.mof.go.jp/pri/research/seminar/fy2017/lm20171114.pdf
坂井豊貴（2015）『多数決を疑う』 岩波新書。
ビットバンク株式会社＆『ブロックチェーンの衝撃』編集委員会　監修馬淵邦美（2016）『ブロックチェーンの衝撃』 日経 BP 社。

Bank for International Settlements（2018）"V. Cryptocurrencies: looking beyond the hype," *Annual Economic Report 2018*.
https://www.bis.org/publ/arpdf/ar2018e5.pdf　2019 年 2 月 19 日に取得。

Casey, Michael, Jonah Crane, Gary Gensler, Simon Johnson, and Neha Narula（2018）"The Impact of Blockchain Technology on Finance: A Catalyst for Change," *Geneva Reports on the World Economy* 21, 2019 年 2 月 23 日に取得。
http://www.sipotra.it/wp-content/uploads/2018/07/The-Impact-of-Blockchain-Technology-on-Finance-A-Catalyst-for-Change.pdf

Catalini, C. and J. Gans（2018）"Some Simple Economics of the Blockchain," *NBER Working Paper* No. 22952、2019 年 2 月 23 日にアクセス。
https://www.nber.org/papers/w22952.pdf

Griffoli、Tommaso Mancini, Maria Soledad Martinez Peria, Itai Agur, Anil Ari, John Kiff, Adina Popescu and Celine Rochon（2018）"Casting Light on Central Bank Digital Currencies," November 12, 2018、2019 年 2 月 23 日に取得。
https://www.imf.org/en/Publications/Staff-Discussion-Notes/Issues/2018/11/13/Casting-Light-on-Central-Bank-Digital-Currencies-46233

Hileman, Garrick and Michel Rauchs（2017）"Global Cryptocurrency Benchmarking Study," 2019 年 2 月 23 日に取得。
https://www.jbs.cam.ac.uk/fileadmin/user_upload/research/centres/alternative-finance/downloads/2017-global-cryptocurrency-benchmarking-study.pdf

Heilman, Ethan, Neha Narula, Thaddeus Dryja and Madars Virza（2017）"IOTA Vulnerability Report: Cryptanalysis of the Curl Hash Function Enabling Practical Signature Forgery Attacks on the IOTA Cryptocurrency," 2019 年 2 月 25 日にアクセス。
https://github.com/mit-dci/tangled-curl/blob/master/vuln-iota.md

Krause, Max J. and Thabet Tolaymat（2018）"Quantification of energy and carbon costs for mining cryptocurrencies," *Nature Sustainability* volume 1, pp. 711–718.
https://www.nature.com/articles/s41893-018-0152-7

Kumhof, Michael and Clare Noone（2018）"Central bank digital currencies —design principles and balance sheet implications," *Bank of England Staff Working Paper* No. 725, May 2018、2019 年 2 月 23 日に取得。
https://www.bankofengland.co.uk/-/media/boe/files/working-paper/2018/

central-bank-digital-currencies-design-principles-and-balance-sheet-implications
Mougayar, W. and V. Buterin (2016) *The Business Blockchain*, John Wiley & Sons, Inc.
Narayanan, A., J. Bonneau, E. Felten, and A. Miller (2016) *Bitcoin and Cryptocurrency Technologies: A Comprehensive Introduction*, Princeton University Press.
Roubini, Nouriel (2018) "The Big Blockchain Lie," 2019年2月19日にアクセス。
https://www.project-syndicate.org/commentary/blockchain-big-lie-by-nouriel-roubini-2018-10?barrier=accesspaylog
Vergne, J. and B. Burke (2015) "BitGold: Turning Digital Currency into Gold?" *Harvard Business Review*, December 23.
https://hbr.org/product/bitgold-turning-digital-currency-into-gold/W15608-PDF-ENG

CHAPTER 11

第11章

機械学習の原理と応用

中妻 照雄

1 「考える機械」による問題解決

　18世紀半ばから19世紀にかけてイギリスで始まった産業革命によって、主に人力に頼っていた製造業に機械による大量生産の手法が持ち込まれた。これを可能にした技術革新には、紡績機・織機などの製造機の発明、これを動かす動力源（蒸気機関）の改良、さらには蒸気機関を活用した原材料や製品などの運搬手段（蒸気機関車や蒸気船）の開発などが挙げられる。この工業化により労働生産性が飛躍的に向上するとともに、人々のライフスタイルは農地での耕作を中心としたものから工場での労働を前提にしたものへと変貌していくことになる。

　一方、20世紀後半に始まった情報通信技術（ICT; Information and Communications Technology）の革新は、考える機械「コンピュータ」を作り出し、この機械同士をつないで情報のやり取りを可能とする「インターネット」を生み出した。そして、この間コンピュータの計算処理能力と記憶容量は指数関数的に向上し、数値計算を伴うさまざまな作業（簡単な四則演算から複雑なシミュレーション、微細なコンピュータグラフィックスの処理など）を実用的な時間と費用で遂行できるところまできている。

　このような考える機械を手にした研究者は、機械に人間が行うような推論や意思決定を代行させられるのではないかと期待して、これを可能とする機

械（有り体に言えば人工知能（AI）であるが）の開発に取り組んできた。この研究は 1950 年代にまで遡るが、研究の進捗状況は時期によってまちまちであり、大いに進展した頃もあれば停滞期も経験してきた。しかし、特に 2010 年代に入ると並列計算処理システムの普及と効率的なアルゴリズムの開発などにより飛躍的な進歩を遂げ、一気に実用化のめどが立つようになった。これが昨今の AI ブームと呼ばれる現象の端緒となっている。

　最初の産業革命における紡績業の例でいうと、糸を紡ぐという単純作業を人の代わりに機械にさせたことで生産性が大きく向上したのであるが、ICT の進歩によって高性能化したコンピュータにさせようとする作業は、人が行ってきた広い意味での問題解決の代行である。ここでいう「問題解決」とは、与えられた仕事を最も効率的に実行する手順や手段を発見することを指す。何をもって「最も効率的に実行する」ことになるのかは問題の性質によるが、わかりやすい例として、自動車の運転を使って運転手の行っている問題解決を説明しよう。

　ここでは運転手が通勤のため自分の車を仕事先まで走らせているとする。このとき運転手は、目的地までの正しい道を進んでいるのかを確認しつつ、走っている道路の制限速度を超えていないか、次の交差点で信号が赤に変わるか、交差点で対向車線の車が右折してくるのか、物陰から人などが飛び出してこないか、などいろいろな状況の変化に注意を払いながら安全運転を目指すことになる。この場合は目的地に着くことが与えられた仕事であるから、早く到着できれば効率的であるといえよう。しかし、途中で事故を起こしてしまっては意味がないので、時間だけではなく安全性もまた配慮しなければならない。このように人は単に機械的に作業をしているように見えても、実は絶えず次に何が起きるかを予想しつつ、できるだけ最善の行動を選択するように努めるという複雑な問題を解いているのである。

　したがって、人が行ってきた問題解決をコンピュータに代行させるためには、まずコンピュータが解けるかたちに問題を落とし込む必要がある。問題の設定が曖昧なままでは、コンピュータはおろか、人であっても問題の解きようがないのは自明であろう。特にコンピュータが得意とするのは「よく定義された問題」を解くという作業である。たとえば、コンピュータにとって、

数学における方程式の解を計算するという作業はお手のものである。解くべき問題は明確であり、高速に解を計算するアルゴリズムも数多く提案されてきた。

また、囲碁や将棋のようなゲームではコンピュータがプロ棋士を負かすところまできたが、数学的には囲碁や将棋はルールが明確に決まっている「よく定義された問題」なので、これも実はコンピュータの得意領域である。極論すれば、とにかく総当たりで手を読んでいけば最善手を探し出せるのである。もちろん実戦では持ち時間の制約があるため高速のコンピュータを用意しなければならないし、最善手の探索アルゴリズムにも工夫を凝らす必要があるのはいうまでもない。

さらに実用的な例として「巡回セールスマン問題」が挙げられる。巡回セールスマン問題とは、「営業担当者があらかじめ決められたすべての取引先を最短距離で巡回するにはどの経路をとればよいか」という問題であり、宅配便の配送経路や電子部品の配線などさまざまな応用先を考えることができる。取引先の数と位置は前もって決まっているので、問題設定自体は明確である。しかし、取引先の数が増えると最短経路を探すための計算時間がどんどん長くなるため、高速のコンピュータを使うことなしには解けない問題である。

この巡回セールスマン問題は数学で最適化問題（数理計画問題）と呼ばれるものの一種であり、一般に以下のように定式化される。

まず、選択可能な変数の値（ここでは「意思決定者が選べる何か」程度に理解しておいてほしい）の集合を規定する制約条件を設定する。たとえば、巡回セールスマン問題では移動経路が選択可能な変数であり、移動経路には取引先をすべて回るという制約条件が課されている。

次に、変数によって値が決まる目的関数を決める。巡回セールスマン問題では移動距離が目的関数である。当たり前のことだが移動経路によって移動距離が変化するから、移動距離という目的関数を最小にする移動経路を見つけることが巡回セールスマン問題の目的であるといえる。この目的関数の値を最小（あるいは最大）にする変数の値を最適解（あるいは単に解）と呼ぶ。そして、最適化問題の解は必ず制約条件を満たしていなければならない。

まとめると、最適化問題とは

- 制約条件で規定される選択可能な変数の値の中から
- 目的関数の値を最適（最小あるいは最大）にするものを選び出す

という作業であるといえる。

比較的簡単な最適化問題であれば解を厳密に求めることが可能である。たとえば2次方程式の最小点（あるいは最大点）には公式があるので厳密な解がすぐに求まる。しかし、問題が複雑になると、たとえ「よく定義された問題」であっても解を厳密に求められるとは限らない。

囲碁や将棋には理論的に必勝法が存在することが知られているが、厳密に必勝法を探索することは現在のコンピュータの能力をもってしても物理的に不可能である。しかし、囲碁や将棋の対局に勝つことが目的であれば、今の局面での勝ち筋を見つければよいだけである。したがって、そもそも厳密な必勝法を見つける必要はない。

巡回セールスマン問題も、厳密に解こうとすると計算時間のかかる難しい問題であるが、巡回のための距離を十分短くできる経路を見つけられるのであれば、厳密な最適解でなくても実用上は差し支えないだろう。このように厳密ではないが目的関数を実用的な意味で十分最適化するような解を準最適解と呼ぶ。

2 データに基づく学習

最適化問題は一見複雑だが数学的には明確に定義された問題であるが、逆に答えは明白だが定義の難しい問題というものも存在する。街なかで犬や猫に出くわしたとき、普通は一目見るだけで犬と猫のちがいはわかるものである。しかし、この犬と猫の差を言葉で表現しろと言われると、意外と難しいと感じるのではないだろうか。この犬と猫の区別という作業が「パターン認識」の例である。普段の生活の中で人々は目にする物体を、あれは人間、これは電柱、と何気なく判別しているが、これを機械にさせるのは、実は結構大変である(そもそもこれができないと自動運転車を走らせることできない)。

機械にパターン認識をさせる手法としてはさまざまなものが提案されている。これについては後で詳しく紹介するが、まず基本事項として、パソコンやスマホの画面は色のついた点（ピクセル）の集まりであり、これらに表示される写真などの画像データはピクセルの集合体であることに注意しよう。ここに犬の写真と猫の写真という2種類の写真があるとすると、これらは見方を変えると異なる解釈が可能なピクセルの集合体とみなせる。一方のピクセルの集合体が犬であり、もう片方が猫であるということは、人間であれば猫目であるとか顔の輪郭であるとか耳の形などの特徴を過去の経験に照らし合わせて判別しているはずである。

　これを機械に行わせる一つの方法は、あらかじめ「猫目」とか「猫耳」という特徴を数値化して（機械は数値しか理解できない）、この数値化された特徴（特徴量）に合致した写真を猫である、あるいは犬であると判断させるやり方である。この方法を使うには写真を判別する上で効果的な特徴量を人間のほうで前もって見つけて機械に教えておく必要がある。

　しかし、どの特徴量が判別に効果的かどうかはケースバイケースであり、実際には試行錯誤で見つけるより方法はない。しかも、そうやって見つけた特徴量を使っても判別の精度は期待されたほどの高いものにはならなかった。

　これに代わる手法として登場したのが深層学習（ディープ・ラーニング）である。深層学習は高階層のニューラルネットワーク・モデルを使った機械学習の手法の総称である。深層学習の利点は、ニューラルネットワーク・モデルに多くの写真を学習させることで、モデル内部に特徴量を自動生成してしまうことにある。

　ここでいきなり「学習」という用語が出てきたが、機械学習における「学習」とは、判別や予測の精度が高くなるようにデータに基づいてモデル内の変数（パラメータという）の値を調整する作業を指す。これは統計学での推定という作業に対応する。深層学習を活用して、人が特徴量を選んで機械に与えるのではなく機械に特徴量を自律的に学習させるという発想の転換は、判別の精度を飛躍的に向上させて機械学習の実用性を高めることとなった。

　パターン認識の応用先は画像データにとどまらない。音声データに適用すれば人の話した言葉を自動的に文字起こししてテキストデータに変換できる

ようになる。一方、手書きの文字もスキャナーなどで読み取れば画像データとして扱えるようになるので、文字をパターン認識することで手書きの文章を機械に読ませてテキストデータを作成することも可能である。

そして、音声の聞き取りや手書きの文章の読み込みによってテキストデータを得る技術の発達と並行して、このテキストデータを解析して通話や文章の内容を機械に理解させる自然言語処理（Natural Language Processing; NLP）という分野も発達することとなった。身近なNLPの活用事例としては、AIスピーカーの機能として有名になった（擬似的なものではあるが）機械との対話が挙げられる。

人間の代替という観点からいうと、たとえばコールセンターでの顧客対応を人間のオペレーターの代わりに機械に委ねる試みも始まっている。また、企業の会計報告などを自動的に入手し、その要約を機械が自動生成して配信するというサービスもある。これらは人手で行っていた作業の代替を目指すものであり、問題解決支援というよりは、最初の産業革命以来の自動化の流れに位置するものである。

このような事務作業全般の自動化を目指す技術をRPA（Robotic Process Automation）と呼ぶ。従来は人間にしかできなかった言語によるコミュニケーションにおいてもNLPの発達で機械に任せられる部分が広がってきたため、人間の独擅場とされてきた業務をRPAによって機械に置き換える動きが各方面で進んでいる。

話を画像認識に戻そう。「柴犬とはどんな犬か」と聞かれれば、誰でも柴犬の姿形をイメージできると思う。しかし、寸分違わずまったく同じ柴犬というのはいないので、実際の柴犬の画像データをたくさん集めてくると、それらの間には姿形の変動、つまり「ゆらぎ」が存在することに気づく。これは文字でも同じである。平仮名の「あ」を書いてもらうと、人によって癖が異なるため、「あ」の画像データの字形には「ゆらぎ」が生じる。この「ゆらぎ」は正確な判別を目指す際には邪魔になる存在であるが、うまく特徴量を学習させることで回避可能である。人が柴犬とプードルの区別をつけられるのも、かなりのくせ字でも判読できるのも、人間自身に「ゆらぎ」を処理する能力が備わっているからである。

見方を変えると、この「ゆらぎ」を情報に含まれるノイズあるいは誤差として解釈することもできる。そして、この誤差ができるだけ小さくなるように判別方法を選択する問題として機械によるパターン認識を再設定してやると、巡回セールスマン問題の例で言及した最適化問題にパターン認識を落とし込むことができるのである。つまり最適化問題の用語でいうと、画像の判別の誤差が目的関数であり、この目的関数の値を決める変数がニューラルネットワーク・モデルの中のパラメータとなる。

　ニューラルネットワーク・モデルは柔軟な構造をしているので、モデル内のパラメータの値を変動させることで「柴犬」や「あ」の形状を判別するための特徴量を自在につくり出せる。コンピュータは最適化問題を解くのは得意であるから、あとはひたすらコンピュータに計算させて最適化問題を解かせればよい。結論を言うと、機械学習（正確には「教師あり学習」、後述）では

① パターンの判別を行うためのモデルを設定する
② モデルの出す答えと正解のちがいを誤差として数値化する関数を定義する
③ ②の関数を目的関数とする最適化問題を解くことで①のモデル内パラメータの調整を行う

という手順で最適化問題を解いているにすぎない。このようにデータに基づいてモデル内のパラメータを調整することと何らかの最適化問題（基本的には誤差最小化問題）を解くことは不可分の作業であるため、機械学習の分野では最適化問題を解くことと学習することがほぼ同義として扱われる傾向が見られる。

　機械学習で解ける問題はパターンの判別だけではない。解決すべき問題の中で具体的な数字を弾き出したいときもある。例として、中古マンションの価格の評価を考えよう。不動産会社が中古マンションを買い取る際に、いくらの値段をつけるとよいのだろうか。常識的に考えると、マンションの価格は、間取り、床面積、築年、高層階にあるのか低層階にあるのか、南向きかどうか、最寄り駅からの距離など多くの要因（以下では特徴と呼ぶ）で決ま

るはずである。過去に取引した中古マンションの実績データからマンションの特徴と価格の間の関係を何らかの方法で特定できれば、この関係を使ってマンションの買取価格をいくらにすればよいのかを評価できるはずである。この目的に機械学習の手法を利用できる。ここでも最初にマンション価格をマンションの特徴で説明するモデルを設定する。考慮すべきマンションの特徴が全部で m 個あり、それぞれを特徴$_1$、…、特徴$_m$ と表記しよう。そして、各特徴に係数を掛けて足し合わせたものがマンションの適正価格になると仮定する。つまり

$$適正価格 = 定数項 + 係数_1 \times 特徴_1 + \cdots + 係数_m \times 特徴_m$$

という関係式を想定するのである。ここで「定数項」は特徴の値に関係なく一定の金額を底上げする項である。このようなモデルでは定数項を含めるのが通例である。もちろん上記の適正価格の式がすべての過去の買取価格にきっちり当てはまることはない。どうしても誤差が出てしまう。そこで、パターン認識の問題と同じく誤差を目的関数とする最適化問題を設定して最適な係数を求めることにする。つまり

① マンションの特性から適正価格の評価を行うためのモデルを設定する
② モデルの出す価格と実際の値のちがいを誤差として数値化する関数を定義する
③ ②の関数を目的関数とする最適化問題を解くことで①のモデル内パラメータの調整を行う

とするわけである。

3 機械学習の原理

　以上見てきたように、問題解決のための機械による意思決定手法には、基本的に何らかの最適化問題に落とし込めるものが多い。そして、最適化問題の解を求める過程でモデル内のパラメータの調整をデータに基づいて行う作業、つまり学習を伴う方法を特に機械学習と呼ぶ。前節までは具体的な例に

絞って説明をしてきたが、以下では少し抽象度を上げて機械学習の原理を説明しよう。そのための準備として用語（すでに登場しているものも含まれるが）をいくつかまとめて導入する。

① 個体：人間、動物、不動産、企業などデータを観測・収集する対象物
② 特徴：個体の特徴を表すデータ（マンションの例であれば間取りや床面積など）
③ 目標：推論の対象となる個体の特徴（マンションの例であれば価格）
④ モデル：目標と特徴の関係を表す関数
⑤ パラメータ：モデル内で目標と特徴の関係を決める変数

　機械学習の主たる目的は、多くの個体の特徴に関するデータに基づいて目標となる個体の特徴を推測することにほかならない。前節のマンション価格の例であれば、目標であるマンションの適正価格を多くのマンションの特徴に関するデータから推測することが目的である。

　通常はデータセットとして数多くの個体に対して（目標、特徴）の対が手元にある状態から機械学習の作業を開始する。モデルに特徴を代入してこれに対する目標の理論値を計算し、これと目標の実測値の乖離を誤差として求め、この誤差を最小にするようにモデル内のパラメータを調整する。これが機械学習で行っていることのすべてである。そして、このパラメータの調整は誤差を目的関数とする最適化問題を解くことで行われる。ここで想定している学習の手順では、学習の開始時点で目標の正しい値（実測値）がデータとして与えられていることから、「教師あり学習」と呼ばれる。

　これに対して目標の正しい値がわかっていない状況での学習を、「教師なし学習」と呼ぶ。教師なし学習では目標の値が各個体の集団への帰属を示す指標（ラベルと呼ばれる）であることが多い。たとえば、動画配信サービスを利用しているユーザーを性質の異なる複数のグループに分けることを考えよう。ここではそれぞれのユーザーがどのグループに属するかというラベルに関する正確な情報はない。そもそもグループの定義自体も曖昧である。しかし、よく見る動画の種類（音楽、スポーツ、ゲーム、ニュースなど）や動

画を見る頻度と時間帯などの行動パターンに基づいてユーザーをいくつかの類型に分けることで、動画のレコメンデーションや表示すべき広告の選択に役立てることは可能である。

個体の特徴（ここでは動画の視聴行動の履歴）に基づいて個体を正確な数もわからない複数の集団に分類するために、教師なし学習の手法が使われる。教師なし学習では、何らかの目的関数を最適化することで分類のためのラベルを決定する方法が使われることもあれば、個体間の類似性を何らかの規準で計測することで似た者同士を1つの集団にまとめていくという方法も使われる。前者の例としてはEMアルゴリズム（Expectation-Maximisation Algorithm; 期待値最大化法）を使った混合分布モデルによる分類が、後者の例としてはk-近傍法などが知られている。

機械学習で扱われるデータにはさまざまなものがあるが、大きく分けると量的データと質的データに分類できる。量的データは値が連続的に変化するものであり（厳密にいうと整数値をとってもよい）、数値自体に意味があるものである。マンション価格の例であれば、床面積や築年などは連続的に変化する量的データである。他の量的データの例としては、画像、音声、位置情報（緯度と経度）などが挙げられる。

一方、質的データは飛び飛びの値（便宜上、整数値を当てはめることが多い）をとるが、数値自体には意味がないか、せいぜい順序ぐらいしか意味を持たないものである。たとえば、データセットの中で個人の性別や人種など番号で識別する（女性を1、男性を0などとする）ことは多いが、この数字はあくまでも区別・分類をするためのものであって、数字の大小に意味はなく数字を入れ替えても何ら情報が失われることはない。

また、マーケティングにおける消費者のブランド選択の問題では、複数存在するブランドを区別するために各ブランドに番号を1、2、3、…と振ったりするが、これもあくまでもブランドを区別するためのものであって、数字の大小、順番に何ら意味はない。

一方、企業の信用格付けという質的データにおいては順序に意味がある。そのため格付けが最高位の企業は最下位の企業よりも信用力が高いということができる。しかし、最高位の企業が最下位の企業よりも何倍も信用できる

という言い方は不適切である（格付けを破綻確率という量的指標に置き換えることができれば話は別である）。

基本的に質的データは、個体の特定の集団への帰属あるいは属性を意味することが多い。たとえば企業への融資や住宅ローンなどの焦げつきに対するリスク（信用リスクという）の評価においては、貸し倒れたグループとそうでないグループへの帰属というかたちで質的データをとってくれば（貸倒れした場合は1、そうでない場合は0などとすれば）、個体の属性に関するデータとみなすことできるようになる。

データが量的であれ質的であれ、それが個体の特徴を表すデータである限りにおいては、扱いに大きな差は出ない。マンション価格の例では、マンションの特徴が床面積のような量的データであれ、南向きかどうかの質的データであれ、マンション価格のモデルへの組入れ方は基本的に同じである。しかし、目標の値が質的であるか量的であるかの差はかなり重要である。なぜなら目標の値を推測するための手法が両者で大きく異なってくるからである。

多くの教師あり学習において、目標の値を推測することが主たる目的となっている。そして、目標が量的である場合に目標の値を推測することを「予測」といい、質的であるときは「分類」という。しかし、これも便宜的な分け方にすぎない。なぜなら「分類」という作業も見方を変えると、どの集団に属するか不明である個体を分類すべき集団の「予測」をしているともいえるからである。たとえば、企業向け融資の信用リスクの評価であれば、融資先企業はまだ破綻していないので、これが貸倒れグループに属するのかどうかは現時点では不明である。したがって、融資先企業の貸倒れを予測することと融資先企業を貸倒れグループに分類するかどうかを判断することとは基本的に同じことであるといえる。

量的な目標を予測する教師あり学習では、線形モデル

$$\text{目標の予測値} = \text{定数項} + \text{係数}_1 \times \text{特徴}_1 + \cdots + \text{係数}_m \times \text{特徴}_m$$

を想定することが多い。そして目的関数として目標の予測値と実測値の差の二乗の総和や絶対値の総和がよく使われる。統計学の文脈では、前者による学習を最小二乗推定、後者による学習を最小絶対偏差推定という。

一方、質的な目標を予測する場合にはロジスティック回帰やサポートベクターマシン（Support Vector Machine; SVM）などの手法が使われる。これらは誤差の測り方が異なるだけで、誤差を最小にするようにモデル内のパラメータを調整している点は量的な目標の場合と同じである。

深層学習で使われるニューラルネットワーク・モデルでは活性化関数（シグモイド関数やランプ関数など）を導入して線形モデルの一般化を図っている。つまり、活性化関数を f とすると、

目標の予測値 = f(定数項 + 係数$_1$ × 特徴$_1$ + … + 係数$_m$ × 特徴$_m$)

として先の線形モデルの右辺を f の中に入れてしまうことで、目標の予測値と特徴の関係を柔軟に表現することを目指すのである。さらにニューラルネットワーク・モデルでは

特徴$_j$ = f(定数項$_j$ + 係数$_{j1}$ × 特徴$_{j1}$ + … + 係数$_{jm}$ × 特徴$_{jm}$),
 (j = 1, …, m)

と一つひとつの特徴が別の特徴の活性化関数で表現されると想定する。さらに上式右辺の活性化関数内の特徴もまた別の活性化関数で表現され、その中の特徴もまた活性化関数になっていて、と活性化関数の層を積み重ねていくことができる。

最上層の活性化関数では、実際に観測された個体の特徴がニューラルネットワークへの入力として与えられることになる。最上層以外の中間層での特徴は観測された個体の特徴の複雑な関数となるため、十分に深く層を重ねていって係数をうまく調整してやれば、個体の特徴が持つ情報を集約した特徴量を柔軟に生成できることになる。これがニューラルネットワーク・モデルの利点であり、深い層を持つモデルを学習に使うところから「深層学習」という名前がきている。しかし、この深層学習もまた結局のところ予測誤差としての目的関数を最適化するようにニューラルネットワーク・モデルの中の係数の値を調整しているにすぎない。この最適化問題を解くためには、誤差逆伝播法と呼ばれる方法が使われる。

一般に予測モデルの中で使う特徴の数を増やせば増やすほど、学習データ

内での誤差を小さくできる。そのため学習データ内での誤差を小さくすることだけに注力しすぎると、学習データ以外の新たなデータに対して予測モデルを適用したときに、予測精度が著しく低下するという事態に陥る危険性が高くなる。この問題は過学習と呼ばれる。過学習を避けるために特徴の数を増やすことに対して罰則を課す方法が使われる。つまり、

$$目的関数＝学習データ内の誤差 ＋ 重み × 罰則項$$

とするのである。罰則項としては予測モデル内で特徴にかかる係数の二乗の総和や絶対値の総和がよく使われる。統計学の文脈では、前者をリッジ回帰、後者を LASSO（Linear Absolute Shrinkage and Selection Operator）と呼ぶ。罰則項にかかる重みの調整にはクロス・バリデーション（学習データをいくつかの部分データに分割して学習を行い、目的関数を最小にする重みを探索する方法）などが使われる。

4　今後の学習に向けて

　本章では限られたスペースの中で機械学習に関する概説を行った。しかし、できるだけ数式を使わずに説明することに努めたため、厳密さに欠ける記述になってしまっている箇所も多い。本当に機械学習を理解するためには数学の勉強は避けられない。だが、数学といっても、いきなり高度なものはいらない。まずは高校数学の復習をすることから始めて、大学教養レベルの微分積分と線形代数の入門書を一読すれば、厳密な証明は無理としても数式を読んで機械学習で何が行われているのかを理解できるようになるだろう。

　数学の復習と並行して数式を使って厳密に機械学習を説明している書籍を読み進めていくとよいだろう。たとえば機械学習の手法を幅広くカバーしている書籍には Bishop（2006）、Hastie, Tibshirani and Friedman（2009）、Murphy（2012）などが挙げられる。これ以外にも数多く機械学習関連の解説書は出版されているので、どれでもよいので手にとって読み始めてみよう。

　また、機械学習の手法を実際のデータに応用するためにはプログラミングの知識も必要不可欠である。機械学習の分野で広く使われているプログラミ

ング言語の一つに Python（https://www.python.org）がある。Python 本体には機械学習の機能はほとんどないが、

- scikit-learn（https://scikit-learn.org）
- statsmodels（https://www.statsmodels.org）
- TensorFlow（https://www.tensorflow.org）
- PyTorch（https://pytorch.org）

などのパッケージを読み込むことでさまざまな機械学習の機能を Python のプログラム内で使えるようになる。Python は無料でダウンロードして自由に使用できるので（初心者にとっては Anaconda（https://www.anaconda.com）を使うと Python 本体と必要なパッケージのインストールが比較的容易にできるだろう）、機械学習のためのプログラミングを学ぶ上で便利である。Python による機械学習の解説書も数多く出版されているので（たとえば Raschka and Mirjalili［2017］）参考にするとよい。

　Python と並んで R（https://www.r-project.org）も人気のある言語である。R も Python と同じく無料でダウンロードして使うことができる。R による機械学習を説明している解説書には James, Witten, Hastie and Tibshirani（2013）などがある。

　機械学習を身につけるためには二つの意味での手を動かすことが重要である。まずは手を動かして Python や R のプログラミングを行い、実際のデータを使った分析を行う感覚を身につけることが大事である。機械学習用のパッケージが充実してきているので、よく使われる手法であれば数行のコードを書くだけで分析を実行できることもある。そして、次のステップとして手を動かして機械学習の数式を追っていく作業を行って欲しい。式展開を自在に行えるようになれば出来合いの Python や R のコードを使っている者に対して優位に立てるはずである。

【参考文献】

Bishop, C. M. (2006) *Pattern Recognition and Machine Learning*, Springer.（日本語版：元田浩・栗田多喜夫・樋口知之・松本裕治・村田昇訳（2012）『パターン認識と機械学習（上・下）』丸善出版）

Hastie, T., Tibshirani, R., and Friedman, J. (2009) *The Elements of Statistical Learning: Data Mining, Inference, and Prediction*, 2nd ed., Springer.

James, G., Witten, D., Hastie, T., and Tibshirani, R. (2013) *An Introduction to Statistical Learning with Applications in R*, Springer.（日本語版：落海浩・首藤信通訳（2018）『Rによる 統計的学習入門』朝倉書店）

Raschka, S. and Mirjalili, V. (2017) *Python Machine Learning: Machine Learning and Deep Learning with Python, scikit-learn, and TensorFlow*, 2nd ed., Packt Publishing.（日本語版：福島真太朗・株式会社クイープ訳（2018）『Python 機械学習プログラミング』インプレス）

Murphy, K. P. (2012) *Machine Learning: A Probabilistic Perspective*, MIT Press.

CHAPTER 12

第12章

HFTの仕組みとその功罪
──情報効率性への挑戦

中妻 照雄

1 「投機」は悪か？

「投機」という言葉に対して読者はどのような印象を持っておられるだろうか。不動産を例にして投資と投機の印象のちがいを考えてみよう。

不動産デベロッパーが土地を購入してショッピングモールや複合商業施設の建設を行い、賃料などの収益を上げることを目指すとしたら、これは広く一般に「真っ当な投資」としてみなされるだろう。一方、バブルの絶頂期のように地価が右肩上がりで高くなっているときに遊休地を買い漁って高値で売り抜ける、逆にバブル崩壊後に破綻した企業が保有する不動産を安値で買い叩くなどの行為は、「土地ころがし」「ハゲタカ」などと揶揄・非難される。どちらも土地・建物の売買が絡む商行為であるが、世間は後者に対して「土地・建物などの資産を転売して暴利をむさぼる行為」「単に右から左にモノを流して金を掠め取っているだけ」という悪い印象を持っているのではないだろうか。

このような「投機は悪」という認識は、日本のみならず、広く世界で共有されていると思う。しかし、20世紀における経済学の巨人の一人であるミルトン・フリードマンは、「投機は金融市場を安定化させる」と説いた[1]。

---

1) 原著の Friedman (1953) では外国為替市場における投機について言及している。

一見世間の常識とは合わない主張であるが、フリードマンがそのように説く理由は以下のようになる。株式を例にして説明しよう。

まず、ここでの投機的取引を「株式を底値で買って値が戻って上がりきったところで売り抜けること」と定義する。株価が下落していく局面では、個人投資家や機関投資家などの市場参加者はさらに値が下がると予想してしまうため、なかなか買い手がつかず、結果として値下がりが続いてしまうという傾向が見られる。

しかし、投機を狙う参加者（投機家と呼ぼう）が「今が株式を買い増す好機」と考えて値下がりしている銘柄を買い漁り出せば、買い手がつくので株価は底を打って持ち直し始めるだろう。逆に株価が急激に上がり続けている局面では、もっと値上がりが続くと予想する市場参加者が株式を買い増し、さらなる高騰を引き起こして相場が過熱するかもしれない。この場合も投機家が「この銘柄は過大評価されている。もうすぐ株価はピークアウトする」と判断して株式を大量に売り始めると、この売り注文が市場に冷や水を浴びせて相場を冷ますことになるだろう。

つまり、投機家の取引戦略は相場のトレンドの「逆張り」であるため、市場での一方的な値動きに対して歯止めをかける役目を果たすことになるのである。このフリードマン流の見方に立てば、投機は市場の安定化に寄与しているといえよう（この理屈によれば先述の土地の投機も地価の安定に貢献することになる）。

さらに付け加えると、逆張りで金儲けを狙うような投機家がいるからこそ金融市場での取引が円滑に行われるという側面もある。仮にある株式の適正価格に関する認識がすべての市場参加者の間で共通であるとしよう。この仮定のもとでは適正価格以外の値で株式が取引されることはない。この場合、資金が必要になった投資家が手持ちの株式を売却しようとしても、新たに適正価格で株式を購入したいという他の投資家が都合よく市場にいるとは限らないため、株式の売却が思うようにできないという事態になりかねない。現実の株式市場でも潜在的な売り手や買い手が少ないため、取引があまり成立しないという銘柄が存在する。

しかし、将来の値動きに関して異なる予想をしている投機家が多数市場に

第 12 章　HFT の仕組みとその功罪——情報効率性への挑戦　　*215*

参加していると、話は変わってくる。もし今の適正価格は過小評価であると考える投機家がいれば、適正価格での売り注文に即座に飛びつくだろう。これで売買が成立し、株式を売って現金化したい投資家は株式を適正価格で売れてハッピーになり、将来値上がりすると予想している投機家も株式を安く買うことができてハッピーになれる。市場で売買の容易さの程度を専門用語で「流動性」というが、異なる価格予想を持つ投機家の存在が市場の流動性を高め、市場における取引の活性化に寄与するのである。利己的な動機を持つ個々の行動による取引の円滑化への貢献という意味で、投機家というのは仮想通貨（暗号資産）にとっての採掘業者（マイナー）のような存在といえるかもしれない。

　前置きが長くなってしまったが、本章では近年金融市場において存在感を増している高速取引[2]（High-Frequency Trading; HFT）を中心とした超短期の投機的取引による利益追求の手段について説明する。HFT は人間では絶対できない速さで短期間に資産の売買を大量に行う手法の総称であり、高速に計算処理を実行できるコンピュータが主役となるアルゴリズム取引の代表例である（もちろん HFT はアルゴリズム取引の一例にすぎない）。

　HFT とは真逆の長期運用を人工知能（AI）の支援で行う投資ファンドも登場している。長期の資産運用については第 13 章で説明しているので参照してほしい。HFT をはじめとするアルゴリズム取引はさまざまな金融商品に対して行われているが、本章では主に株式市場に焦点を当てて解説する。

2　株式市場で取引が成立する仕組み

　まず HFT を可能とした現代の株式市場の仕組みについて説明しよう。株式を売買する主たる市場は証券取引所である。日本における最大かつ中心的な証券取引所は、日本取引所グループ（JPX）の東京証券取引所（東証）である。取引所で株式を売買できるようにすることを上場といい、取引所に上場して売買を開始することを IPO（Initial Public Offerings）という。東証

---

[2]　英語を直訳して高頻度取引とも呼ばれる。

の上場会社は、第一部だけでも 2128 社、第二部、マザーズ、JASDAQ など
をあわせると 3655 社を数える (2018 年末)。

　取引所が開いていて株式の売買ができる時間を立会時間という。立会時間
は取引所や金融商品によって異なるが、東証の通常の営業日における株式取
引の立会時間は午前 9 時～午前 11 時 30 分の前場と午後 12 時 30 分～午後 3
時の後場に分かれる。

　取引所への株式売買の注文の出し方には指値注文と成行注文がある。指値
注文は取引価格を指定して出される注文である。一方、成行注文は取引価格
を指定しないで出される注文である。取引所に出された注文が執行され売買
が成立することを約定という。そして、約定された注文の売買価格が約定価
格となる。

　注文が約定されるためには買い注文と売り注文で価格と株数が一致しなけ
ればならない。この注文のマッチングの方法には

- 板寄せ方式
- ザラ場方式

がある。板寄せ方式は、

- 立会時間が始まるまでに出された注文
- 立会時間が終わる時点でまだ約定されずに残っていた注文

に対して行われるマッチングの方式である。東証では、前場と後場の始まり
と終わりの時点で行われる[3]。経済ニュースなどで言及される「今日の株価」
は、その日の後場が終わったあとも約定されずに残っている注文を板寄せ方
式で処理したときに決まった約定価格（終値という）であることが多い。一
方、前場が始まるまでに出された注文を板寄せ方式で約定したときの価格は
始値という。

　板寄せ方式での約定価格の決定は以下のルールに則って行われる。

---

[3] 何らかの理由で取引が一時中断した後に取引を再開する際にも板寄せ方式は使われる。

第 12 章　HFT の仕組みとその功罪——情報効率性への挑戦　　217

① 取引所に出されているすべての成行注文が約定する。
② 約定価格よりも高い価格を提示している指値買い注文と低い価格を提示している指値売り注文がすべて約定する。
③ 約定価格で出されている指値買い注文か指値売り注文のいずれかがすべて約定する。

　ルール①〜③は一見複雑に見えるが、実は経済学でいうところの需要曲線と供給曲線が交わるところに市場価格が決まるという条件を言葉で説明しているだけである。ここで縦軸に注文価格、横軸に注文株数をとった座標軸を考えよう。この上に

　縦軸　…　指値買い注文の価格
　横軸　…　縦軸の価格よりも高い価格を提示している指値買い注文の株数の総和

の組み合わせをプロットする（このとき成行買い注文は便宜上、価格無限大の指値買い注文とみなす）。こうすると通常は右下がりのグラフが描けるはずである。こうなる理由は簡単で、株式を買いたい市場参加者はできるだけ安く手に入れたいから、価格が高いところほど買い注文は減少してしまうからである。このグラフが株式の需要曲線に対応する。同様にして

　縦軸　…　指値売り注文の価格
　横軸　…　縦軸の価格よりも安い価格を提示している指値売り注文の株数の総和

のグラフを考えよう（ここで成行売り注文は 0 円の指値売り注文とみなす）。これは右上がりのグラフである。つまり、株式を売りたい市場参加者はできるだけ高く売りたいから、価格が低いところほど売り注文は減少してしまうのである。よって、このグラフは株式の供給曲線と解釈される。

　以上のことから、需要曲線と供給曲線が交わる点で株式の需給が一致し、①と②が満たされることがわかる。そして、この交点での価格が約定価格となる。しかし、現実の株式取引では注文価格は連続的に変化できないので、

現実の需要曲線と供給曲線のグラフは階段状になってしまう。これでは需要曲線と供給曲線の交点が綺麗に求まらないため、①と②を満たす価格であっても指値買い注文と指値売り注文の株数は必ずしも一致しなくなる。そこで買い注文と売り注文の株数の少ないほうに合わせて約定させるという作業が必要になる。それがルール③の意味するところである。

それでは板寄せ方式による約定価格の決定法を数値例によって説明しよう。表12-1の（A）は板寄せ前の状態である。「価格」の列には注文価格が並んでいる。この列の一番上に「成行」とあるのは成行注文を指している。「売り数量」と「買い数量」の列には注文株数が並んでいる。

たとえば、3002円の売り数量が6000とあるのは3002円で6000株の指値売り注文が出ていることを意味する。もちろん1人の市場参加者が6000株の売り注文を出しているとは限らない。3002円の売り注文が複数入っていても構わない。「供給曲線」という列は対応する価格よりも安く売ってもよいという注文の株数を示している。たとえば、2999円の4700は

  2000（成行売り注文）
 ＋ 300（2997円の指値売り注文）
 ＋ 400（2998円の指値売り注文）
 ＋2000（2999円の指値売り注文）
 ＝ 4700

と計算されている。

一方、「需要曲線」という列は対応する価格よりも高く買ってもよいという注文の株数を示している。たとえば、3001円の5500は

  3000（成行買い注文）
 ＋1000（3002円の指値買い注文）
 ＋1500（3001円の指値買い注文）
 ＝ 5500

という意味である。

板寄せ方式のルールに従うと、表12-1で網かけになっている行の3000円

第 12 章　HFT の仕組みとその功罪——情報効率性への挑戦

表 12-1　板寄せ方式による約定価格の決定

(A) 板寄せ前

供給曲線	売り数量	価格	買い数量	需要曲線
	2000	成行	3000	
22500	1800	3004		
20700	3000	3003		
17700	6000	3002	1000	4000
11700	4000	3001	1500	5500
7700	3000	3000	2500	8000
4700	2000	2999	3000	11000
2700	400	2998	4000	15000
2300	300	2997	6000	21000
		2996	2000	23000
		2995	800	23800

(B) 板寄せ後

供給曲線	売り数量	価格	買い数量	需要曲線
		成行		
14800	1800	3004		
13000	3000	3003		
10000	6000	3002		
4000	4000	3001		
		3000	300	300
		2999	3000	3300
		2998	4000	7300
		2997	6000	13300
		2996	2000	15300
		2995	800	16100

が約定価格となる。この理由を説明しよう。表 12-1 の (A) を見ると、3000 円より高い価格帯では供給曲線が需要曲線を上回っているのに対し、3000 円より安い価格帯では逆に需要曲線が供給曲線を上回っている。したがって、3000 円のあたりで需要曲線と供給曲線が交わっていそうである。しかし、ここでの呼び値[4]は 1 円であるため、需要曲線と供給曲線の交点をぴったりと求めることはできない。代わりにルール③に従い、3000 円の指値注文のどちらか一方をすべて約定させることにする。需要は 8000 株で供給が 7700 株と需要が 300 株多いので、3000 円の指値買い注文が 300 株約定されずに残るから、最終的に表 12-1 の (B) が得られる。

---

4) 価格の刻み幅を呼び値という。

板寄せ後を見ると、売り注文の価格が低いほうから買い注文は価格が高いほうから綺麗に約定されてなくなっていることがわかる。売り（買い）注文では価格の安い（高い）ほうから優先的に約定されるというルールを価格優先の法則という。つまり、板寄せ方式は価格優先の法則に従って約定価格を決定しているといえよう。

なお、表 12-1 の（B）のように板寄せ後に約定されずに残った指値注文は、立会時間の開始と同時にザラ場[5]方式でのマッチングの対象となる。

ザラ場方式は、立会時間中に入ってくる注文をすでに出されて約定を待っている注文と随時マッチングさせる方法である。板寄せ以降の立会時間中において市場参加者は随時注文を出すことができる。各時点で取引所に出されている指値注文をまとめると、表 12-1 の（B）のような一覧表になる。これを板情報（Limit Order Book; LOB）と呼ぶ。板情報の中で最も安い売値を最良売り気配値、最も高い買値を最良買い気配値という。市場参加者は、株式をできるだけ安く買い、できるだけ高く売りたいので、

　　　最良売り気配値＞最良買い気配値

となり、両者の差はビッド・アスク・スプレッド（あるいは単にスプレッド）と呼ばれる。英語でビッド（bid）は買い注文、アスク（ask）は売り注文の意味である。

ザラ場方式においても注文処理の方法は成行注文と指値注文で異なる。立会時間中の成行注文は、買い注文であれば最良売り気配値の買い注文と、売り注文であれば最良買い気配値の買い注文とのマッチングが試みられる。

表 12-1 (B) を使って説明しよう。たとえば 1000 株の成行買い注文が入ったとしよう。このときは最良売り気配値である 3001 円のところに 4000 株の売り注文がすでにあるので吸収することができ、この成行買い注文は 3001 円で約定される。しかし、もし 2000 株の成行売り注文が入ると、最良買い気配値 3000 円での買い注文は 300 株しか残っていないので、すべての注文を約定しきれない。このときは価格を下げて 2999 円の買い注文とのマッチ

---

5) ザラ場とは「寄付き」から「引け」までの間の時間（たとえば前場なら午前 9 時から 11 時 30 分）を指す。

ングも行う。そこには 3000 株あるから不足分の 2000-300 = 1700 株を 2999 円で約定することができる。

　このように売り注文のときは価格を下げて、買い注文のときは価格を上げて不足分を補うように約定を行う。これはザラ場方式においても価格優先の法則が適用されることを意味する。さらにザラ場では早く出された成行注文が優先的に約定されるというルールが適用される。これを時間優先の法則と呼ぶ。要するに「早い者勝ち」のルールである。

　一方、ザラ場での指値注文は板情報の各価格の待ち行列の後ろに並んでいくことになる。そして、次々と入ってくる成行注文の価格と株数が板情報の中の指値注文と一致すれば約定される。当然先に待ち行列に並んだ指値注文のほうから約定されるので、ここでも時間優先の法則が適用されている。

3　HFT の功罪

　いったん取引が開始されれば、次々と注文が入ってきて約定されていく。そのため表 12-1 の（B）のような状態からスタートした板情報の形状は、立会時間を通して刻々と変化していくことになる。その上、取引所の処理システムはますます高速化しているため（取引所によってはマイクロ秒、さらにはナノ秒レベルでの勝負になりつつある）、文字どおり瞬きしている間に板情報がまったく異なるかたちになっていてもおかしくない。したがって、今見えている板情報の最良気配値で株式を売買しようと成行注文を出しても、その注文が取引所に届いた頃には板情報が変化して最良気配値が別のところに動いてしまう危険性があるのだ。

　裏を返すと、誰よりも速く注文を取引所に送ることができれば、板情報の中で利益を取れるような有利な位置を先に取ることができるだろう。これが HFT の発想である。

　HFT は、人間では実現不可能な高頻度の投機的取引を繰り返して利益を出すことを目指すアルゴリズム取引の一種であり、

- 取引所と直結した高速回線を通して直接注文を出す。

- 高速のコンピュータを使い取引戦略をアルゴリズムによって自動的に行使する。
- 大量の注文とキャンセルを高頻度で行う。
- 立会時間内ですべての注文の解消（約定あるいはキャンセル）を目指す。

という特徴を持つ。HFT で採られる取引戦略としては

- **流動性供給**
  指値の売り注文と買い注文を大量に出しておいて、これらを約定させてスプレッドを利益として稼ぐ。
- **裁定取引**
  理論的には同じ価値であるべき二つの資産の価格が乖離したときを見計らって裁定取引を行って利益を稼ぐ。

などが挙げられる[6]。

これらの戦略による一つひとつの取引で得られる利幅は小さいから、HFT では「薄利多売の精神」で立会時間内にできる限り多くの取引を行うことを目指す。当然立会時間は限られているから、利益を確保するためにはレイテンシー（遅延）の少ない取引の執行が重要となる。

たとえば、通信時間を短縮するためコロケーションと呼ばれる取引所内に設置された専用サーバーを利用することが行われる。そして、HFT のためのプログラムの最適化とこれを実行するための高速コンピュータも必須である。

HFT の存在は、Lewis（2014）の『フラッシュ・ボーイズ』によって広く一般に知られるようになった。HFT 業者が駆使するさまざまな手口は Lewis（2014）でも生々しく描写されているが、ここでは簡単な例を一つ紹介しよう。仮に現在の最良気配値に大口投資家から買い注文がたくさん入ってくる状況であるとしよう。このとき

① あらかじめ最良気配値から高い価格帯に指値売り注文を早めに仕込んで

---

6) 詳しくは保坂（2014）、足立（2018）などを参照。

第 12 章　HFT の仕組みとその功罪——情報効率性への挑戦

おく。
② 大口投資家が狙っている最良気配値の売り注文を先に全部買い占める。
③ 最良気配値を期待して後から来た大口投資家の買い注文は、最良気配値よりも高い価格帯の売り注文とマッチングされてしまう。
④ そこに仕込んでおいた売り注文が約定されることで、最良気配値との差で利益が得られる。

という方法が使える[7]。しかし、これで利鞘を稼ぐというのは金融市場の本来の機能から大きくかけ離れた行為といえよう。当初は HFT 業者が限られていたこともあり、利幅が大きかったが、同様の手法で荒稼ぎを目指す者が次々と参入することによって競争が激化し、初期ほどの利幅はもう期待できなくなっている[8]。それでも HFT 業者は飽くなき速度の追求を今も続けている[9]。

もはや無視できない存在[10]となった HFT であるが、その功罪の「罪」の部分に光を当てる契機となった事件が 2010 年 5 月 6 日の米国株式市場における「フラッシュ・クラッシュ」である。この「フラッシュ・クラッシュ」ではダウ平均株価や S&P500 などが、わずか 30 分程度の間に大きく急落したのちに値を戻すという荒っぽい動きをした。これといった大きなニュースのない状態で「青天の霹靂」の如くクラッシュが発生したところから、HFT が原因なのではないかと当初から疑われてきた。

この 2010 年の「フラッシュ・クラッシュ」以降も同様の現象がさまざまな金融市場で発生しており、これらと HFT との関連性について議論が続いている[11]。HFT と市場の不安定化の関係について明確な結論が出ているわけではないが、世界各国で HFT を規制する動きが始まっている。たとえば

---

7) これはフロント・ランニング（front running）という手口である。詳しくは足立（2018）を参照。
8) Meyer, Bullock and Rennison（2018）を参照。
9) HFT 業者による通信の高速化への試みは Tett（2019）で紹介されている。
10) 保坂（2014）や Meyer, Bullock and Rennison（2018）によると、株式市場での取引の中で HFT が占める割合は日米の株式市場で 5 割程度と考えられている。
11) Kirilenko, Kyle, Samadi and Tuzun（2017）や Wigglesworth（2019）などを参照。

日本では2017年5月に金融商品取引法が改正され、2018年4月よりHFT業者[12]の登録制が始まった。

このように、なにかと悪者扱いされるHFTであるが、保坂（2014）などが指摘しているように、HFTが株式市場の流動性を高める（取引を成立しやすくする）役割を果たしていることは否定できない。ザラ場方式での約定の仕組みの説明からもわかるように、市場に出されている注文が少ない状況で大口の注文が来ると最良気配値から大きく離れた価格で約定されてしまう。このように大口の注文が約定価格に大きな影響を与えてしまうことをマーケット・インパクトという。

もしスプレッドを狙うHFT業者によって最良気配値付近に注文が数多く出されていれば、大口の注文を容易に吸収することができるため、マーケット・インパクトによる大きな値動きを抑制しつつ円滑な執行を助けることになるだろう[13]。HFTには功罪の「功」と呼べる側面も十分あることを覚えておいてもらいたい。

4　情報効率性の壁

いきなり私事で恐縮だが、筆者の父は典型的な「昭和の株オヤジ」であった。自宅の書棚には株式投資に関する書籍（「株式投資必勝法」といった感じのタイトルのものが大半である）や企業情報を網羅した会社四季報などが並んでいた。父は、毎朝経済紙を読み、短波ラジオを聴いて今日の株価を確認し、大学ノートに株価チャートを自作して明日の株価の動きを予想する。そんなことを毎日している父の姿を子供の頃から見てきたことが、筆者自身のキャリア形成に少なからず影響を与えたのは間違いないだろう。

当時父が使っていた方法は、初歩的な移動平均線を使ったテクニカル分析である。パソコンのない時代であったため、父は算盤で日々の株価の移動平均を計算してチャートを作成し、株を売り買いするタイミングを見定めてい

---

[12]　法律用語としては高速取引行為者という。
[13]　マーケット・インパクトを抑えつつ大口の注文をうまく捌く方法を最適執行戦略と呼ぶ。最適執行戦略の実行もまたアルゴリズム取引の重要な応用分野の一つである。

た。

　なぜここで突然筆者の父に関する昔話を始めたのかというと、やれHFTだ、アルゴリズム取引だ、といったところで、本質的な部分は父のやっていたテクニカル分析 $+\alpha$ にすぎないからである。もちろん情報収集手段は短波ラジオから情報端末に、注文する手段は電電公社の黒電話から高速専用回線に、計算処理の手段は算盤からスーパーコンピュータに置き換わった。これはこれで便利になったわけだが、実は金融取引のあり方を本質的に変えてしまうような進化ではない。アルゴリズム取引では移動平均線よりもはるかに洗練された数学的手法を駆使するが[14]、これも過去の値動きという情報を使って将来の相場を予測していることに変わりはない。

　そこで「そもそも過去の値動きから将来の価格を予測できるのか」という根源的な疑問が湧いてくる。経済学の視点で考えると、これは株式市場の情報効率性(informational efficiency)に関する問題に帰着される。Fama(1970)によれば、株式市場の情報効率性は以下のように定義される。

- 弱度効率性（weak-form efficiency）
  過去の値動きの情報を使っても将来の価格を予測することはできない。
- 準強度効率性（semi-weak-form efficiency）
  過去の値動きを含むすべての公開情報を使っても将来の価格を予測することはできない。
- 強度効率性（strong-form efficiency）
  非公開のインサンダー情報を使っても将来の価格を予測できない。

　弱度効率性が成り立っていると過去の値動きに頼ったテクニカル分析は無効である。さらに、準強度効率性が成り立っているならば、公開されている企業の財務情報など活用したファンダメンタル分析も無効となってしまう。強度効率性が成り立つ世界ではインサイダー取引すら無効になる。
　さすがにインサイダー取引をすれば儲かってしまうので（だから違法なの

---

[14] 足立（2018）で詳しく解説されている。

だが）、現実の株式市場で強度効率性が成立しているとは考えにくい。しかし、過去の実証研究はおおむね株式市場の弱度効率性を支持している。さまざまな統計モデルを試して過去のある時期に多少の価格の予測可能性を見つけたとしても、取引コストまで考慮すると将来にわたって儲けを継続的に出すことは困難である。したがって、高度なアルゴリズム取引の手法を駆使して低レイテンシーのHFTを行っても元が取れる保証はない。

一方、準強度効率性の前提となる企業の財務情報の更新間隔は、HFTの時間感覚で考えると「永遠」といってもいいほどの長さである。よって、多くの市場参加者が見過ごしているかもしれない公開情報を活用して将来の企業の財務状況を正確に予想できれば、「情報効率性の壁」を突破できるかもしれない。SNSの投稿や衛星画像などの非伝統的データ（オルターナティブ・データ）を利用した企業業績の予測が試みられているが、これは情報効率性に対する挑戦であるともいえる。

まとめると、現実の株式市場は強度効率性と弱度効率性の間にあり、準強度効率性が成り立つかどうかの狭い土俵の上で、自動取引のアルゴリズムを日々改良しつつHFT業者は戦っているのである。HFT業者は超短期の投機的取引で利益を追求しているだけであるが、その行為が市場に流動性を供給することとなり、結果として市場での円滑な取引の成立を可能ならしめているのだ。

【参考文献】

足立高徳（2018）『アルゴリズム取引』朝倉書店。
保坂豪（2014）「東京証券取引所におけるHigh-Frequency Tradingの分析」『証券アナリストジャーナル』52、72-82ページ。

Fama, E. F. (1970) "Efficient Capital Markets: A Review of Theory and Empirical Work," *Journal of Finance*, 25, pp.383-417.
Kirilenko, A., A. S. Kyle, M. Samadi and T. Tuzun (2017) "The Flash Crash: High-Frequency Trading in an Electronic Market," *Journal of Finance*, 72, pp.967-998.
Lewis, M. (2014) *Flash Boys*, W. W. Norton & Company.

（日本語版：渡会圭子・東江一紀訳（2014）『フラッシュ・ボーイズ』文藝春秋）。

Meyer, G., N. Bullock and J. Rennison (2018) "How High-Frequency Trading Hit a Speed Bump," *Financial Times*, January 1, 2018.
https://www.ft.com/content/d81f96ea-d43c-11e7-a303-9060cb1e5f44

Friedman, M. (1953) "The Case for Flexible Exchange Rates," *Essays in Positive Economics*, University of Chicago Press.

Tett, G. (2019) "Finance v Physics: Even 'Flash Boys' Can't Go Faster Than Light," *Financial Times*, February 21, 2019.
https://www.ft.com/content/c529809a-349f-11e9-bd3a-8b2a211d90d5

Wigglesworth, R. (2019) "Volatility: How 'Algos' Changed the Rhythm of the Market," *Financial Times*, January 9, 2019.
https://www.ft.com/content/fdc1c064-1142-11e9-a581-4ff78404524e

CHAPTER 13

第13章

資産運用と
ロボアドバイザー

中妻 照雄

1 人生100年時代の資産運用

　医学の進歩などにより平均寿命が伸び続け、人生100年時代と言われるようになった。しかし、われわれは死ぬまで働き続けられるわけではない。長寿化という現実を踏まえて定年の延長に向けた議論も始まっているが、人にはどうしても知力・体力の限界があるため、いつかは引退して年金生活に入ることを余儀なくされる。少子高齢化を受けて年金の原資を提供する現役世代が減り続ける状況で安心した老後を送るためには、早い段階で老後の資金を準備し始めなければならないだろう。
　また、老後の資金以外にも、子供の教育や住宅購入のための資金、その他の高額の出費などに備えて余剰資金を蓄えておくことも必要である。したがって、人生100年を快適に生き抜くためには、学校を卒業後に働き始めてから、結婚、出産、子育て、住宅購入、定年退職というライフサイクルの各段階における収支の変化に合わせて、資金の蓄えを計画的に増やしていく必要がある。
　しかし、長年にわたる日銀の低金利政策により、預貯金だけでは十分な運用益を上げることができなくなった。たとえば年率2%では1年複利で運用しても35年かけないと元利合計を2倍に増やすことができない。年率1%だと70年かけてやっと2倍になる程度である。しかし、年率5%であれば

15年で約2倍になる。さらに利率を上げて年率7%で運用すれば約10年で元利合計を2倍にできるのである。このような「複利計算のマジック」を活かすためには、運用利回りが高くなるような資産を選択しなければならない。これがともすれば掛け声倒れに終わりがちな「貯蓄から投資へ」というスローガンの本質である。

　それでは、どのように資産を選択して資金を運用すればよいのだろうか。これが本章の主題である。本章では資産を預貯金、株式や債券などの金融資産に限定して話を進める。もちろん不動産などに資産の範囲を拡張して議論をすることも可能である。大雑把に資産を定義すると、資産とは保有者に何らかの収入（株式であれば配当、預貯金・債券であれば利子）をもたらす存在であるといえる。そして、資産を保有するという行為を投資、投資を行う人を投資家と呼ぶことにする。経済や経営の世界で投資というと設備投資を想起するかもしれないが、本章での投資はあくまでも資産の保有という意味である。

　資産を保有する投資家には個人もいれば企業・団体などの法人もいる。そして、個人であれば個人投資家、企業・団体であれば機関投資家と呼ばれることになる。投資家にとっての運用益は

　　　運用益 = キャピタル・ゲイン ＋ 運用期間中の利子配当収入

と定義される。キャピタル・ゲインは資産価値自体の上昇に伴う利益、つまり

　　　キャピタル・ゲイン = 運用終了時点の資産価値
　　　　　　　　　　　　－ 運用開始時点の資産価値

である。当然のことだが、キャピタル・ゲインは資産価値が上がれば正の値となり、資産価値が下がれば負の値となる。すると、運用利回りは

　　　運用利回り = 運用益 ÷ 運用開始時点の資産価値

となる。

2　分散投資と長期投資

　通常、投資家（特に機関投資家）は複数の種類の資産に投資することが多い。この複数の資産の組合わせのことをポートフォリオ（日本語では「資産構成」）という。もちろん特定の個別銘柄だけに投資することもできるが、これは「1つの籠にすべての卵を入れる」という誤った資産運用の方法である。籠に卵を入れて運んでいて誤って落としてしまうと、籠の中の卵は全部割れてしまうだろう。これと同じ理屈で、もしすべての資金を単一の銘柄に投資していたときにその企業が破綻してしまうと、その企業の株価が暴落して資金の大半を失ってしまうかもしれない。

　これを避けるひとつの方法は、投資先企業を複数用意しておくことである。仮に個人投資家が全財産の半分をA社の株式に、残りの半分をB社の株式に投資していたとしよう。これは個人投資家のポートフォリオにおいてA社への投資比率を50％、B社への投資比率を50％にすることを意味する。もしA社が破綻して株式が無価値になってしまったとしても、まだB社が生き残っているため全財産を失うには至らない。さらに投資先企業の数を増やして1社あたりの投資比率を減らしていけば、1社潰れたくらいでは大した損害を受けなくなる。

　仮に投資家が保有する資産が n 種類であるとして、それぞれを資産 1、…、資産 n と呼んで区別しよう。各資産に資金を均等に配分すれば各資産の投資比率は n 分の 1 になる。よって、1つの資産が無価値になっても失われる資金は全体の n 分の 1 にすぎない。さらに n をどんどん大きくしていくことができるのであれば、損失をさらに抑えることができる。これが分散投資の意義である。

　もっとも、現実には企業が破綻して株価がゼロになるという現象は頻繁に起きるわけではない。代わりによく起きるのは、保有する株式の価格が大きく変動してしまうという問題である。企業の破綻リスクとは異なり、このタイプのリスクは、世界金融危機のような株式市場全体が大暴落するような状況でない限り、十分な分散投資を行っていれば資産運用で致命的な打撃とな

ることは少ない。しかし、それでも投資家としては手持ち資産の価値が極端に変動することは回避したいものである。この変動リスクの管理については次節で詳しく解説する。

資産価値の変動リスクの回避はポートフォリオを構築する上で重要なポイントであるものの、資産運用の本来の目的は将来に向けて十分な運用利回りを確保することであるから、リスクをとらずに安全第一で低い利回りの投資先ばかりを選んでも仕方がないのも事実である。さらに数十年後の老後に備えて資金を蓄えることを目指すのであれば、目先の資産価値の上下動よりも、もっと長い目で見た運用利回りに基づいてポートフォリオの構築を進めるべきであろう。

統計学を学んだことがある読者は「大数の法則」という言葉を聞いたことがあると思う。簡単に説明すると、大数の法則とはデータの標本平均の値がデータの数が増えるに従って母集団の真の平均値に近づくという性質である。

資産の運用利回りに大数の法則が成り立つ状況では、毎月の運用利回りの平均値は月の数が増えるにつれて（つまり運用期間が長くなるにつれて）運用利回りの真の平均値に近づくことが予想される。よって、十分長い期間にわたって資産運用を行えば、真の平均的な運用利回りに近いパフォーマンスを達成できるようになるだろう。

先述の分散投資は異なる資産の間でリスクを分散化する手法であるが、長期投資は時間軸上で運用利回りの変動をならすという意味での分散化の手法といえる。つまり、将来必要となる資金を手堅く増やしていくためには、「投機で一山当ててやろう」という勢いだけで保有資産を選ぶのではなく、分散投資によるリスク管理と長期投資による運用利回りの確保を図りつつ賢く保有すべき資産の種類と投資すべき金額の決定を行うことが重要なのである。

3　ポートフォリオ選択問題の定式化

本章で解説するポートフォリオ構築による資産運用では、長期投資における平均的な運用利回り（以下では期待リターン）を高い水準に維持しつつ、資産価値の変動リスクを低めに抑えるというポートフォリオをつくることを

目指す。これは式を使って表現すると

> 目的関数＝期待リターン − リスク回避度 × 変動リスク

という目的関数を想定することを意味する。このように定義された目的関数の値は、保有するポートフォリオの投資家にとっての望ましさと解釈される。そして、最適な資産運用戦略の選択は、この目的関数が最も大きくなるように投資比率を選ぶという最適化問題に帰着される。

　この目的関数の中で期待リターンと変動リスクは投資比率の関数である。ここで資産 j（j = 1, …, n）の期待リターンを「期待リターン j」、資産 j に対する投資比率を「比率 j」としよう。このときポートフォリオの期待リターンは

> 期待リターン＝比率 1 × 期待リターン 1 + …
> 　　　　　　＋ 比率 n × 期待リターン n

として与えられる。資産価値の変動リスクの指標として、ここではポートフォリオの運用利回りの分散（期待リターンの周りでの運用利回りの平均的な散らばりの程度）を使う。運用利回りの分散の一般形はもっと複雑になるが[1]、資産数が 2 である場合には

> 運用利回りの分散＝（比率 1）^{2} × 分散 1 ＋（比率 2）^{2} × 分散 2
> 　　　　　　　　＋ 2 × 比率 1 × 比率 2 × 共分散 1,2

となる。ここで分散 j（j = 1,2）は資産 j の期待リターンの周りでの運用利回りの平均的な散らばりの程度で、共分散 1,2 は資産 1 と資産 2 の運用利回りの期待リターンからの乖離を掛け合わせて平均をとったものである。なお資産 1 と資産 2 の運用利回りの間の相関係数（相関係数 1,2 と表記）は

> 相関係数 1,2 ＝共分散 1,2 ÷（標準偏差 1 × 標準偏差 2）

と定義される。ここで標準偏差 j（j = 1,2）は分散 j の平方根である。相関

---

[1] 詳しくは池田（2000）、中妻（2018）などを参照。

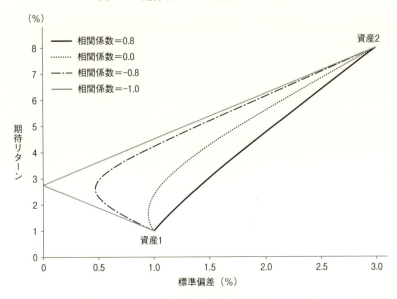

図 13-1 期待リターンと変動リスクの関係

係数は定義上1とマイナス1の間の値しかとらない。特に運用利回りの間の共分散がゼロであるときは（このときは相関係数もゼロとなる）

$$運用利回りの分散 = (比率1)^2 \times 分散1 + (比率2)^2 \times 分散2$$

と式を簡単にできる。

この説明だけではわかりにくいと思うので、期待リターンと変動リスクの関係を可視化してみよう。図 13-1 では

- 資産1の期待リターンは1%、標準偏差は1%
- 資産2の期待リターンは8%、標準偏差は3%

と仮定し、この2つの資産からなるポートフォリオの期待リターンと標準偏差が投資比率と相関係数にどのような影響を受けるかを示している。

まず図からわかることとして、相関係数をどう変えても、資産1を100%保有すればポートフォリオの期待リターンは1%、標準偏差は1%となり、資産2を100%保有すればポートフォリオの期待リターンは8%、標準偏差

は3%となることが挙げられる。投資比率を変化させることで、ポートフォリオの期待リターンと標準偏差の組合わせは、図1の2つの点（1,1）と（3,8）を結ぶ曲線上を動くことになる。

　図を見ると、相関係数が小さくなるにつれて、この曲線は左のほうに出っ張るかたちになることがわかる。たとえば相関係数が-0.8のときには、投資比率をうまく選択することで標準偏差を0.5%程度に抑えつつ、期待リターンを3%近くまで高めることができている。これは複数の資産を組み合わせることでポートフォリオの変動リスクを制御できることを示唆している。したがって、このこともまた分散投資の利点の根拠のひとつといえよう。

　さらに相関係数がマイナス1という極端な例では、標準偏差がゼロになる投資比率が存在する。このときリスクを完全に回避（ヘッジ）できているという。

　ところで目的関数の中のリスク回避度は、期待リターン（運用利回りの平均）と変動リスク（運用利回りの分散）のバランスを決める正の値をとるパラメータであり、基本的に投資家が自由に決めることができる。もし投資家が変動リスクをまったく気にしないのであれば、リスク回避度をゼロに設定すればよい。このような投資家はリスク中立的であると呼ばれる。リスク中立的な投資家は変動リスクをまったく気にしないので、ひたすら期待リターンを高めるようにアグレッシブなポートフォリオを組むことになる。

　一方、資産価値の変動を嫌う投資家にとっては変動リスクが大きいポートフォリオは好ましくないから、リスク回避度は正の値をとることになる。このような投資家はリスク回避的であると呼ばれる。この場合は期待リターンを大きくするように投資比率を選んでも、結果として変動リスクもまた大きくなってしまうと期待リターンの伸びを相殺してしまうため、「期待リターンが高い」＝「望ましいポートフォリオ」という等式は必ずしも成り立たない。したがって、この設定のもとで目的関数の値を最大にするためには

① 期待リターンをできるだけ大きくする
② 分散をできるだけ小さくする

ということを同時に目指す必要がある。しかし、期待リターンも分散も投資

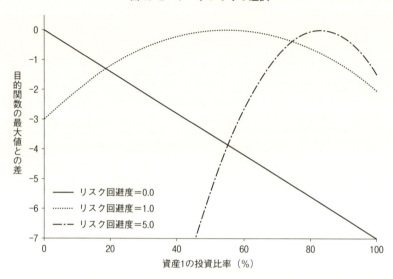

図 13-2　ポートフォリオ選択

比率の関数であるため、必ずしも①と②を同時に達成できる保証はない。そのため一般には期待リターンと分散の間にトレードオフの関係が成り立つことになる。したがって、投資比率の値をうまく調整して期待リターンと分散のバランスが取れた最適な投資比率を見つけることで目的関数の最大化を目指すことになる。これがポートフォリオ選択問題の基本的考え方である。

それでは図 13-2 を使って投資対象となる資産が 2 種類しかない状況でのポートフォリオ選択問題を説明しよう。ここでも図 13-1 と同じく

- 資産 1 の期待リターンは 1％、標準偏差は 1％
- 資産 2 の期待リターンは 8％、標準偏差は 3％

とするが、相関係数はゼロであると仮定する。そして、図 13-2 ではリスク回避度を 0、1、5 と変化させて目的関数の形状がどのように変わるかを見ている。

図の横軸は資産 1 の投資比率、縦軸は目的関数の最大値からの差である。したがって、縦軸の値が 0 になるところで最も望ましい資産 1 の投資比率が

与えられることとなる。リスク回避度を0とした場合には投資家はリスク中立的であるから、期待リターンが最も高いポートフォリオを選択する。この例では資産2の期待リターンが資産1よりも高いため、資産2の一点買いが最適なポートフォリオとなる。したがって、資産1の投資比率は0%のところで目的関数は最大値をとる。

一方、リスク回避度を1とすると投資家はリスク回避的になるので、標準偏差の小さい資産1を組み入れることでポートフォリオの標準偏差を下げようとする。これにより当然期待リターンも下がるが、標準偏差の低下によってある程度はカバーされる。そのため図13-2にあるように資産1と資産2の投資比率がおおむね半々になるようなポートフォリオが最適となる。さらにリスク回避度を高くして5に設定すると、資産1の投資比率はもっと上昇し最適なポートフォリオでは80%を超えるようになる。

このように同じ性質の二つの資産を組み合わせているにもかかわらず、投資家のリスクに対する選好が変化するだけで投資行動が変わってしまうのである。

今までは明示してこなかったが、最適化問題としてのポートフォリオ選択問題において投資比率に対して、以下の制約条件が課されている。

比率 1 + … + 比率 n = 1

この式は投資比率の和は必ず1に等しいという制約である。これは投資比率の定義上必ず成り立つ式であるから、ほぼすべてのポートフォリオ選択問題に組み込まれる制約条件である。また、実務では

比率 j ≧ 0, (j = 1,…,n)

という制約条件を課すことも多い。これはショートポジションをとらないという制約である。株式で信用取引のできる銘柄に対しては空売りする（保有していない株式を売却する）ことができる。これがショートポジションの例である。預貯金であれば、負の投資比率は借入金に対応する。言い換えると、この制約条件は資産jを保有するか（比率j＞0）保有しないか（比率j = 0）のどちらかしかないということを意味する。これ以外にも投資比率の上限の

設定などさまざまな制約条件をポートフォリオ選択問題に追加することが可能である。

このように資産運用の収益性の指標として期待リターンを使い、変動リスクの指標として運用利回りの分散を使うポートフォリオ選択は、ファイナンスの世界では「平均分散アプローチ」と呼ばれる[2]。今日においても平均分散アプローチは実務で広く使われているが、分散以外の変動リスクの指標を使うポートフォリオ選択も実務で使われるようになった。たとえば

① 平均絶対偏差
   運用益の期待リターンからの乖離の絶対値の平均
② 期待ショートフォール
   運用益が非常に悪いという条件のもとでの運用益の平均値

などが分散の代わりのリスク指標として使われることがある。特に期待ショートフォール（条件付きバリュー・アット・リスクとも呼ばれる）は金融市場が大きく下振れした状況でのリスクを計測して資産運用に活かすことができるという点で注目を集めている[3]。

今まで本章で説明してきたポートフォリオ選択問題では、一度投資比率を決めてしまうと運用期間が終わるまで（たとえば定年退職するまで）投資比率の見直しをしないという設定になっている。しかし、現実の資産運用では運用期間途中での投資比率の変更（ポートフォリオの組替え）も考慮する必要がある。これを実行するためにはポートフォリオ選択問題を動的最適化問題として定式化して解かなければならない。これは数学的に高度な話になるので本章では扱わない。興味のある読者は枇々木（2001）などを参考にしてほしい。

---

2) これは Markowitz(1952, 1959) によって提案されたポートフォリオ選択の古典的手法であり、Markowitz モデルと呼ばれることもある。
3) さまざまなリスクの指標についての詳しい解説は McNeil, Frey and Embrechts (2015) などを参照のこと。

4　資産運用の UI/UX ツールとしての
　　ロボアドバイザー

　以上の説明を読んでわかると思うが、ポートフォリオ選択問題を解いて賢く資産運用をしましょうといっても素人にはとても無理な話である。そこで、資産運用の UI/UX（User Interface/User Experience）の改善を目指して、特に個人投資家にとって使いやすい資産運用のための意思決定支援サービスの提供が始まっている。これらはフィンテックの世界では「ロボアドバイザー」と総称される。ロボアドバイザーのサービスはスマートフォンのアプリなどから手軽に利用できるものが主流であり、フィンテックのスタートアップ企業のみならず、大手銀行・証券会社なども参入して激しい競争が続いている。

　ロボアドバイザーが提供するサービスとしては、

① 　**金融資産購入のための機能**
　　（ア）　チャットボットや AI スピーカーによる注文
　　（イ）　ETF（上場投資信託）などの活用による国際分散投資
② 　**グラフなどによる可視化の工夫**
　　（ア）　期待リターンと変動リスクのトレードオフをわかりやすく可視化
　　（イ）　ライフサイクルに合わせた必要資金の可視化
　　（ウ）　必要資金（レジャー資金、高額商品の購入など）を貯めるためのロードマップの可視化
③ 　**少額積立投資を行うための仕掛け**
　　（ア）　毎月一定額を銀行口座などから自動的に引き落として投資する
　　（イ）　買い物の釣り銭や余ったポイントなどを少しずつ積み立てる
④ 　**個人投資家向けの情報（株価、経済ニュース、初心者向けの投資指南など）の提供**

などがある。

1990年代初頭のバブル崩壊後、日本の金融業界が長年取り組みながら、いまだに達成できていない「貯蓄から投資へ」という預貯金から金融資産投資への資金の流れを促進する上でも、投資の初心者でも使い勝手のよいロボアドバイザー・サービスの登場が望まれているといえよう。

【参考文献】

池田昌幸（2000）『金融経済学の基礎』朝倉書店。
中妻照雄（2018）『Pythonによるファイナンス入門』朝倉書店。
枇々木規雄（2001）『金融工学と最適化』朝倉書店。

Markowitz, H.（1952）"Portfolio Selection," *Journal of Finance*, 7, pp.77-91.
——（1959）*Portfolio Selection: Efficient Diversification of Investments*, Wiley.
McNeil, A. J., Frey, R., and Embrechts, P.（2015）*Quantitative Risk Management: Concepts, Techniques and Tools*, Revised Edition, Princeton University Press.

CHAPTER 14

第14章

フィンテックがもたらす新たなリスク（1）
サイバーセキュリティ

宮内 雄太

1 フィンテック時代の資産保護体制

　国や企業を狙ったサイバー攻撃は、年々高度化・激化の一途をたどっている。総務省が2017年に実施した調査では、国内企業の約半数が「過去1年間に何らかのセキュリティ侵害被害を受けた」と回答している[1]。近年発生した大規模サイバーセキュリティ事案の一例を表14-1に示す。近年は、特に国や企業が保有する情報資産やシステムを狙った攻撃が頻発しており、大規模な被害が発生している状況である。またその多くが、犯罪者集団や国家組織による高度かつ組織的な攻撃によるものと考えられている。
　フィンテックの普及により、企業はさまざまな新しいチャネルを活用して金融サービスを提供できるようになる。たとえば「オープンAPI」は、これまで金融機関だけが提供できた決済サービスを、金融機関以外の第三者企業でも提供可能とする仕組みである。サービス提供にかかわる企業や人が増えることで、リスクが発生し得る箇所も同様に増える。サイバーセキュリティにかかわる問題は、フィンテックがもたらすリスクのひとつであり、サービ

1）　総務省（2017）「平成29年通信利用動向調査報告書（企業編）」。

表14-1 近年発生した大規模サイバーセキュリティ事案

海外	2013年	韓国・大手銀行3行	複数の銀行を狙った同時多発的な攻撃の影響により、ATMや決済サービスが数時間停止
	2016年	ウクライナ・電力会社	電力会社のシステムが攻撃を受け、変電所のシステム停止により数時間の停電が発生
	2017年	イギリス・医療機関グループ	医療システムが暗号化され、同グループの34%の機関で一部サービスが停止
日本国内	2015年	日本年金機構	標的型メールをきっかけに構内ネットワークに侵入され、約125万件の個人情報が漏えい
	2016年	大手旅行代理店	標的型メールをきっかけに社内ネットワークに侵入され、約678万件の個人情報が漏えい
	2018年	大手仮想通貨取引所	仮想通貨管理システムが攻撃を受け、580億円相当の仮想通貨が流出

ス提供にかかわるすべてのモノに関係する共通の課題であるといえる。

　本章では、フィンテックサービスを提供する企業（以下、フィンテック企業）や、サービス提供にかかわる既存の金融機関が直面するサイバーセキュリティリスクとその対策について概説する。

2　フィンテックにかかわるサイバーセキュリティリスク

　サイバーセキュリティとは、「電子データの漏洩・改竄等や、期待されていたITシステムや制御システム等の機能が果たされないといった不具合が生じないようにすること」を指す[2]。あらゆるモノがネットワークにつながっている現代社会において、金銭や情報窃取等を意図した悪意ある者によるネットワークを介した不正行為、すなわち「サイバー攻撃」は、いつでも・どこでも・どの組織に対しても発生し得る大きな脅威となっている。フィンテック企業や金融機関に対する主なサイバー攻撃の一覧を表14-2に示す。

　サイバーセキュリティリスクとは、「サイバーセキュリティに関連して不具合が生じ、それによって企業の経営に何らかの影響が及ぶ可能性」のこと

2）　経済産業省（2017）「サイバーセキュリティ経営ガイドライン Ver 2.0」。

表14-2 フィンテック企業や金融機関に対する主なサイバー攻撃

不正アクセス	正当な権限を持たない第三者がシステムに不正に侵入する。主な攻撃手段として、正規の利用者になりすまして不正利用するケースや、システムの脆弱性を悪用して不正侵入するケース等がある。
不正送金	正規の利用者が意図しない第三者の金融機関口座へ送金を行う。主な攻撃手段として、正規の利用者になりすまして不正な取引を行うケースや、通信内容を改竄し、利用者の意図しない取引を行うケース等がある。
DoS（Denial of Service）攻撃	攻撃を行うことで、サービスの提供を不能にさせる。主な攻撃手段として、サーバやネットワークに大きな負荷をかけるケースや、脆弱性を悪用してシステムを停止させるケース等がある。なかでも、ネットワーク上の複数の機器から攻撃が行われるケースはDDoS（Distributed DoS）と呼ばれる。
標的型攻撃	特定の組織を狙って執拗かつ持続的にサイバー攻撃を行い、金銭や情報の窃取・破壊等を行う。被害組織が攻撃されていることに気づかないように、攻撃は秘密裏かつ段階的に行われるケースが多いとされる。

を指す[3]。以降では、サイバー攻撃を受けることによってフィンテック企業や金融機関に生じる主なサイバーセキュリティリスクについて説明する（図14-1）。なお、フィンテックサービスを構成する個々の要素技術に関連するリスク、たとえばブロックチェーンにおける「51％攻撃による不正取引リスク」やオープンAPIにおける「クライアントからのアクセストークンの窃取および不正利用リスク」等については、ここでは具体的に説明しない。

（1）不正アクセス

正当な権限を持たない第三者によって、システムに不正にアクセスされるリスクがある。フィンテックサービスはインターネット経由で提供されることが一般的であるため、不正アクセスは常に発生する可能性がある。

攻撃者が不正アクセスを行う目的は、主に金銭や情報の窃取であると考えられている。したがって不正アクセスを受けた場合は、連鎖的に不正送金や情報漏洩等の被害が発生する可能性が高い。

具体的に、過去に日本国内で発生した大手仮想通貨取引所に対する不正ア

---

[3] 同前。

図14-1　フィンテックにかかわる主なサイバーセキュリティリスク

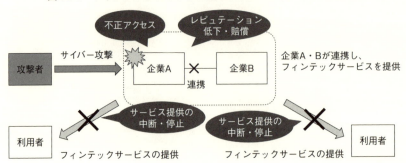

クセス事案では、運営会社がオンライン状態で保管していた秘密鍵を外部の攻撃者に窃取され、後に不正送金に利用されている。不正アクセスの対象は、フィンテックサービスを提供する企業や利用者のほか、それらと関係がある企業や人が「踏み台」として間接的に狙われる場合もある。すなわち、不正アクセス被害を受けると、被害者になると同時に、意図せず加害者になる可能性があるということである。

不正アクセスにはさまざまな要因があるが、主として①正規の利用者のIDやパスワードを窃取・悪用され、利用者本人になりすまされる場合や、②システムの脆弱性を悪用され不正侵入される場合がある。警察庁のまとめによると、2018年上半期に発生した仮想通貨不正送金事案の約65%で、被害者が仮想通貨取引所のID・パスワードを他のサービスと同一に設定していたことが判明している[4]。ID・パスワードの使い回しを行っている場合、いずれかのサービスで情報漏えいが発生すると、他のサービスでも不正アクセスされる可能性が高まる。

フィンテックサービスの提供は、フィンテック企業1社によるものだけでなく、複数の金融機関やその他企業との連携により実現している場合がある。たとえば、決済サービスや個人資産管理サービス（PFM）等は複数のサービス間の連携を前提とするサービスである。もしサービス提供にかかわる1社が不正アクセス等の攻撃を受けた場合、その影響はサービス全体に及ぶ可

---

4)　警察庁（2018）「平成30年上半期におけるサイバー空間をめぐる脅威の情勢等について」。

能性がある。したがって、各社におけるサイバー攻撃対策への取組みは重要な課題であるといえる。

（2） サービス提供の中断または停止

　サイバー攻撃を受けることで、サービス提供を継続できなくなるリスクがある。主な要因としては、DDoS（Distributed Denial of Service）攻撃によるネットワーク帯域の逼迫やシステムの停止、PCやサーバ等のランサムウェア（PCやサーバ上のファイルを強制的に暗号化し、暗号の解除と引換えに金銭の支払いを要求する不正プログラム）感染によるサービス停止等が挙げられる。サービス提供が中断または停止することで、サービスを利用できなくなることに加え、企業利益やレピュテーション（企業の評判やイメージ等）が損なわれる可能性がある。

　攻撃者の目的には諸説あるが、主として①金銭の獲得や、②政治的な主義主張の表明であると考えられている。具体的な事例としては、事前に攻撃を予告し、攻撃の停止と引換えに金銭の支払いを要求するものや、攻撃を行うことで値動きの激しい仮想通貨相場を意図的に操作し、金銭的な利益を得るもの、また法律の施行や事業活動等に反対し、関係省庁や金融機関等に対して攻撃を行うものがある。特に仮想通貨取引所については、DDoS攻撃を受けてサービス提供の中断に至った事例が複数公表されている。

　攻撃手法は年々大規模化・複雑化しており、完全な防御は非常に困難と考えられている。2016年に登場した新たなDDoS攻撃手法は、インターネットに接続するさまざまな機器や管理されていないサーバを踏み台として悪用、攻撃に加担させることで大規模な攻撃トラフィックを作り出し、米国の大手ウェブサイトや大手DNS（ドメインネームシステム）サービス等を次々とサービス中断に追い込んだ。また、DDoS攻撃の安価な代行サービスも登場しており、いつでも・誰でも・簡単に攻撃を実施できる環境がつくり出されている。

（3） 賠償の発生やレピュテーションの低下

　不正アクセスやサービス提供の中断・停止の結果、賠償請求が発生する、

またはレピュテーションの低下に伴う利用者離れや株価の下落等が発生するリスクがある。過去に日本国内で発生した大手仮想通貨取引所に対する不正アクセス事案では、被害者からの賠償請求や被害者に対する補償金の支払いが発生し、最終的に企業買収や経営破綻に追い込まれた事例がある。

近年、個人に関するデータの取扱いやプライバシーの保護をめぐる議論が活発化している。たとえば、2018年に施行されたEUの一般データ保護規則「GDPR（General Data Protection Regulation）」では、個人に関するデータの移転や処理に関する法的要件が定められ、違反時には高額な制裁金を科されることが取り決められている。フィンテックサービスでは、利用者一人ひとりのニーズに沿ったサービスを提供するため、個人に関するデータを取り扱う場面が必ず発生する。GDPRに限らず、データの所有者や入手経路等により各種規則が適用される場合があることを、各フィンテック企業は認識する必要がある。

3 サイバーセキュリティリスクへの対策

サイバーセキュリティリスクはフィンテックの登場以前から存在するリスクであり、対策についてはその他のリスクと同様のアプローチによる検討が可能である。リスクマネジメントの国際標準規格「ISO 31000」では、リスク対策における7つのプロセスが定義されている（図14-2）。以下ではその中心的なプロセスである「リスクアセスメント」と「リスク対応」について、サイバーセキュリティリスクへの対策に関する具体的な内容を説明する。

（1） リスクアセスメント（リスク特定・リスク分析・リスク評価）

「リスクアセスメント」は、リスクを洗い出しリスク対応の必要性や優先度を決定するプロセスである。リスクアセスメントは大きく三つのステップで構成される。

① リスク特定

守るべき資産を洗い出し、それらに対するすべてのリスクについて要因や

第14章　フィンテックがもたらす新たなリスク (1)

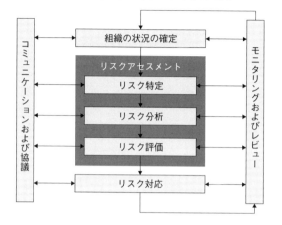

図14-2　リスクマネジメントプロセス

影響を特定する。リスク特定について確立された手法は存在しないが、企業戦略や業務プロセス、過去に蓄積されたデータ等をベースに実施することで、網羅性を向上させることができる。

② リスク分析

それぞれのリスクの大きさを算出する。分析の指標として「資産に対する脅威の大きさ」・「資産の持つ脆弱性の大きさ」・「リスク発生時の影響の大きさ」等が用いられる。

③ リスク評価

算出したリスクの大きさと、環境要件や企業の方針などをもとに策定したリスク基準を比べ、リスク対応の必要性および対応優先度を決定する。

（2）リスク対応

「リスク対応」は、既存の対策の見直しとリスクに応じた新たな対策の検討を行うプロセスである。リスクアセスメントにより洗い出された、対応が必要なリスクについて、リスクの大きさや特性等に応じて対応の方針を決定する。

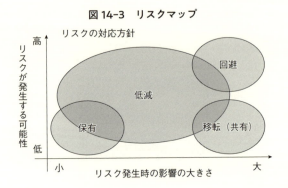

図 14-3　リスクマップ

　対応方針は大きく四つに分類ができ、①リスクの対象となる資産や取組み等を破棄することで、リスク発生自体を抑止する「回避」、②賠償やセキュリティインシデントの発生・対応に備えてサイバーセキュリティ保険を利用するなど、他者とリスクを共有する「移転（共有）」、③資産や脆弱性等に対してさまざまな対策を行うことで、リスク発生の可能性や影響を小さくする「低減」、④リスク発生の可能性や影響が小さいことを踏まえ、対策を行わない「保有」がある（図14-3）。

　サイバーセキュリティリスクについては、リスクの発生要因の一つとして「攻撃を意図した悪意ある者の存在」があるため、攻撃目的の達成阻止の観点から対策を整理・検討する必要がある。対策は目的に応じて大きく三種類に分類され、①組織内への侵入を防ぎ、攻撃の成立を阻止する「入口対策」、②組織外への資産の流出を阻止する「出口対策」、③組織内部での探索等の不正行為を検知し阻止する「内部対策」がある。複数の「層」における対策を組み合わせることで、攻撃目的の達成前のいずれかの段階で、攻撃をいち早く検知し対処に結びつける戦略を、一般に「多層防御」と呼ぶ。

　ただし、サイバー攻撃が高度化・激化している現在、すべての攻撃を完全に防ぎきることはできないと考えられている。さらに、すべてのサイバー脅威に対して網羅的に対応できる対策製品は存在せず、セキュリティ予算も限られていることが一般的である。したがって、セキュリティインシデントの発生を前提に、①組織的、②技術的、③人的観点から事前・事後の対策を考えることが有効である。それぞれの対策に関する具体的な実施例を以下で説

第 14 章　フィンテックがもたらす新たなリスク（1）　*249*

図 14-4　NIST　サイバーセキュリティフレームワークの構成要素

特定 Identify	資産管理　　　　　　ガバナンス　　　　　　　　リスク管理戦略 ビジネス環境　　　リスクアセスメント　　　サプライチェーン管理
防御 Protect	アクセス制御　　　データセキュリティ　　　意識向上とトレーニング 情報保護のプロセスと手順　　　　　保守　　　　　　保護技術
検知 Detect	異常とイベント　　　　　　　　　　　　　　　　　　検知プロセス 　　　　　　セキュリティの継続的なモニタリング
対応 Respond	対応計画の作成　　伝達　　　分析　　　低減　　　改善
復旧 Recover	復旧計画の作成　　　　　　　　改善　　　　　　　　　伝達

明する。

① **組織的対策**

　サイバー攻撃の高度化・激化の一因として、攻撃者側の組織化・分業化が進んでいる点が挙げられる。たとえば、攻撃に使用する不正プログラムを作成する人、配布する人、利用する人は、全員が別人または別組織であると考えられている。また、攻撃者側は攻撃に悪用可能な脆弱性や手口等の情報を独自のネットワーク内で共有していると考えられ、すなわち個社ごとに対策を実施している防御側と比べ、攻撃者のほうが優位な状況にあるといえる。

　組織的な攻撃に対抗するためには、防御側も組織的な対応態勢を構築する必要がある。アメリカ国立標準技術研究所 NIST が 2014 年に公表した「重要インフラのためのサイバーセキュリティを向上させるためのフレームワーク」、通称「サイバーセキュリティフレームワーク」では、サイバーセキュリティ対策を考える上で必要な五つの機能が定義されている（図 14-4）。

　本フレームワークには、セキュリティインシデント発生前の事前対応（特定・防御・検知の一部）と発生後の事後対応（検知の一部・対応・復旧）について押さえるべきガイドラインやルール、ポイントが網羅的に記載されて

おり、重要インフラ以外の組織についても、組織的な対応機能の検討や自組織の評価等を行う際に有効なツールのひとつである。

セキュリティインシデントに組織的に対抗するため、「CSIRT（Computer Security Incident Response Team）」や「SOC（Security Operation Center）」を設置する組織が増えている。CSIRT はサイバーセキュリティにかかわる諸問題を専門に扱うインシデント対応チーム、SOC はセキュリティインシデントの発生や予兆をいち早く検知し対応する専門チームである。

セキュリティインシデントが発生した際は、CSIRT はシステム部門や SOC と連携し、状況整理や被害・原因の特定、社内外の関係者との情報連携等を行う。一方 SOC は、平時はファイアウォールやプロキシ等のセキュリティ機器やセキュリティログの常時監視・分析を、攻撃を受けた際は攻撃元からの通信遮断や被害機器の隔離・確保等の初動対応を実施する。

さらに、組織的な対応態勢をより強固にする目的から、セキュリティインシデント発生に備え、組織間で緊密な連携を行うことが一般的となっている。

具体的な取組みとして、重要インフラを中心に業界横断組織「ISAC（Information Sharing and Analysis Center）」の設立が相次いでいる。ISAC では脅威動向や脆弱性等に関する情報共有のほか、ノウハウの共有や共同訓練の実施等、サイバーセキュリティにかかわる各企業の共通課題の解決に向けたさまざまな取組みが行われている。

② 技術的対策

世の中には数多くのセキュリティ対策製品が存在し、手当たり次第やみくもに導入することは効果的ではなく、かつ不可能である。したがって特に技術的対策の検討に際しては、「既存の対策の見直し」と「新たな対策の導入」という観点で情報を整理する必要がある。

既存の対策の見直し

新たな技術や製品を導入しなくとも、対策のレベルを向上させることができる。たとえば、ネットワーク設計やアクセス権限、本人認証方法等の見直しを行い、資産にアクセス可能な人を限定することで、リスクの発生を低減

できる可能性がある。

　本人認証方法の見直しは、なりすましによる不正アクセスへの対策として有効である。本人認証の方法としては、⒤パスワード等本人のみが記憶している情報に基づく「知識による認証」、ⅱカードやトークン等本人のみが所有している物に基づく「所有物による認証」、ⅲ指紋や虹彩等本人の生体に基づく「生体認証」がよく用いられる。NIST が 2018 年に公表した、認証に関するガイドライン「Special Publication 800-83-3」では、「資産の機密性のレベルや重要度に応じて適切な認証方法を組み合わせること」と定義されている。

　具体的に、認証の強度は大きく三段階に分類され、最も低いレベルでは知識・所有物・生体のうち一要素による認証を、最も高いレベルでは二要素による認証（うち一要素は生体等偽造の困難なものを用いる）が要求される。

　なお、生体認証はなりすまし防止の観点で非常に有効であると考えられているが、生体はつくり替えができない機微な情報であるため、取扱いには特に注意が必要である。また、現在は強固であると考えられる認証方法も、技術の発展により容易に破られるおそれがあることから、技術動向にも注意する必要がある。

　　新たな対策の導入
　既存の対策の見直しが完了した後、不足している機能や役割を、新たな対策の導入により補強する。対策の検討にあたっては、入口・出口・内部といった対策の目的や、クラウド・サーバ・エンドポイントといった導入箇所または導入形態等の観点から整理を行い、サイバーセキュリティリスクに対する網羅性を向上させることが重要である。

　技術的対策の検討に合わせ、物理的対策についても考慮する必要がある。たとえば、仮想通貨におけるコールドウォレット等、オフライン状態で保管する必要がある資産に対して、オンライン状態であることを前提とした対策は有効ではない。盗難・盗聴、物理的な接触を伴う不正アクセス行為も考えられるため、監視カメラの設置や資産にアクセス可能な人の限定等の物理的対策を行う必要がある。

③ **人的対策**

　サービス利用者や従業員、すなわち「人」を狙った攻撃は、組織的または技術的対策で防ぎきることは困難であるため、「人」自身による対策を行う必要がある。具体的には、金融機関を騙ったメールや、金融機関を模した偽のウェブサイト等を使用して、IDやパスワードを窃取する「フィッシング」、人の心理的な隙やミスにつけ込んで、会話や物理的な接触等により重要情報を窃取する「ソーシャルエンジニアリング」など、後の不正アクセスにつながる類の攻撃は、組織的または技術的対策が成熟している組織においても検知や阻止が難しいことから、攻撃者にとって狙いやすいポイントであるとされる。

　人的対策を検討する際は、サービス利用者とサービス提供者の両面から検討を行う。たとえばサービス利用者の観点では、ⓐ複数のサービスでのIDやパスワードの使い回しをやめる、ⓑ多要素認証を積極的に利用する、ⓒフィッシングメールに注意する等の対策が考えられる。

　一方、サービス提供者の観点では、利用者に対して取組みを促すとともに、「ログインや振込等の重要操作において、多要素認証の利用を必須化する」などの、強制力を伴う対応を行うことが有効である。また、従業員宛の不審メール受信を想定した訓練や、セキュリティインシデント発生を想定した対応訓練等を定期的に実施することで、組織の人的防衛力を強化することが重要である。

4　今後避けては通れないセキュリティの強化

　本章では、フィンテック企業や既存の金融機関が直面するサイバーセキュリティリスクおよび対策について概説した。

　フィンテックの活用を推進する上で、今後も安全・安心なサービスを提供し続けるためには、サービスにかかわるすべてのモノ、すなわちフィンテック企業や金融機関、利用者等にとって、サイバーセキュリティリスクへの対策は避けては通れない重要なテーマである。ブロックチェーンやAI等の新しい要素技術が関係する分野であるため、対策についても技術的な観点に

偏ってしまう傾向があると考えられるが、組織的または人的観点も同様に重要である点について認識する必要がある。

　サイバーセキュリティは、攻撃手法も、それらに対する対策手法も、また新しい規制・ルールも次々と登場する日進月歩の分野であるため、万が一に備えた日々の取組みを怠ってはならない。

第15章

フィンテックがもたらす新たなリスク（2）
金融システムの不安定化

池尾 和人

1 次の金融危機？

　2017年9月、経済・金融情報の配信をはじめとした総合情報サービス会社であるブルームバーグのホームページ（bloomberg.com）のオピニオン欄に、「次の危機はシリコンバレーで始まるだろう――ウォール街のことは忘れて、フィンテックを心配しろ（The Next Crisis Will Start in Silicon Valley: Forget Wall Street. Worry about Fintech.）」というタイトルの記事が掲載された。この記事の著者はウイリアム・マグヌソン（William Magnuson）というテキサスA&M大学の法科大学院の准教授であり、いい加減な記事ではないと思われた。そのため、それをめぐって多少議論があった。最近でも、米国ではフィンテックのリスクに関するレポートが出されていたりする。

　そこで本章では、果たしてフィンテックは次の金融危機を起こす原因になるのか、という問題を取り上げることにしたい。ただし、この問題に対して正面からまっとうな議論を行うためには、そもそも金融危機とはどのような現象なのか、あるいは金融危機はどのようなメカニズムで起こるのかについて一定の理解を持っている必要がある。そうでないと表面的な上滑りの議論

しかできないということになってしまう。それゆえ、まず金融危機というのはどのような現象で、いかなるメカニズムで起こるのかということを確認することから始めたい。

2　金融危機のメカニズム

そのために、次の危機 (the Next Crisis) ではなくて、前の危機 (the Last Crisis) を振り返ってみることにしたい。前の危機というと、2007-08 年にかけてのグローバル金融危機 (Global Financial Crisis) と呼ばれるものになる。

ただし、グローバル金融危機といっても、このとき日本は金融危機にはならなかった。にもかかわらず、米国の市場が冷え込んで、北米向けの輸出がほとんど止まってしまったことから、日本の景気は急激に悪化した。こうした事情から日本では、外から来たショックという感じで受け止められていて、リーマン・ショックという言い方が定着している。このように呼ぶのは日本ぐらいで、世界のほかの国々では、グローバル金融危機と呼ばれている[1]。

(1) トリガーと増幅メカニズム

このグローバル金融危機のきっかけになったのは、サブプライムローン問題である。プライムという英語は「優良」という意味で、プライムローンというと、一定の基準を満たした住宅ローンのことを指している。これに対して「サブ」プライムとなると、そうした基準を満たせていないという意味になる。したがって、サブプライムローンというのは、基準に達しない、優良ではない住宅ローンということになる。要するに、サブプライムローンとは、そもそも低所得で返済能力などが乏しい人向けの住宅ローンで、住宅価格が上がり続けるという前提があって初めて成り立つような金融商品だった。

2000 年以降、米国では長らく住宅価格の上昇が続いていたことを背景に、

---

1) 本節の議論のより詳細については、拙稿「金融規制の新たなアーキテクチャー」財務省財務総合政策研究所『ファイナンシャル・レビュー』125 号 (2015 年 10 月) pp. 144-167 を参照されたい。

強気の住宅価格上昇期待が形成され、サブプライムローンの貸出が増えていた。しかし、2006年頃になって住宅価格の上昇がさすがに息切れして、その伸び悩みが始まると、たちまちサブプライムローンの焦げつきが大規模に発生することになった。それが金融危機のきっかけになったのだが、当初は、そのように認識されていたわけではなかった。

たとえば、当時の（米国の中央銀行にあたる）連邦準備理事会のバーナンキ議長は、上院での議会証言で「サブプライムローン問題での損失というのは、500億～1000億ドルぐらい（日本円で6兆円～11兆円ぐらい）になると見込まれる。500億～1000億ドルの損失は大きいといえば大きいけれども、米国の金融市場の規模と比べると、深刻なダメージになるほどの大きさではない。米国の金融システムなら十分吸収できる範囲の問題だ」という趣旨のことを述べていた。

たしかに米国の金融市場全体の規模はきわめて大きいものではあったが、サブプライムローン問題は、全般的な金融危機にまで拡大していった。それがなぜかを理解するポイントは、危機のきっかけ、あるいは**トリガー**（trigger）になる出来事と、それから金融危機に至るまでの過程で内生的に問題を拡大・悪化させる**増幅**（amplifying）**メカニズム**の区別である。後者のメカニズムが起動してしまったので、吸収できる範囲を超えて損失が拡大して金融危機を引き起こすことになったのである。

（2）システミック・リスク

連鎖倒産というのは、次のような事態のことである。すなわち、Bは、Aから支払いを受けることをあてにして、Cに対して支払いを行う予定だった。しかし、Aが破綻してBは予定していた支払いを受けられなかった。すると、BもCに対する支払いができなくなってしまった、というドミノ倒し現象のことである。

連鎖倒産するという問題は、別に金融業に限ったことではなくて、一般のビジネスにおいても存在する問題である。実際、ある程度以上の大規模な企業が倒産したりすると、その企業に原材料や部品を納品していた下請け会社などが支払いを受けられなくなって連鎖倒産することが懸念されて、そうし

た連鎖倒産が起こらないように支援するということが政府によって行われたりしている。

　このように一般のビジネスについてもあり得る事態ではあるが、金融業の場合には、とりわけ連鎖的に生じる問題が深刻だということができる。その意味で、連鎖倒産のような事態が起きて、システム全体に問題が広がっていきやすいというリスクを金融業は抱えているということで、そのようなリスクのことをシステム上のリスクという意味でシステミック・リスク（Systemic Risk）と呼んでいる。

　なぜ金融業について、とりわけ連鎖反応（chain reaction）が生じやすい構造になっているかというと、金融機関の間には、債権・債務関係がきわめて緊密にネットワーク状に広がることがビジネスの性格から必然的に起こってしまうからである。たとえば、決済の業務は銀行業の基本的な仕事の一つであるが、それがそうした要因になる。

　決済業務のうち、わかりやすい例として送金を取り上げよう。Ａが遠隔地の（必ずしも離れていなくて、近隣でも構わないが）Ｂに対して送金したいとする。そのとき、Ａは自分が取引先にしている銀行に行って、送金の手続きをする。その依頼を受けたＡの取引先銀行をＸ行とすると、Ｘ行は、資金そのものを送りはしないで、単にメッセージだけを送る。すなわち、送金先のＢの口座があるＹ行（Ｂの取引先の銀行とする）に対して、言ってみれば「立替払いをしておいてくれ」というメッセージだけを送る。

　すると、Ｙ行はＸ行からの依頼に応じて、立替払いをしてＢにお金を渡すことになる。それゆえ、ＡからＢに送金が行われると、Ｘ行とＹ行の間で貸し借りが発生することになる。要するに、立替払いを頼んだＸ行は債務を負うかたちになって、立て替えて払ったＹ行は債権を持つという債権・債務関係が銀行間で発生する（図15-1）。

　このような送金という業務は、1日に1件だけ起こる話ではなく、それが銀行の仕事である以上、何万件も行われる。その中には、逆にＹ行がＸ行に対して立替払いを依頼するケースもあるだろう。1日に何万件とそうしたやり取りが銀行間で行われる。そのために、1件ごとに資金を送って支払いを済ませるのではなく、途中ではメッセージだけを送って、1日の終わりな

第 15 章　フィンテックがもたらす新たなリスク (2)　　259

図 15-1　銀行間の送金

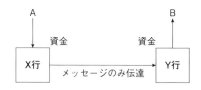

どに締めて、通算したらどの銀行がどの銀行に対してどれだけの債権・債務を負っているかを算出した上で、その差額を計算する（これをネッティングという）。そして、最終的にその差額だけを支払って決済を済ませる。

　普通は、こうした仕組みになっていて、それを「時点ネット決済方式」と呼んでいる。こうした時点ネット決済方式のもとでは、既述のように銀行間に債権・債務関係ができあがるので、それが連鎖倒産などの危険性をつくり出す要因になってしまう。繰り返しになるが、それをシステミック・リスクという。

　そうしたシステミック・リスクを軽減するために、最近は時点ネット決済方式ではなくて、1件ごとリアルタイムで支払いを済ませていく、「RTGS（リアルタイム・グロス・セトルメント）」と呼ばれる方式も大口の決済では採用されるようになっている。けれども、本来の業務を通じてどうしても銀行間では相互の依存関係が生まれて、なにか事が起きたときに、それが1カ所だけの出来事では済まなくて連鎖反応が引き起こされてしまう可能性が金融業においては高い、という基本的性質がなくなってしまったわけではない。

　いま説明した銀行間の債権・債務関係に起因するものが、伝統的な意味のシステミック・リスクであるが、先般のグローバル金融危機の経験から、別のかたちのシステミック・リスクの可能性も指摘されるようになっている。それが、市場型のシステミック・リスクと呼ばれるものである。金融機関間に債権・債務関係が存在していなくても、多くの金融機関が同じクラスの資産に対して投資を行っている、すなわち共通のエクスポージャを持っている（common exposure）と、当該の資産のマーケットが崩壊したり、当該資産の価格が暴落したりすると、多くの金融機関が一斉に問題を抱えてしまうということなりかねない。こうした場合にも、同時多発的に、やはり問題が起

こりやすいということで、一種のシステミック・リスクであると指摘されるようになっている。

(3) 増幅メカニズム① 取付け

繰り返すと、金融システムは、連鎖倒産のような事態が起きやすい、同時多発的に問題が発生してしまいやすいというシステミック・リスクを抱えている。このシステミック・リスクを顕在化させる、問題を増幅するメカニズムとしてはいくつか考えられる。その中でも、伝統的に考えられてきた一番の金融危機につながる問題悪化のメカニズムとしては、「取付け（bank run）」のメカニズムがある。

銀行のバランスシート（B/S）を単純化すると、図15-2のようになり、負債側では預金を中心として資金調達をしていて、自己資本の割合は限定的である。資産側では、預金のうちのごく一部は、払戻しに備える等の理由で、手元に現金のかたちあるいは中央銀行（日本銀行）に預け金のかたちで置いており、その部分を準備という。しかし、大半は運用している。それをここでは貸出と書いているが、実際には厳密な意味の貸出以外のいわゆる証券投資等も含んでいる。

預金に関しては、いつでも要求があれば払戻しをするという約束になっている。ところが、そうした条件で集めたお金の大半を、貸出のような固定的・非流用的な用途に運用しているわけである。固定的・非流動的というのはどのような意味かというと、本来の価値どおりに現金化しようと思うと、それなりの時間を要したり、タイミングをみて売却する必要があるということである。逆からいうと、即座に現金化しようとすると損失が出るという意味である。

払戻しの準備は一部しかないということから、こうした仕組みを部分準備銀行制度と呼んでいる。部分準備で営業していて大丈夫なのかというと、普通は大丈夫だといえる。いつでも払い戻せるということになっていても、だからといってすぐに払戻しを要求するということは、普通はない。預金しておくことが便利だから預金しているので、本当に払い戻す必要が発生しない限り、いつでも払い戻せるからといっても払い戻さないというのが一般的だ

第 15 章　フィンテックがもたらす新たなリスク（2）　　261

図 15-2　銀行のバランスシート

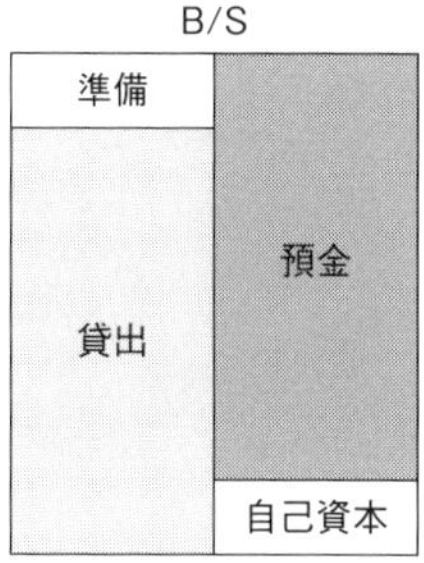

B/S

準備	預金
貸出	
	自己資本

といえる。それゆえ、いつでも払い戻すと約束して集めたお金であっても、それを固定的・非流動的な用途に運用していても、普通は大丈夫だといえる。

　しかし、金融システムが不安定化したり、銀行に対して悪い噂が立ったりすると、話は別になる。払戻しを求めるのは預金者の当然の権利だから、銀行に対してなんらかの意味で不信が高まったときには、一斉に払戻しを求めてくることが起こり得る。そうした事態を「取付け」という。そして、銀行が取付けに遭うと、払戻しに応じるために、固定的・非流動的な運用資産をすぐに処分しなければならなくなる。タイミングがよいかどうかにはかかわりなく処分しないといけなくなって、そうすると処分に伴って損失が発生して、本来は健全な経営をしていた銀行であっても、その損失のために倒産してしまうということが起こる。これが取付けのメカニズムである。

（4）　増幅メカニズム②　投売り

　取付けと並ぶ、もう一つの問題を悪化させるメカニズムに「投売り（fire sale）」がある。このメカニズムを説明するために、いま振り返っている先般のグローバル金融危機の舞台になったシャドー・バンキング・システムについて先に説明しておこう。

　シャドーというのは影という意味だが、公式の銀行システムの外側で、非公式に発展した銀行類似の役割を果たすようなシステムをシャドー・バンキング・システムと呼んでいる。

　シャドー・バンキング・システムのバンク（銀行）にあたるのが、図

図15-3 シャドー・バンキング・システム

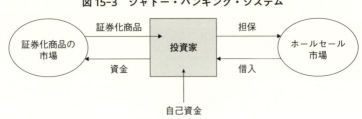

　15-3の中央の投資家である。この投資家は、証券化商品やさまざまな金融資産に投資しているが、その投資のための資金のうち、自己資金（自己資本）は一部にすぎず、大半は投資対象である購入した証券化商品等を担保にして借入れで調達している。

　ただし、担保には掛目というのがあって、担保の価値分まるまる借入ができるかというと、そうではない。担保の資産には値下がりするリスクもあることから、普通は掛目があって、担保の価値の8掛け（80%）とか、9掛け（90%）とかのような掛目をかけた額が調達できる限度となる。なお、日本語ではこのように、掛目という言い方をするのに対して、英語ではhair cut（髪の毛を切る）という言い方をして、hair cut率5%というのは、100の価値のある資産であれば、5%を価格下落のリスクなどに備えてカットして、95まで貸すことを意味する。したがって、掛目が95%というのは、hair cut率が5%ということと同等になる。

　先般のグローバル金融危機の直前の米国では、きわめて強気の期待が広がっていたので、hair cut率5%ぐらいで資金調達できた。そうすると、100の資産を担保に入れれば、95の資金が借り入れられることになるので、自己資金は5で、100の投資ができた。借入れをして投資を行うことを、レバレッジ（leverage）をかけるというが、この場合は20倍のレバレッジをかけたことになる。

　こうした状況の中で、先述したサブプライムローン問題などが発覚して、証券化商品に関して懐疑的な雰囲気が生じて、証券化商品の相場が軟調に転じた。そうすると価格下落のリスクが高まったということで、hair cut率が、これまでの5%から10%とかに高まることになる。しかし、それまで100の

投資を自己資金 5、借入れ 95 でファイナンスしていたのが、90 しか借り入れられなくなったら、自己資金を 10 に増やさないと 100 の投資は維持できないということになる。

このように 5 の追加の自己資金を用意できなければ、100 の投資は維持できないということになっても、そう簡単に自己資金を用意できるものではない。しかし、追加の自己資金が用意できない場合に、hair cut 率 10％のもとで投資できる規模は 50 でしかない。そうすると、これまで 100 投資していたけれども、投資を継続できるのは 50 だということになり、半分の 50 は叩き売るしかないという状況になる。そうした事態を「投売り」を強いられるという。そうして投売りをせざるを得なくなると、ますます売りが増えて証券化商品の価格が下がって、ますます hair cut 率が上がってという悪循環に陥る。そうした悪循環を引き起こすものが、危機の増幅メカニズムである。

(5) 危機対策

そのような悪循環が起きないと、何か悪い出来事があっただけでは危機にはならない。すなわち、なんらかの悪循環を引き起こす増幅メカニズムが作動したときに、初めて危機が起こる。それゆえ、危機対策というのは通常二段構えになっている。

要するに、連鎖反応のきっかけになるような個別的な破綻をなるべく起こさないというのが、第 1 次防衛線になる。できるだけ問題のきっかけ、トリガーになるような出来事を排除するということである。トリガーの代表的なものとしては、信用膨張を伴う資産価格の高騰があり、そうした「金融的不均衡」とも呼ばれるような事態をなるべく回避する。それと同時に、負のショックがかかっても、それに耐えられるだけの財務的な体力を金融機関にできるだけ確保させる。

こうした第 1 次防衛線で問題を食い止められればよいが、その防衛線を突破されてなんらかの理由で個別的な金融機関の破綻が起きたとする。その場合の次の課題は、個別的な破綻を個別的な問題としてとどめて、連鎖倒産や内生的に悪循環が拡大していくことを食い止めることになる。これが、第 2 次（最終）防衛線になる。この第 2 次防衛線にかかわるいろいろな装置のこ

とをセーフティーネット（安全網）と呼ぶ。その代表的なものとしては、預金保険制度がある。

　預金保険で、預金の払戻しが政府によって保証されていたら、たとえ銀行が倒産しても自分の預金は大丈夫ということだから、慌てて銀行まで駆けていく必要がなくなる。そういうことで、預金保険制度が導入されてから、米国では銀行取付けはぱったりと起こらなくなった。それぐらい預金保険制度は強力で、グローバル金融危機の前まで取付けというのは、米国において絶えて久しく起こっていなかった。

　しかし、シャドー・バンキング・システムに関しては取付けと類似の問題が起きた。それはシャドー・バンキング・システムが、セーフティーネットの対象にはなっていなかったからである。公式の銀行システムの外側で、非公式に発達した制度なので、政府の規制・監督を受けない半面、政府による保護も受けていなかった。それゆえ、70年ぶりぐらいに取付けメカニズムの発動が米国で経験されることになった。

　また、投売りを回避させるには、固定的・非流動的であっても十分な資産を持っているのであれば、その資産を担保に取って中央銀行がお金を貸すことにすればよい。こうした中央銀行の働きは、セーフティーネットのもうひとつの代表例として知られていて、「最後の貸し手（LLR: Lender of Last Resort）機能」と呼ばれている。先般のグローバル金融危機のときも、LLR機能そのものではないが、米国連邦準備は、信用緩和と称して（現在はQE1と呼ぶことが多い）さまざまなリスク資産を大量に買い上げ、市場に流動性を供給するマーケットメーカーのような機能を発揮することで、危機を収束する上でかなり効果的な役割を果たした。

3　次の金融危機の可能性

　以上の金融危機に対する理解を前提として、フィンテックをめぐる「次の金融危機の可能性」についての検討に移ることにしよう。冒頭で述べたbloomberg.com の記事などをきっかけにした議論[2]で指摘されているフィ

2）　https://www.bankingtech.com/2017/09/industry-views-will-fintech-cause-next-financial-

ンテック企業の問題点は、まだフィンテック企業は小規模なスタートアップ企業が大半だということから、何かネガティブなショックがかかったときに、それに対して耐えていける力は既存の大規模金融機関に比べればはるかに脆弱だということである。しかも本格的な景気後退局面を経験していない。

　特定のビジネスモデルや仕組みが本当に持続可能なものかどうかを、好況局面での経験だけで判断してはいけない。好況局面だと、少々の瑕疵があってもうまくいく可能性が高く、やはり不況を経験して、不況の局面を本当に乗り切れたかどうかで、そのビジネスモデルや仕組みが持続可能なものなのかどうかが決まる。それゆえ、少なくとも一景気循環全体を通して生き残ったかどうかをみないと、現在展開されている多様なビジネスモデルのうちで、どれが本当に有効でサステナブルなものかはわからないといえる。

　幸か不幸か、米国では（日本も同様）きわめて長い間、景気拡大局面が続いている。景気拡大局面が長らく続いているから、粗が見えないだけかもしれず、今度本格的な景気後退があったときには、フィンテック企業の破綻が相次ぐといった可能性がないとは言い切れない。また、フィンテック企業で用いられている技術の新規性・複雑性などから、伝統的な金融機関よりも監視するのが難しい。したがって、十分にモニタリングされていないという問題がある。仮に政策担当者などが懸念を感じても、十分にモニタリングするのが難しい不透明（opaque）な存在だということがある。

　そして、業界内で相互支援するような土壌にも欠けているということが言われている。伝統的な金融機関は、先に指摘したようにシステミック・リスクという問題を抱えていることを認識しているので、システミック・リスクを回避するために、お互いに、いざとなったら支援し合うような体制がある。そうした体制はインフォーマルな場合もあるけれども、相互支援協定のようなかたちで制度化されている場合も少なくない。

　日本の場合でいえば、信用組合や信用金庫は、相互支援を制度化している。だから、一つの信用金庫が困ったときには、信用金庫業界を挙げて支援することになる。しかし、フィンテック企業には、そのような相互支援体制は存

---

crisis/ などを参照のこと。

在していないわけである。

　ただし、業界内で相互支援する土壌がないというのは、システミック・リスクのような問題があるという認識がないからだともいえる。実際にはあるが認識していないだけというよりは、いまのところ実態としてもそのような問題はないとみられる。フィンテック企業の業界は、断片化（fragmented）と表現されているようなありさまで、フィンテック企業は相互にネットワーク的に結びついて、ネットワーク的な結びつきを形成して何かやっているというような状況にはない。

　したがって、フィンテック企業に関連して、いまのところに限れば、何か問題を内生的に悪化させるような増幅メカニズムが存在するかというと、それは存在しないのではないかと思われる。そうだとすると、関連した議論の中では、ディビット・パーカー（David Parker, CEO, Polymath Consulting）という人物による

> The fintech boom is certainly a bubble, and will some people lose money: Yes.
> But will it cause a financial crisis: No.

という主張が妥当なものだと言うことができる。

　すなわち「**フィンテックブームはたしかにバブルだ。だから、いずれ何人かの人々は損するに決まっている、という命題は正しい**」。たとえば、2017年の頃のビットコインの価格の動きをみると、バブルだと思う人が大半だと思われる。しかし、バブルが崩壊すると必ず金融危機になるかのような短絡的な発想は、正しくない。

　実は、バブルにも二種類があるといえる。一つは、やや奇妙な表現になるが、「単なるバブル」である。もう一つは、「信用膨張を伴うバブル」である。単なるバブルは、基本的には自己資金で投機を行っているケースである。具体例としては、2000年前後のITバブル、あるいはドットコム・バブルと呼ばれたものがある。このITバブルが崩壊した後に、別に金融危機が起こったわけではない。単なるバブルの場合にも、その崩壊に伴って多くの投資家は損をする。しかし、それで終わりになる。要するに、当事者は大変であっ

第 15 章　フィンテックがもたらす新たなリスク（2）

ても、マクロ経済的には投資家が損をして終わりで、それ以下でも以上でもない。

ビットコインをはじめとした仮想通貨（暗号資産）については、個人で信用取引をして投資をしている者はたしかにいるけれども、大規模な企業や金融機関が借入れを利用して、つまりレバレッジをかけて仮想通貨に投資しているということはなかったし、いまもない。そうだとすると、そのバブルが崩壊しても、投資家が損して終わりになるだけだといえる。

実際、仮想通貨については、すでにだいぶ損した人が存在している。ビットコインであればピークのときの3分の1ぐらいに価格が下がったので、その間に1億円以上稼いだ、いわゆる「億り人」が何人か出たけれども、その裏側で、それと同額あるいは同額以上の損失が発生して、損した投資家がいる。その意味で当事者にとっては深刻な問題であっても、マクロ経済的にそれで金融危機になるという話ではない。

金融危機になる可能性があるのは、バブルが信用膨張を伴っている場合である。投資から期待される収益率と借入れの利子率を比較したときに、前者が後者を上回るのであれば、自己資金だけで投資をするのではなく、借入れを活用して投資規模を膨らませたほうが利益をもっと増やせるということになる。したがって、自己資金に対する収益率を上げられることになるので、資産価格の先行きなどに対して非常に強気の期待が抱かれているときには、借入れをしてまで投資をしようという動きが出てくる。すなわち、レバレッジをかけて投資をしようということになる。

しかし、高率のレバレッジをかけて投資が行われている状況で、投資の実際の収益率が期待していたような値をはるかに下回るようなレベルに下落すること（バブルの崩壊）が起こると、惨劇が生じることになる。借金で買った資産の価格が半分あるいは4分の1になったとしても、借金は丸々残る。そのために、そうしたときには直接投資を行っていた主体が損をするだけにとどまらず、その主体にお金を貸していた主体も損をすることになる。そのお金を貸していた主体が銀行だとすると、その銀行にお金を貸していた（預けていた）者にも影響が及びかねないという話になって、連鎖的な問題が発生する。

したがって、信用膨張が伴っているかどうか、レバレッジがかかっているかどうかというのが一つの目安になる。この目安に照らすと、「(しかし)フィンテックブームが金融危機を起こすことになるだろう、という命題は間違いだ」ということになる。いまのところ、こうした評価が妥当なものだと考えられる。

4　将来の展開

ただし、足元においてフィンテックが次の金融危機の原因になるというのはまだ大げさな話だとしても、これからどうした展開になるかは保証の限りではない。たとえば、今後フィンテックを活用するかたちで、新たなシャドー・バンキング・システムが形成されることになるかもしれない。したがって、近い将来に、新たなシャドー・バンキング・システムができあがって、それが危機の舞台になる可能性はないと言い切れるものではない。

しかしながら、最近の米国や日本における動向をみている限りは、既存の金融機関が技術導入に積極的で、フィンテック企業を取り込む傾向になっている。当初は、フィンテック企業は破壊的（destructive）で、既存の金融機関を駆逐する存在だというような話がされていたけれども、2016年以降ぐらいから、少なくとも米国ではそのような感じではなくなってきた。要するに、フィンテック企業と既存の金融機関は協調的なかたちで展開するようになってきて、既存の金融機関がフィンテック企業を買収するなり提携するなりして取り込むような動きになっている。

換言すると、今後フィンテックが発展するとしても、既存の規制とセーフティーネットの内側で発展するようなかたちをいまのところは取りそうなので、シャドー・バンキング・システムとして既存の秩序の外側で、規制やセーフティーネットの適用を受けないかたちで展開するという心配はあまり必要ではないと思われる。もっとも、これは米国や日本についてであって、中国のフィンテックについては、深くはわからない[3]。

3）　中国のフィンテックに関しては河合祐子・宮将史（2018）「FinTechの描く未来・技術・可能性とチャレンジ」（神作裕之ほか編『金融とITの政策学』第1章、きんざい）を参考にした。

第15章　フィンテックがもたらす新たなリスク（2）

　具体的には、WeChat Pay（微信支付）やアリペイ（支付宝）は、シャドー・バンキング・システムに十分成長し得るような性質のものであるように思われる。その仕組みは、いわゆるデジタル・ウォレットと呼ばれるものである。自分のデジタル・ウォレットのアカウントにチャージして、それをウォレットシステム内部で付け替えて、送金や支払いをする。送金されてきたものを再度引き出して、現金に戻すことができる。

　日本のSuicaなどの電子マネーは、キャッシュに戻すことはできないけれども、同様のサービスを提供している。そして、支払いに要する時間は、QRコードを用いるWeChat Payやアリペイよりも、Suicaなどの電子マネーのほうがはるかに短く便利だと思われる。しかし、そうしたより高い利便性を享受するためには、読み取り装置を設置するなどの設備投資が必要になる。これに対してWeChat Payやアリペイの場合は、いまやほとんどの人が常時携帯しているスマートフォンを利用するので（紙にQRコードを印刷するくらいで済む）、追加的な設備投資はまったくといってよいほど必要としない。そのために、急激な普及が達成された。

　しかも、WeChat Payやアリペイは、送金や支払いのサービスを基本的に無料で提供している。なぜ無料で提供できるかというと、そうしたサービス提供を顧客の商行動や経済状態に関する情報収集手段として位置づけているからである。集めた利用履歴のデータを活用して広告やeコマース、保険販売や貸付などの他のビジネスで利益を上げることで、総合的に採算をとる仕組みになっている。顧客は、自分の個人情報を送金や支払いサービスの対価として渡しているともいえる。こうしたビジネスモデルは、いわゆるプラットフォーマーであるから可能なものである。

　換言すると、既存の金融機関には、こうしたビジネスモデルは可能ではない。既存の金融機関は、利用履歴のデータを融資判断に活用するという余地はあるとしても、基本的には決済にかかったコストを決済サービスの対価から回収して利益を上げないといけない。したがって、送金や支払いのサービスを無料で提供するわけにはいかない。

　銀行などの既存の金融機関は、兼業禁止が原則である。特にバンキング（銀行業）とコマース（商業）は分離するというのが、基本原則になっている。

このように他業との兼業を認めないのは、銀行が本業以外の業務を営むと、異種のリスクの混入が阻止できない、あるいは利益相反が起こるという理由からである。

しかるに、中国のフィンテックの場合には、なし崩し的に銀行業と商業の融合が起こっているわけである。たしかに融合することによって、データの集積を進めることができ、統計的にリスクが管理できるような短期で少額の融資分野だと、そのような商流データが利用できない専業銀行よりもプラットフォーマーのほうが優位に立つようになっている。しかし、兼業を認めていない理由がなくなってしまったわけではない。

アリペイなどの場合、すでにキャッシュとして引き出すことなく、アカウントに置いたままで利用が行われ、分割払いやリボ払い的なかたちで与信も行われているという実態があり、信用創造が可能な（シャドー・）バンキング・システムに成長する潜在的可能性は高いと思われる。そうだとすると、将来的には、兼業を認めたままで（シャドー・）バンキング・システムに成長するのを容認してよいのかという問題が生じかねない。この点で、中国政府がアリババやテンセントに対してどのような対応をしていくのかが注目される。

技術革新を受けてデータ・エコノミー化といわれるような変化が起きている現状にあって、バンキングとコマースを兼業することに大きなメリットが生まれてきていることはたしかである。けれども、兼業を認めると、異種のリスクが混在する可能性や利益相反が生じてしまう可能性は依然として懸念される。このようなトレードオフの中で、どのような金融制度の再設計を行うかが問われているといえる[4]。長い目で見たときにフィンテックがもたらす新たなリスクのうち、金融システムの不安定化というリスクを本当に克服していけるかどうかは、そうした金融制度の再設計の成否にかかっている。

---

4) 金融制度の再設計をめぐる議論は、わが国では金融審議会の「金融制度スタディ・グループ」で行われている。https://www.fsa.go.jp/singi/singi_kinyu/base_gijiroku.html#seido_sg

執筆者略歴

吉野直行（よしの　なおゆき）　　［2 章］
アジア開発銀行研究所所長、慶應義塾大学経済学部名誉教授。
1979 年米国ジョンズ・ホプキンス大学経済学博士課程修了（Ph.D.）。
スウェーデン・ヨーテボリ大学名誉博士、ドイツ・マルティン・ルター大学ハレ・ヴィッテンベルク名誉博士。
金融監督庁顧問、金融庁金融研究センター長などを歴任。
主な業績
　Hometown Investment Trust Funds, (with Sahoko Kaji), Springer, 2013.
　Japan's Lost Decade, Springer, 2017.
　吉野直行・山上秀文『金融経済論（改訂版）』慶應義塾大学出版会、2019 年。

岩下直行（いわした　なおゆき）　　［3 章］
京都大学公共政策大学院教授。
1984 年慶應義塾大学経済学部卒業。同年、日本銀行入行。
金融高度化センター長、FinTech センター長を経て 2017 年より現職。
主な業績
　『ブロックチェーンの未来』共著、日本経済新聞出版社、2017 年。
　「仮想通貨の現状と未来―ビットコイン分裂と ICO の拡大を中心に」情報処理学会『情報処理』所収、2017 年 9 月。

千田知洋（せんだ　ともひろ）　　［4 章］
株式会社みずほ銀行個人マーケティング推進部部長。
慶應義塾大学経済学部卒業。
みずほ銀行中小企業担当、市場証券業務、グループ会社資本政策・アライアンス推進、インドネシアの自動車ローン会社マネジメントを経て現職。

竹村未和（たけむら　みわ）　　［4 章］
株式会社みずほ銀行個人マーケティング推進部調査役。
地方銀行・監査法人での信用リスク分析業務、ＩＴ企業・ネット銀行でのデータドリブンマーケティング企画業務を経て現職。
マーケティング企画業務では広告・ダイレクトマーケティング・会員プログラム企画

を中心に、DMP・MA 等のシステム導入も推進。

多治見和彦（たじみ　かずひこ）　　［5 章］
株式会社みずほフィナンシャルグループ　デジタルイノベーション部次長。
京都大学大学院理学研究科修士課程修了。
みずほ第一フィナンシャルテクノロジー株式会社勤務を経て現職。

スピリドン・メンザス（Mentzas, Spyridon）　　［7 章］
HiJoJo Partners 株式会社代表取締役 CEO。
コロンビア大学 Engineering Management Systems（経営工学学科）卒業。
ソロモン・ブラザーズ・アジア証券（現シティグループ証券）入社、IEXP 株式会社起業後、みずほ証券株式会社を経て現職。

増島雅和（ますじま　まさかず）　　［8 章］
森・濱田松本法律事務所パートナー弁護士、NY 州弁護士。
2000 年東京大学法学部卒業、2006 年コロンビア大学ロースクール卒業。Wilson Sonsini Goodrich & Rosati パルアルトオフィスで執務（2006 年〜2007 年）、金融庁監督局保険課及び同局銀行第一課（課長補佐）（2010 年〜2012 年）。
主な業績
　『FinTech 世界年鑑 2019-2020』共著、日経 BP 社、2019 年。
　『FinTech の法律』編著、日経 BP 社、2017 年。

三輪純平（みわ　じゅんぺい）　　［9 章］
金融庁総合政策局総合政策課フィンテック室長。
一橋大学経済学部卒。
1999 年日本輸出入銀行入行。財務部、資源金融部などで財務、融資業務に従事。金融庁に入庁後、監督局バーゼルⅡ推進室課長補佐（総括）、総務企画局総務課国際室国際保険調整官、同総括補佐、同国際証券調整官（兼開示課国際会計調整室長）を経て現職。
主な業績
　「我が国の保険業と金融システムとの関連性について」『フィナンシャル・レビュー』
　　2015（平成 27）年第 5 号（通巻第 125 号）、財務総合研究所。

松井勇作（まつい　ゆうさく）　　［9 章］
金融庁企画市場局市場課市場調査第一係長。
東京大学法学部卒業。
2013 年、経済産業省入省。クレジットカード法制改正の企画・立案等に従事。2016 年、金融庁に入庁。総務企画局信用制度参事官室において、銀行法改正、フィンテック推進施策の企画・立案、機能別・横断的な金融規制体系に係る検討等に従事した後、現職。

宮内雄太（みやうち　ゆうた）　　［14 章］
みずほフィナンシャルグループ　データマネジメント部調査役。
埼玉大学大学院理工学研究科博士前期課程修了。修士（工学）。
2012 年、みずほ情報総研入社を経て現職。
CISSP（Certified Information Systems Security Professional）。

池尾和人（いけお　かずひと）　　［15 章］
慶應義塾大学名誉教授、2018 年から、立正大学経済学部教授。
一橋大学大学院経済学研究科博士課程単位取得退学、京都大学経済学博士。
主な業績
　『現代の金融入門【新版】』ちくま新書、2010 年。
　『連続講義・デフレと経済政策』日経 BP 社、2013 年。

編 者 略 歴

嘉治佐保子（かじ　さほこ）　　［1 章、10 章］
慶應義塾大学経済学部教授、PEARL Academic Director、PCP Co-ordinator。
1992 年米国ジョンズ・ホプキンス大学経済学博士課程修了（Ph.D.）。
主な業績
　　"Instability in Europe and Its Impact on Asia," *Asian Economic Policy Review*, Wiley, pp.243-257（2018）．
　　『ユーロ危機で日本はどうなるのか』日本経済新聞出版社、2012 年。
　　『国際通貨体制の経済学』日本経済新聞出版社、2004 年。

中妻照雄（なかつま　てるお）　　［11 章、12 章、13 章］
慶應義塾大学経済学部教授。
1991 年筑波大学第三学群（現・理工学群）社会工学類卒業。
1998 年ラトガーズ大学 Ph.D.（経済学）
一橋大学経済研究所専任講師を経て現職。
主な業績
　　『実践ベイズ統計学』朝倉書店、2013 年。
　　『Python によるファイナンス入門』朝倉書店、2018 年。
　　『Python によるベイズ統計学入門』朝倉書店、2019 年。

福原正大（ふくはら　まさひろ）　　［6 章、10 章］
慶應義塾大学経済学部特任教授、Institution for a Global Society（IGS）株式会社代表取締役社長、一橋大学大学院特任教授を兼任。
慶應義塾大学経済学部卒業。INSEAD　MBA、HEC 国際金融修士、筑波大学博士課程修了。博士（経営学）。
主な業績
　　『AIとビッグデータは人事を変える』朝日新聞出版、2016 年。
　　『ハーバード、オックスフォード…世界のトップスクールが実践する考える力の磨き方』大和出版、2013 年。
　　『なぜ、日本では本物のエリートが育たないのか？』ダイヤモンド社、2012 年。

フィンテックの経済学
――先端金融技術の理論と実践

2019 年 8 月 30 日　初版第 1 刷発行

編　者―――嘉治佐保子・中妻照雄・福原正大
発行者―――依田俊之
発行所―――慶應義塾大学出版会株式会社
　　　　　　〒108-8346　東京都港区三田 2-19-30
　　　　　　TEL 〔編集部〕03-3451-0931
　　　　　　　　〔営業部〕03-3451-3584〈ご注文〉
　　　　　　　　〔　〃　〕03-3451-6926
　　　　　　FAX 〔営業部〕03-3451-3122
　　　　　　振替　00190-8-155497
　　　　　　http://www.keio-up.co.jp/
装　丁―――渡辺弘之
印刷・製本――藤原印刷株式会社
カバー印刷――株式会社太平印刷社

Ⓒ2019　Sahoko Kaji, Teruo Nakatsuma, Masahiro Fukuhara
Printed in Japan　ISBN978-4-7664-2613-7